フ　　　　　　　・レビュー

令和6年（2024年）第2号（通巻第156号）

令和6年6月発行　　　　　　　　**財務省財務総合政策研究所**

特集「21世紀における課税と納税
―税務執行を巡る国際的議論を踏まえて―」

―増井良啓　東京大学大学院法学政治学研究科教授　責任編集―

執筆者一覧

■序文：21世紀における課税と納税
　―税務執行を巡る国際的議論を踏まえて―
東京大学大学院法学政治学研究科教授　増井　良啓

■租税手続法の規範的意義
　―合法性原則の再構成―
東京大学大学院法学政治学研究科准教授　巽　智彦

■私的主体が発行する「貨幣」の規制に関する覚書
　―ステーブルコインに関する規制を中心に
神戸大学大学院法学研究科教授　行岡　睦彦

■ EUのDAC 8
　―暗号資産取引を対象とする税務当局間の自動的情報交換―
明治大学グローバル・ビジネス研究科教授　大野　雅人

■ EUにおける付加価値税の課税権配分についての覚書
　―第六次指令時代の欧州司法裁判所の諸判例からみる研究課題―
東北大学大学院法学研究科准教授　藤原　健太郎

■ BEPS 2.0の紛争解決
　―グローバルな課税の枠組みにおける実効的な紛争予防／解決の必要性―
西村あさひ法律事務所・外国法共同事業パートナー弁護士　中村　真由子

■マネー・ロンダリング対策と税務の交錯
　―迷走する議論の整理と将来的課題―
内閣法制局参事官　野田　恒平

■納税協力と納税非協力
　―税務長官会議の報告書を中心として
東京大学大学院法学政治学研究科教授　増井　良啓

目　　次

特集「21 世紀における課税と納税—税務執行を巡る国際的議論を踏まえて—」

—増井良啓　東京大学大学院法学政治学研究科教授　責任編集—

序文：21 世紀における課税と納税
—税務執行を巡る国際的議論を踏まえて— ……1

東京大学大学院法学政治学研究科教授　増井　良啓

Ⅰ．本特集に至る経緯……1
Ⅱ．本特集の概要……2
Ⅲ．今後の展望……3

租税手続法の規範的意義
—合法性原則の再構成— ……4

東京大学大学院法学政治学研究科准教授　巽　智彦

Ⅰ．はじめに——本稿の目的……4
Ⅱ．租税手続法の規範的意義……6
Ⅲ．合法性原則の原意……9
Ⅳ．合法性原則の手続法上の意義……12
Ⅴ．おわりに——納税義務に関する和解・協定の許容性……15

私的主体が発行する「貨幣」の規制に関する覚書
—ステーブルコインに関する規制を中心に ……19

神戸大学大学院法学研究科教授　行岡　睦彦

Ⅰ．はじめに……20
Ⅱ．BOE 報告書の概要……24
Ⅲ．BOE 報告書の規制モデルの検討……27
Ⅳ．おわりに……43

目　　次

EU の DAC 8
―暗号資産取引を対象とする税務当局間の自動的情報交換―
……48

明治大学グローバル・ビジネス研究科教授　大野　雅人

Ⅰ．はじめに……48
Ⅱ．DAC の改正経緯……53
Ⅲ．DAC 8……55
Ⅳ．EU の MiCA……60
Ⅴ．OECD の CARF……62
Ⅵ．DAC 8 によるその他の改正（暗号資産関係以外）……63
Ⅶ．DAC 8 提案の評価等……64

EU における付加価値税の課税権配分についての覚書
―第六次指令時代の欧州司法裁判所の諸判例からみる研究課題―
……71

東北大学大学院法学研究科准教授　藤原健太郎

Ⅰ．プロローグ……71
Ⅱ．VAT の拡大の系譜……74
Ⅲ．理念型としての仕向地課税……75
Ⅳ．EU-VAT の place of supply ルールの構造とその具体化……78
Ⅴ．結語……90

BEPS 2.0 の紛争解決
―グローバルな課税の枠組みにおける実効的な紛争予防／解決の必要性―……95

西村あさひ法律事務所・外国法共同事業パートナー弁護士　中村真由子

Ⅰ．はじめに……95
Ⅱ．２つの柱による解決策における税の安定性への取組み……97
Ⅲ．既存の国際的な紛争予防／紛争解決の枠組み……104
Ⅳ．結語……111

マネー・ロンダリング対策と税務の交錯
―迷走する議論の整理と将来的課題―……………………………114

内閣法制局参事官　野田　恒平

Ⅰ．はじめに……………………………………………………114
Ⅱ．マネロン罪の概説……………………………………………117
Ⅲ．リスクの分析・評価（準備段階）……………………………124
Ⅳ．情報の共有（実働段階）………………………………………126
Ⅴ．犯罪収益の剥奪（事後段階）…………………………………140
Ⅵ．むすび（結語・おわりに）……………………………………142

納税協力と納税非協力
―税務長官会議の報告書を中心として……………………………145

東京大学大学院法学政治学研究科教授　増井　良啓

Ⅰ．はじめに……………………………………………………145
Ⅱ．報告書の通覧…………………………………………………150
Ⅲ．納税協力を確保するための戦略………………………………167

〈財務省財務総合政策研究所「フィナンシャル・レビュー」令和6年第2号（通巻第156号）2024年6月〉

序文：21世紀における課税と納税
―税務執行を巡る国際的議論を踏まえて―

東京大学大学院法学政治学研究科教授　増井　良啓

Ⅰ．本特集に至る経緯

本特集は，「21世紀における課税と納税－税務執行を巡る国際的議論を踏まえて－」と題する。本特集の概要を述べるに先立って，「税務執行」という言葉で何をイメージしているか，また，いまなぜ「税務執行」を論ずるのか，について一言説明しておきたい。

今から20年以上前，私は，フィナンシャル・レビュー第65号の「税制特集」に参加し，「税務執行の理論」という論文を書いた。ここに「税務執行」とは，租税制度を現実に動かす作用を広く指す用語である。租税制度の運用は法律家の重要な仕事であり，法学はこの分野で立法論や解釈論を蓄積してきた。これが租税手続法と呼ばれる領域である。当時の私が考えていたのは，この租税手続法について社会学的な観点から検討してみたい，ということであった。そのために，機能的な観点から既存の制度を鳥瞰できるよう，税務執行という用語を選択したのである。

その後，周知のように，経済社会の構造変化の中でデジタル化・グローバル化が急速に進展した。納税環境の整備の重要テーマとしてデジタル・トランスフォーメーションに注目が集まった。各国の当局間で租税情報を共有するための国際ネットワークが構築された。新しい研究が続々と登場した。合法性原則や地下経済のように古くから存在する問題から，暗号資産の扱いやBEPS2.0の紛争解決などの新しいものまで，論ずべき事項の範囲が拡大している。

そこで，税務執行を巡る国際的議論を踏まえて，21世紀における課税と納税について論ずるための研究プロジェクトを開始することになった。

まず，2022年12月23日にキックオフ会合を開いた。執筆メンバーがお互いの問題意識を共有することを目標とし，研究計画書を持ち寄った。

2023年の前半，研究会を継続的にオンライン開催し，研究進捗状況を共有して意見交換を行った。また，執筆メンバー以外の方々のお話をうかがって視野を広げる機会を設けた。たとえば，2023年4月15日にはゲストとして渡辺智之教授にお越しいただき，同教授の最新論文「Web 3と国際課税」について意見交換した。2023年6月13日にはWei Cui教授を囲むランチョン・ミーティングを財務総研でセットしていただき，同教授の近著「The Administrative Foundations of the Chinese Fiscal State (2022)」について意見交換した。

以上の準備を踏まえて，2023年9月13日に論文検討会議を開き，各自が論文ドラフトを報告して質疑応答を行った。その後，執筆メンバーがそれぞれの研究内容を論文の形に取りまとめ，統一的な編集作業を経て公刊することになった。それがこの特集である。

Ⅱ．本特集の概要

税務執行は多面的かつ複雑な対象である。今回の特集では，大きく，法の支配，貨幣，国境，法遵守という角度からのアプローチが試みられる。各論文の内容については執筆者個人の責任でとりまとめているが，いずれの論文も，租税制度のあり方を検討する場合に税務執行が決定的に重要であるという共通認識を踏まえて寄稿されたものである。

巽智彦「租税手続法の規範的意義―合法性原則の再構成」は，租税手続法に固有の規範的意義があるとしたうえで，合法性原則（課税要件が充足されている場合に実体法の定めに基づいて成立している租税債権をその通り確定して行使することが課税庁に要請されるという原則）の内実を探求し，実際に課税要件が充足されているか否かが不明である場合に課税庁が調査義務を尽くしたうえでそれ以上の調査検討を取りやめることまでを禁ずるものではない，と論ずる。納税義務に関する和解の許容性についても，新しい角度から一石を投じている。巽論文による公法学的検討は，応答的規制や協力的コンプライアンスといった比較的新しいアプローチを法的に位置づけるためにも，有益な示唆を与える。

行岡睦彦「私的主体が発行する「貨幣」の規制に関する覚書―ステーブルコインに関する規制を中心に」は，いわゆるステーブルコインに関する規制のあり方を問い直す。すなわち，特定信託受益権については，資金決済法上，ステーブルコインの裏付資産の全部を要求払預貯金により管理することが要求されているところ，①要求払預貯金による裏付けを要求することの必要性，②要求払預貯金による裏付けを要求することの十分性，という2つの疑問があるとする。行岡論文は，この疑問に回答を与えるために，イングランド銀行の『新たな形態のデジタル貨幣』が示す4つの規制モデルを取り上げて検討を加える。私的主体が発行する「貨幣」の価値の安定性を確保するための裏付資産の規制のあり方について基本的な論点を整理するものであって，租税の賦課徴収のために不可欠な前提条件を具体的に示している。

大野雅人「EUのDAC 8―暗号資産取引を対象とする税務当局間の自動的情報交換―」は，EUが2023年10月に制定したDAC 8（EU加盟国の税務当局間の相互協力に係る指令の第8次改正）を詳しく紹介・検討する。DAC 8は，インターネット上で暗号資産取引の仲介を行う「暗号資産サービス提供者」に対し，その顧客である「暗号資産利用者」に関する情報をEU加盟国の税務当局に提供することを義務付け，当該提供された情報をEU加盟国の税務当局間で自動的に情報交換する，という枠組みを定める。DAC 8は，2022年に公表されたOECDのCARFの枠組みを，EUにおいて実施するものである。大野論文は，日本におけるCARFの法制化及びその実施に対して，重要な知見を提供する。

藤原健太郎「EUにおける付加価値税の課税権配分についての覚書―第六次指令時代の欧州司法裁判所の諸判例からみる研究課題―」は，EU加盟国間での付加価値税の課税権配分をテーマとする。その際，共同体法の実現主体の一つである欧州司法裁判所の動向に着目する。その判例，就中Fixed Establishment及び本店支店間取引についてのそれらを概観し，整理することで，多国籍企業に対する付加価値税の制度設計を論じる土壌を豊かにすることを目指す。具体的には，課税権配分というテーマに欧州司法裁判所が如何なる処理を与えてきたのかを観察する。税務執行の観点からみると，国外事業者に対する付加価値税の執行は各国が共通に抱える困難な課題である。藤原論文は，この点に関するEUの取組みの状況を浮き彫りにするとともに今後の研究課題を提示する。

中村真由子「BEPS 2.0の紛争解決―グローバルな課税の枠組みにおける実効的な紛争予防/解決の必要性―」は，経済のデジタル化に伴う国際課税上の課題への対応について，紛争解決の角度から検討を加える。中村論文は，新しい国際課税ルールに対応する紛争解決の枠組みについて未だ十分な整備がなされていないと主張する。すなわち，第１の柱の利益Ａに関する多国間条約には画期的な多国間紛争予防/解決の仕組みが規定されているが発効の見通しが不透明であること，利益Ｂについては新たな紛争予防/解決の取組みが想定されていないこと，第２の柱のグローバル・ミニマム課税については解釈・適用の不一致が生じた場合の紛争解決メカニズムの整備が十分でないこと，を指摘する。紛争解決は税務執行の重要な要素であり，中村論文は，国際課税ルールが変化する中での新しい課題に取り組んでいる。

野田恒平「マネー・ロンダリング対策と税務の交錯―迷走する議論の整理と将来的課題―」は，マネロン対策と税務の相互関係に関する議論はこれまで未整理の状態であったとし，その原因を，共働の異なる諸段階に係る議論が未分化であること，それらのあるべき態様を巡る議論における「連結性の捻れ」が存在すること，特に当局間の情報共有について様々な内容等が混在すること，に求める。その上で，想定される共働関係を，①リスクの分析・評価（準備），②情報の共有（実働），③犯罪収益の剝奪（事後）の各段階に分解する。さらに，このうちで最も中核的論点となる②については，収集時の主観的目的及び提供先の客観的用途によって論点が分岐し，それぞれにつき，関係法令・判例等を踏まえた個別の検討が必要である旨を明らかにする。

増井良啓「納税協力と納税非協力―税務長官会議の報告書を中心として」は，税務行政に関する税務長官会議の一連の報告書が，納税協力と納税非協力に関してどのようなアプローチをとってきたかを通覧する。税務長官会議の報告書は，2004年から公表が開始され，すでに100本以上の蓄積がある。その全体像を整理して一覧化することで，日本の読者が気軽に報告書を参照できるようにすることをねらっている。検討の結果，初期の「租税申告書に対応する」というアプローチから，2010年ごろから「納税者の環境に働きかける」というアプローチへと，重点が変化し，この変化が，デジタル・トランスフォーメーションが進む中で，2020年の「税務行政3.0」の構想につながったことが示される。

Ⅲ．今後の展望

本特集では，税務執行を巡って，昔から存在する課題から，現在進行中の取組み，さらには萌芽的な動きまで，かなり多くの論点を扱った。しかし，本特集で論じることができなかった重要な課題もなお多い。今後とも，租税制度の建前だけではなくその運用実態を正面から見据えた研究の継続が強く望まれる。本特集の刊行がそのためのひとつの契機を提供することを期待したい。

租税手続法の規範的意義
―合法性原則の再構成[*1]―

巽　智彦[*2]

要　約

租税手続法は，租税実体法を実現するに当たり，租税債務の存否ないしその内容に関する各主体の認識の差異に基づく紛争を処理するという，固有の規範的意義を有する。合法性原則は，課税要件が充足されている場合に，実体法の定めに基づいて成立している租税債権をその通り確定して行使することを課税庁に要請するものであるが，実際に課税要件が充足されているか否かが不明である場合に，課税庁が調査義務を尽くしたうえで，それ以上の調査検討を取りやめることまでを禁ずるものではない。課税庁が負うべき調査義務の範囲については，合法性原則が一定の規範的要請をもつ可能性もあるが，いずれにせよ，税務執行の効率性の観点から調査義務の限界が画される事態はあり得る。行政庁の調査義務の範囲の問題は，税務執行の正確性と効率性とを行政手続法の平面で調整する論点であると言え，納税義務に関する和解の許容性にも，同じ問題が含まれるものと考えられる。

キーワード：租税手続法，合法性原則，便宜主義，法定主義，調査義務，和解，協定，効率性
JEL Classification：H20，K34，K41

Ⅰ．はじめに――本稿の目的

Ⅰ－1．租税手続法の規範的含意

「税務執行」の語は，租税に関する政策の実施に向けて法令を制定し，財源を確保し，人々を動員するといった，租税制度を現実に動かす作用を広く指す言葉として[1]，本特集のテーマを緩やかに結びつけている。他方で，「税務執行」は，租税法の「定立」を前提とし，定立された租税法を「実現」する過程[2]の一部と捉えることもできる。その中核をなすのは，納税義務の確定および租税債権の徴収であり，「税務執行」の語は，狭義にはこの過程を指すものと位置付けられる。

＊1　本稿の執筆に当たり，JSPS 科研費 JP21K13191，JP22H00041，JP22K01133 および JP23H00758，並びに令和5年度東京大学卓越研究員（推薦型）の助成を受けた。

＊2　東京大学大学院法学政治学研究科准教授

1）増井（2002）170頁。

2）中里ほか（2021）20頁〔藤谷武史〕。

この狭義の「税務執行」が，租税の公平な負担ないし公平な課税を実現するための重要な意味を持つことは，かねてから認識されてきた[3)]。「租税法の定めるところに従って，確実・的確に租税収入をあげることができなければ，財政上の需要を賄ううえに支障を生ずるだけでなく，ひいては，租税負担の公平の原則にも反する結果となる」[4)]，「制度面で所得の範囲がどんなに広くとらえられていても，執行面でそれが十分に捕捉されないならば，あるいは所得の種類によって捕捉の程度に著しい相違があるならば，公平負担の要請は結局充足されないことになる」[5)]，「納税者利便の向上と租税手続の効率化に資する租税手続の簡素化により，結果として公平な課税が実現される」[6)]，といった言明は，「税務執行」の固有の意義を，正当に指摘するものである。

狭義の「税務執行」，ないしは納税義務ないし租税債権の確定および徴収を規律するのは，いわゆる租税手続法である[7)]。狭義の「税務執行」が，租税の公平な負担ないし公平な課税を実現するための重要な意味を持つのならば，租税手続法にもまた，それにふさわしい意義が認められてしかるべきであろう。租税実体法と租税手続法の交錯状況は夙に指摘されてきたところである[8)]が，本稿はそこに改めて光を当てるものである。

Ｉ－２．合法性原則の再構成

他方で，租税手続法は，租税実体法を実現することをその目的とするものである。すなわち，租税実体法の規定内容に沿って成立しているはずの納税義務ないし租税債権を，正確に確定し，徴収することに，租税手続法の目的がある。このような租税手続法の位置付けは，現在の日本の租税法の体系においては，「租税法律主義の手続法的側面」としてのいわゆる合法性（の）原則[9)]により，具体化されているとみることもできよう[10)]。

日本では，この合法性原則により，法律の根拠に基づくことなしに，租税の減免や徴収猶予を行うことや，納税義務の内容や徴収の時期・方法等について租税行政庁と納税義務者との間で和解なり協定なりをすることは，禁じられると解されてきた[11)]。他方で，税務訴訟における和解については，早期の紛争解決[12)]，税務執行の効率

3）シャウプ勧告の一つの重要な柱が，公平な課税のための租税行政の改革にあったことは著名である。金子（1983）64頁以下。金子（2000）232頁も参照。

4）田中（1990）92頁。

5）金子（1966-75）114頁。

6）中里（2018）132頁。

7）金子（2022）927頁は，「租税の確定および徴収の手続を租税手続といい，租税手続に関する法を租税手続法という」と定義する。なお，「税務執行」を広義に捉える場合には，租税手続法の語も，「税制を執行するための手続に関するルール一般」，「税制を動かすための担保措置のことを広くイメージ」するものとして用いられる（増井，2012，99頁）。

8）碓井（1983）。

9）金子（2022）86頁。

10）なお，合法性原則は，本稿で見る通り，元来はドイツ公法に特徴的な考え方であり，それを日本の租税法の体系の主軸に据えること自体の意味が本来問われなければならないが，本稿では立ち入らない（より広く租税法律主義に関する文脈における指摘として，渕，2017，62頁以下，藤谷，2021，3頁）。とくに，本稿でも考察する和解・協定の許容性に対する各国の態度の差異は，各国の租税法の基本原理の差異に深く関係するものと推察される（参照，松原，2009，松原，2010，一高，2014，高野，2014，手塚，2014，平川，2014）。特に一高（2014）154頁は，アメリカについて，「筆者の調査する限り，合法性の原則に基づく和解の限界という，想像しうる憲法論には殆ど接することができない。租税法律主義的要請がデュー・プロセス条項に包含され，そこでの社会経済立法に対する強い合憲性の推定の下で，和解に係る制度と実務に対する実体的な統制が緩やかであることを反映するものと解される」と指摘する。アメリカに関してはさらに，伊川（2005）。

11）金子（2022）87頁。

12）長谷川（2007）192頁以下。

性・実効性[13]，税務に関する紛争解決手続の国際ルールとの調和[14]等の観点から，その有用性ないし必要性を認める見解が多い[15]。また，近時は，税務調査や不服審査の段階における納税者と課税庁との交渉が税務執行において大きな意義を果たしている実態が指摘され[16]，納税義務者と課税庁との間のネゴシエーションを積極的に評価する趨勢も見られる[17]。いわゆる「協力モデル」に基づく税務執行の意義も，こうした納税義務者と課税庁との間の合意ないし協定をどこまで許容するかによって，異なる様相を呈しうる[18]。

このような状況の下で，こうした和解ないし協定を許容する根拠や，その限界について，合法性原則との関係で立ち入った検討をすることが求められているところ，本稿は，租税手続法の固有の規範的意義（Ⅱ）から合法性原則の内容を再構成し，納税義務に関する和解の許容性について一つの指針を示すことを試みる。具体的には，この原則が正確には何を意味するのかを，その原意に遡って確認したうえで（Ⅲ），租税手続法の規範的意義を前提に合法性原則を読み直し（Ⅳ），和解の許容性についての考察の方向性に一言する（Ⅴ）。

Ⅱ．租税手続法の規範的意義

租税実体法の実現の過程においては，租税手続法には，租税債務の存否ないしその内容に関する各主体の認識の差異に基づく紛争を処理するという意義が見いだされる（Ⅱ－1）。この租税手続法の固有の規範的意義は，租税手続法の目的従属性（Ⅱ－2）や，納税義務の成立と確定の区別（Ⅱ－3）といった議論を前提としても，否定されることはない。

Ⅱ－1．租税手続法の固有性

租税実体法の規定内容に沿って成立しているはずの納税義務ないし租税債権を，正確に確定し，徴収することに，租税手続法の目的があるのだとしても，実際に納税義務が成立しているか否かの判断が，関係者間で一致するとは限らない。納税者，税務官庁，裁判所といった具体的な主体の目線からは，租税債権ないし債務の存否または内容は，自らが認識しえた事実と，自らが正しいと思料する法の内容を前提として判断されるのであり，各自が認識しえた事実の範囲や内容，各自が正しいと思料する法の内容が異なるならば，租税債権ないし債務の存否または内容に関する各自の判断も異なることになる。このように，事実の認識，法の解釈，それらに基づく租税債権ないし債務の存否または内容に関する判断は，本来各主体ごとに異なり得るものであるため，事実認定や法解釈，ひいてはそれに基づく法関係の存否ないし内容の判断の仕方について一定のルールを設けることで，各主体の認識の差異に基づく紛争を解決することも，租税手続法の役割である[19]。換言すれ

13）本庄（2008a）163頁。
14）本庄（2008b）254頁。移転価格課税訴訟における和解のニーズについてはさらに，渡辺（2008a）228頁，渡辺（2008b）3頁。
15）最も詳細な検討として，阿部（2015）。
16）藤曲（2014）。
17）首藤（2014）。
18）吉村（2011）42頁。
19）このようなものの見方は，そもそも事実認定や法解釈について唯一の正解が存在するか否か，ないしはそれを措定すべきか否かという問題とは，さしあたり別個のレベルで成立するものと考えられる。この問題については，法と裁判の関係性（藤田，1972），実体法と訴訟法の関係性（兼子，1957），いわゆる「権利既存の観念」（山木戸，1953）などをめぐる一定の議論の蓄積があるが，立ち入らない。

ば，租税債権ないし債務が租税実体法の規定内容に沿って成立しているはずであるとしても，その確定，徴収という過程において，租税手続法には固有の規範的意義が存在する[20]。

Ⅱ－2．租税手続法の目的従属性

他方で，租税手続法は，租税実体法に対して「目的従属的な関係」に立つと言われる[21]。一見すると，そこには，租税手続法の目的は，租税実体法の規定内容に沿って成立しているはずの納税義務ないし租税債権を，正確に確定し，徴収することに尽きるという含意があるようにも思われる。

しかしながら，上記の租税手続法の固有の規範的意義は，租税手続法が租税実体法に対して「目的従属的な関係」に立つという叙述においても，排除されてはいないと解される。「目的従属的（zweckgebunden untergeordnet）な関係」という表現は，もともと，ヘンゼルの言葉を借りたものとされており[22]，そのヘンゼル曰く，「課税要件の設定のみでは，その実現によって発生する国家の請求権を貫徹することはできない。この請求権の貫徹は，最広義においては，国家の*租税行政*（原文隔字体）の任務である。租税行政法は，したがって，課税要件法にあらかじめ用途を決められた形で従属するもの（zweckgebunden untergeordnet）であるが，この点を除けば，特別の法的特徴を示すものである。この点を明らかにするのが，『租税行政法』理論の任務である」[23]。ここでは租税行政法と表現されているが，そこで意識されているのは，租税確定手続における課税庁の行政行為（Verwaltungsakt）の意義である[24]。おそらくそれを受けて，日本で行政法上の概念や理論を意識した租税手続法の研究の必要性が説かれた[25]のは，正当であったと言える。

20）首藤（2014）18頁は，合意や協定を（一定の範囲で）許容する法制は，「客観的に一つだけ存在する正しい課税要件事実や法解釈を認定･確定する最終権限は課税庁が有しており，それらに関する納税義務者とのネゴシエーションは，あくまでも課税庁がそれらを認定・確認のための材料を納税義務者が提供するものとの考え方を採用しない」と分析する。この分析には，①前註で整理した，客観的に一つだけ存在する正しい事実や解釈が存在するか否か，ないしはそれを措定すべきか否かという問題（さらに細かく言えば，これらの問題を事実認定のレベルと法解釈のレベルとで同様に捉えられるか，ないしは捉えるべきかという問題）とは別に，②課税要件の充足の判断を優先的に通用させる権限をどの主体に認めるかという問題が含まれている。①②の問題はいずれも手続（法）の体系的考察において重要な意味を持つが，本稿は特定の理解を支持ないし否定するものではなく，また特定の理解に立たずとも成り立ち得る議論の範囲内で問題の解決を志向するに留まる。

21）金子（2022）29頁。

22）金子（1972）191頁。

23）Hensel（1933），S. 3: “Tatbestandsaufstellung genügt für den Staat nicht, die ihm aus der Tatbestandsverwirklichung erwachsenden Ansprüche zur Durchsetzung zu bringen. Diese Anspruchsdurchsetzung im weitesten Sinne ist Aufgabe der Staatlichen S t e u e r v e r w a l t u n g. Das Steuerverwaltungsrecht ist also dem Steuertatbestandsrecht zweckgebunden untergeordnet, weist aber abgesehen davon besondere rechtliche Eigentümlichkeiten auf. Diese klarzustellen, ist Aufgabe der Lehre vom “Recht der Steuerverwaltung”.” なお，該当箇所は同書の初版（Hensel, 1924）にはなく，第2版（Hensel, 1927, S. 3）から登場しており，第3版は第2版から変更が無い。本文の訳は第2版の邦訳（ヘンゼル（杉村訳），1931，5頁）を参考にした。

24）Hensel（1933），S. 3 f. ただし，ヘンゼルの体系における行政行為の位置付けについては，租税債務関係理論に関係して，山本（2000）163-164頁に以下のような評価がある。「ヘンゼルは注目すべきことに，『構成要件の実現』という，実体法関係に固有の事象を，行政行為（手続）から独立に構想した。進んでヘンゼルは納税義務につき，構成要件の実現あるいは立法行為（法律）の法的レレヴァンス（何らかの意味で法関係を変動させる効力）が，行政行為の法的レレヴァンスを排除すると解した。しかし，行政による強制徴収・執行の際は，行政行為のレレヴァンスを認めざるを得ない。したがって，構成要件実現あるいは立法行為のレレヴァンスと，行政行為のそれを，両立させ得る理論を考える必要がある。つまり『法治国』や『権力分立』を，ヘンゼルの考えより，複雑性を含む観念と見る必要がある」。

25）金子（1972）192頁以下。

Ⅱ－3．納税義務の成立と確定の区別

ところで，納税義務については，その成立と確定とが区別される（国税通則法 15 条 1 項参照）。納税義務は実体法上規定された課税要件の充足により当然に成立する（租税債務の法定債務性[26]）が，多くの租税については，課税標準や税額の算定が複雑であるなどして，納税義務の具体的内容を確認する必要があるため，納税義務の確定の仕組みが予定されているとされる[27]。この建前からは，実体法上当然に成立している納税義務の具体的内容は，すでに一義的に定まっているものであり，その内容を確認する，ないしは納税義務を確定する手続の意味は，実体法の内容を忠実に実現することに尽きるようにも思われる。

しかしながら，繰り返しになるが，仮に，納税義務が租税実体法の規定内容に沿って当然に成立しているはずだとしても，本当に納税義務が成立しているのかどうかの判断は，本来各主体ごとに異なり得る。課税要件が「時価」のような評価的要件により構成されている場合はもちろんのこと[28]，客観的には存否が一義的に定まるはずの事実から構成されている場合であっても，その事実の存否を判断するための情報や基準を各主体が完全に共有しているわけではない以上は，当該課税要件の充足の判断が各主体ごとに異なる事態は常にあり得る。それゆえ，各主体の認識の差異に基づく紛争を解決するルールが別途必要となるのであり，そのルールを構成しているのが租税手続法である[29]。要するに，納税義務の成立と確定を区別したとしても，その確定の段階における租税手続法の固有の規範的意義は，没却されることはないのである。

26）金子（2022）153 頁曰く，「私法上の債務の内容が，通常，両当事者の合意によって定まるのに対し，納税義務の内容は，もっぱら法律の規定によって定まる。その意味で，納税義務は法定債務である」。

27）金子（2022）940 頁，水野（2023）40-41 頁，谷口（2021）125-126 頁。なお，納税義務の成立と確定との区別の意義に関しては，租税債務関係理論の理解とも関わって，論者の間にニュアンスの差が見受けられ（芝池，1995，10 頁以下），そもそも納税義務の成立という概念を観念することについて疑念も呈されている（岡村，2012）が，立ち入らない。

28）舘（2019）8 頁以下。

29）とりわけ，納税義務の確定が課税庁の処分によりなされる局面においては，処分ないし行政行為という行為形式と結びついた行政手続の仕組みが，一定のルールを形作っているということになる。原田（2015b）48 頁は，行政救済の局面を念頭においてではあるが，類似の趣旨を以下のように説いている。「課税処分は，法律で定められた納税義務の成立を基礎付ける要件事実の存否を認定し，その法的効果として，一定の金銭を租税として国家に対して支払う義務（＝納税義務）が確定することになる」。「それでは，租税法のように法令によって権利義務関係の要件効果が明確に規定されている（規定されるべきである）と考えられている分野において，行政行為により権利義務関係を確定する意味はどこにあるのだろうか。それは，要件事実の存否につき納税者と課税庁の判断が食い違った場合に特別の争訟手段を早期にとらなければ課税庁の判断が通用するというしくみを設定するためと考えられる。これは，大量の権利義務関係を早期に確定する手段として，また国家の活動の基盤となる金銭でありながら反対給付と切断されているために任意の支払義務の履行が期待できない租税債権を確実に確定する手続として，一定の合理性を持つものと考えられる」。同 71-72 頁はさらに，「租税法学は租税債権関係が法定債権関係であることを過度に強調し，課税要件面の確定に行政の認定判断が介在している構造の特殊性やその意味を重視しない傾向があるように思われる」と指摘する。もちろん，そのうえで，納税義務の確定に関するルールに不合理な点があるならば，それは是正されるべきであり，更正の請求の排他性や職権更正に関する議論などはそうした文脈に位置付けられるべきであろう（参照，芝池，1995，13-14 頁）。

Ⅲ．合法性原則の原意

以上で見たような，租税実体法の実現の過程における租税手続法の固有の規範的意義を前提とするならば，合法性原則が何を要請しているのかを，より踏み込んで明らかにすることができる。以下ではまず，もともと合法性原則には，租税法の強行法規性（Ⅲ－1）や効果裁量の否定（Ⅲ－2）といった，現在の日本でもよく知られた意義に加えて，（起訴）法定主義との類比という観点も存在しており，そこには租税手続法上の一定の含意があった可能性を指摘する（Ⅲ－3）。

Ⅲ－1．租税法の強行法規性

合法性原則は，「租税法は強行法であるから，課税要件が充足されている限り，租税行政庁には租税の減免の自由はなく，また租税を徴収しない自由もなく，法律で定められた通りの税額を徴収しなければならない」という原則とされる[30]。そこで合法性原則の実質的な根拠とされているのは，租税（実体）法の強行法規性である。これは，租税実体法の規定に反する合意の効力が否定される（租税実体法規範を任意法規と捉えない）ことを意味しており，その結果，租税債務関係の当事者間の合意により納税義務の範囲，履行方法，履行時期等を定めたり，納税義務を免除したりすることは認められないことになる[31]。この旨は，合法性原則という言葉が使われる前から説かれており，日本の租税法の基本原理として長らく通用してきたものと解される[32]。最高裁も，「納税義務の成立，内容は，もつぱら法律がこれを定めるものであつて，課税庁側と納税者側との間の合意又は納税者側の一方的行為によつて，これを動かすことはできないというべきである」[33]と述べて，同旨を認めている。

Ⅲ－2．効果裁量の否定

しかしながら，租税実体法が強行法規であるということのみでは，課税要件が充足されている限り課税庁が「法律で定められた通りの税額を徴収しなければならない」（傍点筆者）ことまでは導かれない。たとえば，租税実体法以外の行政法規も，少なくとも行政行為の根拠規範に

30）金子（2022）86頁。そのほか，清永（2013）31頁。

31）金子（2022）31頁，153頁。

32）金子（1974）61頁。そこで挙げられている行判昭和10年12月24日行録46輯1160頁は，「納税義務ハ法令ニ基カサル契約ヲ以テ之ヲ処分シ得サルモノト解スヘキカ故ニ斯ル契約ハ之ヲ有効ト認ムルヲ得ス」と述べている。当時において，杉村（1939）15-16頁，17頁註一は，租税債務関係が私法上の債務関係と異なる点として，「租税債務関係の成立及びこれに基き負担すべき債務の内容が，契約によつて定めらるることなく一に法規又は行政行為によつて決せらるること」を挙げ，そこに付された註において，「租税債務の免除の如き，契約を以てなすことの出来ぬのは明かである」として，同判決を挙げていた。また，田中（1936）118頁は，同判決を正当として，「本件租税の如きは，其の賦課徴収は法令により画一的に定められ，之が減免も法規の上に定められた場合に，而も一定の手続に従つてのみ之を為し得べく，任意の契約により自由に之が減免を為し得ない性質のものと解すべき」とする。

33）最判昭和49年9月2日民集28巻6号1033頁。ただしこの事案は，原告（財団法人電力中央研究所）が有する固定資産が，地方税法348条2項12号所定の研究目的の非課税資産に該当するか否かについて，原告と被告（東京都狛江市）との間で見解が対立しており，被告が，免税申請書を取り下げないならば原告の敷地内に存在する被告所有の町道の使用をさせないと発言したことに起因して，被告が町道の払下げ等の便宜を図ることと引き換えに原告が固定資産税を支払うことを約したというものであった。すなわち，この判決は，租税債務の存在を認める旨の合意がなされたとしても，それゆえに課税処分が「当然に適法となるものでない」旨を述べたものであり，納税者に不利な合意ないし和解が問題となった点で特殊である。

ついては，同様に合意による変更を予定していないと解されるが，それだけですぐに，根拠規範の要件を満たした場合に行政庁が常に行政行為を発しなければならないものとは考えられていない。たとえば，行政行為の根拠規範がいわゆる「できる」規定であり，行政庁に効果裁量が認められる場合には，根拠規範の要件が満たされていても行政行為を発しないことが許容されうる[34)]。逆に言えば，合法性原則には，租税法規の強行性からは区別された内容として，課税庁の効果裁量を否定するという含意がある[35)]。

このことは，合法性原則がLegalitätsprinzipの訳語として用いられている[36)]ことからも裏付けられる。合法性原則（Legalitätsprinzip）は，「ドイツにおいては，ビューラーによって強調されるところである」とされている[37)]ところ，当のビューラーの叙述は，「法律により租税行政の側が厳格に拘束され，それゆえに，法律にあらかじめ書き込まれた役務を実行することを望むか否かについて，自由裁量を全く持たないこと」を，ひとまずはLegalitätsprinzipと呼ぶものであった[38)]。

Ⅲ－3．法定主義――便宜主義の否定

他方で，Legalitätsprinzipという語は，元来はいわゆる（起訴）法定主義を意味するものであり[39)]，したがって便宜主義（Opportunitätsprinzip）の否定という含意を持つ[40)]。ビューラー自身も，この点に鑑みて，合法性原則（Legalitätsprinzip）に，効果裁量の否定とも異なる，さらに別の内容を見出していた可能性がある。

Ⅲ－3－1．徴収手続上の含意

ビューラーは，「行政の法律適合性の原理に代えて法定主義の語を用い，その刑事訴訟における機能を考えるときに思い当たる何かさらに別のものが，行政の法律適合性の原理から取り出されないのかが問題となる」[41)]としたうえで，

34）宇賀（2023）372頁。

35）谷口（2021）37-38頁曰く，「租税法律主義は，成立した納税義務の実現（確定および履行）の段階においては，合法性の原則の要請として，税務官庁の効果裁量ないし行為裁量を排除している」。なお，行政庁の裁量権が，第一義的には法律が行政に対して授権したものである（塩野，2015，138頁）ことからすると，この意味で合法性原則を理解する場合，それは立法府に対する要請（租税実体法に「できる」規範を用いない要請）をも含むことになろう。

36）金子（2022）86頁。

37）金子（1974）61頁。なお，同75頁註39はビューラーの著作を列挙するが，初出論文の時点から，「f.」が「5」に誤植されているなど，書誌表示にミスがある。

38）Bühler（1927），S. 65: “daß durch das Gesetz die Steuerverwaltung ihrerseits streng gebunden sei und daher kein freies Ermessen darüber habe, ob sie die im Gesetz vorgeschriebenen Leistungen durchführen wolle oder nicht.” 原文が間接話法であるのは，「オットー・マイヤー曰く（nach Otto Mayer）」とされているからであるが，マイヤーの著作が明示的に参照されているわけではない。とはいえ，例えばMayer（1924）S. 316には，以下のような叙述がある。「租税の賦課は，もちろん，侵害として，*法律の基礎*（原文隔字体）を必要とする。それに加えて，一般的な基準を要求する租税の本質に応じて，いかなる自由裁量も認めることなく，*法規適合的*（原文隔字体）に規律されなければならない。」“Die Steuerauflage bedarf, als Eingriff, selbstverständlich der g e s e t z l i c h e n G r u n d l a g e. Sie muss überdies, dem Wesen der Steuer entsprechend, das einen allgemeinen Maßstab verlangt, r e c h t s s a t z m ä ß i g geregelt sein, ohne Zutat irgend welchen freien Ermessens.” マイヤーの財政権力（Finanzgewalt）の理解については，塩野（1962）184頁以下。

39）ドイツ刑事訴訟法152条2項（§ 152 Abs. 2 StPO）は，「検察官は，法律に別段の定めのある場合を除き，訴追可能なすべての犯罪に対して，事実に関する十分な根拠が存在する限り，手続をとらなければならない」と定めており，条文の題名は法定主義（Legalitätsgrundsatz）とされている。邦訳は法務省刑事局（2018）117頁に依った。

40）（起訴）便宜主義と（起訴）法定主義という用語については，松尾（1999）164頁。日独の比較分析として，松尾（1985），松尾（2003）。

41）Bühler（1927），S. 70: “Es fragt sich, ob dem Grundsatz von der gesetzmäßigen Verwaltung nicht noch etwas anderes zu entnehmen ist, worauf wir stoßen, wenn wir statt seiner das Wort Legalitätsprinzip gebrauchen und an dessen Funktionen im Strafprozess denken.”

実定法上，請求権の放棄などにより徴収を取りやめる際の要件が規定されていること，および法律適用の平等の要請から，「課税庁は，原則として，国家の租税請求権の成立についての十分な手がかりがある事例においては，それを追求し，予定された手段によって実現することが義務付けられる」[42]としつつ，「課税庁が個別の事案において請求権を追及するにあたっては，多数の許容された手段の間での選択についてのみならず，追及全体の強度についても，そもそも広範な余地が承認されなければならないだろう」と述べていた[43]。

以上の叙述に，租税法の強行法規性からも，租税債権の行使についての効果裁量の否定からも区別された含意があるとすれば[44]，それは一つには，租税債権の徴収に関するものであろう。租税法の強行法規性や効果裁量の否定により，納税義務の成立および確定の段階において課税庁の独自の判断の余地が認められないのだとすれば，「多数の許容された手段の間での選択」や，「追及全体の強度」について認められる余地というのは，徴収の局面における執行官庁の裁量を指していると解するのが自然である[45]。

Ⅲ－３－２．確定手続上の含意

他方で，「国家の租税請求権の成立についての十分な手がかりがある事例においては」という留保に，徴収の局面ではなく，納税義務の確定の局面における手続法上の意味を見出す可能性もある。

具体的には，この留保は，裏面において，租税債権の成立，ないしは課税要件の充足について「十分な手がかり」がない場合には，課税庁が租税債権の追及ないし実現を義務付けられないことを述べていることになる。課税要件が充足していない場合には租税債権が成立していないのであり，成立していない債権の追及ないし実現が義務付けられないことは，租税法の強行法規性や効果裁量の否定を持ち出すまでもないことであるが，ここでは課税要件の充足の有無を判断するための「手がかり」の十分さが問題とされている。この「手がかり」は，直接には，課税要件の充足の有無を判断するための，課税庁側が保有している情報を指すものと考えられ，それがどの程度の，ないしはどのような内容のものであれば，課税要件の充足の有無を判断するに足りるかというのは，まさに租税手続

42）Bühler（1927），S. 70 f.: “Die Steuerbehörden sind grundsätzlich also in jedem Falle（ママ），in dem hinreichende Anhaltspunkte für die Entstehung eines staatlichen Steueranspruchs gegeben sind, verpflichtet, ihm nachzugehen und ihn mit den vorgesehenen Mitteln zu verwirklichen.”「原則として（grundsätzlich）」という言葉の意味は，この文の前で述べられている，徴収を取りやめる際の要件が法定されている場合が「例外」であり，それ以外の場合には常に租税債権の追及および実現が義務付けられる，という意味であろう。

43）Bühler（1927），S. 71: “In Beziehung auf das, was die Steuerbehörden im einzelnen Falle（ママ）zur Durchführung des Anspruchs zu tun haben, wird man ihnen überhaupt weitgehenden Spielraum zuerkennen müssen, nicht nur bezüglich der Wahl zwischen mehreren zulässigen Mitteln, sondern auch bezüglich der Intensität der ganzen Verfolgung.”

44）ただし，Bühler（1950）S. 108 f.，Bühler（1953）S. 132 f.，では，叙述が大幅に簡略化されており，Bühler & Strickrodt（1960）S. 219 f. では，再び比較的詳細な叙述がみられるが，趣旨がやや異なっているようにも読める。この間の行政裁量論の展開も含め，ドイツ租税法学におけるその後の議論を精査することも，合法性原則の分析にとって有益であると思われるが，本稿では立ち入る余裕がない。

45）金子（2022）84頁は，「租税手続法の分野では，徴収緩和のために自由裁量を認める必要のあることが少なくない」とするが，これは，課税要件明確主義の説明の中で，「租税法においては，課税リスクの最小化の見地から行政庁の自由裁量を認める規定を設けることは，原則として許されないと解すべきであり……，また不確定概念（抽象的・多義的概念）を用いることにも十分に慎重でなければならない」とされたうえでの叙述であり，効果裁量の否定の要請を緩和したものというよりは，徴収手続における執行官庁の裁量を念頭に置いたものと見るべきであろう。実際に同書で挙げられている裁量の例は，徴収手続においてどの財産を差し押えるかの判断（金子，2022，1053頁）や，債権執行における差押えの範囲に関する判断（金子，2022，1060頁）である。

法固有の規律を必要とする問題である[46]。

また，課税要件の充足について「十分な手がかり」がない場合には，そのままでは課税庁が租税債権の追及ないし実現を義務付けられないとしても，その場合に課税庁がそうした「手がかり」を得るべくさらに調査をすべきなのかは，別途問題になる。ここでもまた，課税庁が課税要件の充足の有無を判断するためのルールの一つが問題となっていると言え，やはり租税手続法固有の規律が問題となる。ビューラーが言う「追及全体の強度」について認められる余地の中には，この問題が含まれている可能性があるようにも思われる。

Ⅳ．合法性原則の手続法上の意義

直前に見た，課税要件の充足について「十分な手がかり」がない場合に，課税庁がそうした「手がかり」を得るべくさらに調査をすべきかという問題は，合法性原則の内容を考えるうえで重要である。以下ではこの点をさらに掘り下げて，合法性原則が何を要請しているのかを，より踏み込んで明らかにしたい。具体的には，合法性原則は，課税庁が調査義務を尽くしたうえで納税義務の存否ないし内容に関する和解を行うことを一律に禁ずる原則ではなく（Ⅳ－１），課税庁の調査義務の範囲についていくつかの含意を持ち得るものの（Ⅳ－２），いずれの理解に立つとしても税務執行の正確性と効率性との衡量を否定するものではない（Ⅳ－３）。

Ⅳ－１．課税庁の調査義務

処分の要件が充足されているか否かを判断するのは，第一義的には行政庁であるところ，行政庁は，処分の要件が充足されているか否かについて，一定程度の，ないしは一定の範囲での，調査義務を負っている[47]。逆に言えば，処分の要件が充足されているか否かについて行政庁が調査義務を尽くしたにもかかわらず，それでもなお要件の充足の有無が不明確である場合には，それ以上の調査・判断を取りやめることが禁じられるわけではない[48]。こうした処分一般に関する規律が，課税処分ないし処分による納税義務の確定についても同様に当てはまるのだとすれば，課税要件の充足の有無について課税庁が調査義務を尽くしたにもかかわらず，それでもなお課税要件の充足の有無が不明確である場合には，課税庁がそれ以上の調査・判断を取りやめること自体は，妨げられないはずである。

合法性原則は，少なくともその原意においては，「国家の租税請求権の成立についての十分な手がかりがある事例において」課税庁に徴収を義務付けるものであり，そうした「手がかり」が十分でない場合については，課税庁に徴収を義務付けてはいなかったと解する余地がある（Ⅲ－３－２）。日本の論者が合法性原則に言及する際にも，「課税要件が充足されている限り」[49]，ないしは「課税のための要件事実が充足されている限り」[50]，といった前提条件が置かれることが多い。そうすると，合法性原則は，上記のよう

46）この問題には，いわゆる事実認定論や証明責任論が関係するところであるが，なお基礎的な概念に精査が必要な状況であり，本稿では立ち入らない。参照，巽（2017）。
47）小早川（2002）28-29頁。
48）行政庁の調査義務に関する総論的分析も含め，小早川（1990）266頁以下，山本（2016）305頁以下。
49）金子（2022）86頁，中里ほか（2021）23頁〔藤谷武史〕，浅妻・酒井（2020）９頁。
50）岡村ほか（2023）24頁〔岡村忠生〕。

な課税庁の調査義務の限界を織り込み済みだと見るべきなのではないか。換言すれば，課税庁が調査義務を尽くしたうえで，納税義務の存否ないし内容に関する和解を行うことは，それ自体が合法性原則に抵触するものとは言えないのではないか[51)]。

Ⅳ－２．課税庁の調査義務の範囲

そうすると問題は，課税庁はどの程度の，ないしはどの範囲での調査義務を負っているのかである。

一方で，合法性原則がその原意において便宜主義の否定の趣旨を持つこと（Ⅲ－３）などに鑑みて，課税庁は正しい法解釈および正しい事実認定に基づく正確な課税を極力探求すべきだとして，課税庁の調査義務の程度を，高度に，ないしはその範囲を広く設定するという理解があり得よう。その場合，合法性原則は，課税のための要件事実が充足されているか否かについて，課税庁に可能な限り調査を行うべき義務を課すという，手続法上の意義も有することになる[52)]。合法性原則の理論的基盤を提供したとみられるドイツにおいて「事実に関する合意」の制度が機能していること[53)]は，日本でも早くから知られているが[54)]，ドイツ法も，行政手続における職権探知主義という形で行政庁の調査義務を元来高度に，ないしは広範に認めてきたのであり，「事実に関する合意」は決して無限定に認められているわけではない[55)]。

他方で，近時，租税法律主義を租税公平主義に優位するものと位置付けたうえで，合法性原則を租税法律主義ではなく租税公平主義の系に属するものとし，合法性原則を相対化して，行政先例法，信義則，平等取扱原則といった合法性原則の制約原理を従来よりも広く機能させる見解が提示されている[56)]。この見解のように，合法性原則を租税公平主義に軸足を置いて捉えるのであれば，課税庁の調査義務の範囲についても，合法性原則の制約原理による調整の可能性をより広く認めることがあ

51）中里ほか（2021）24頁〔藤谷武史〕は，「『租税法の強行法規性』のドグマを別にすれば，租税法における和解を認めることは，『国民の租税負担の分配は民主的正統性を有する国会の法律により規定されねばならず，これにより国民の経済活動における法的安定性と予測可能性を確保する』という租税法律主義の拠って立つ価値を損なうものではないから，やはり否定的に解する理由はないということになる」とするが，本文のように考えるならば，「租税法の強行法規性」のドグマもまた，和解を完全に否定するものではないことになろう。また，金子（2022）87頁が，合法性原則の下で「納税義務の内容や徴収の時期・方法等について租税行政庁と納税義務者との間で和解なり協定なりをすることは許されない」と述べたうえで，「もっとも，現実の租税行政においては，当事者の便宜や能率的な課税等のために，たとえば収入金額なり必要経費の金額なりについて和解に類似する現象が見られないではないが，これは，法的に見る限りは，両当事者の合意になんらかの法的効果が結びついたというのではなく，納税義務者と租税行政庁との話し合いの結果が，租税行政庁による課税要件事実の認定に反映したものと理解すべきであろう」としているのは，問題の本質が，合意に効力を認めるかどうかではなく，「租税行政庁による課税要件事実の認定」に関するルール如何だということを示しているようにも見える。

52）谷口（1995）851頁は，課税庁が納税義務を確定する局面においては，「課税要件の充足によって客観的に又は法律上当然に成立している納税義務の内容どおりに（正しく）課税要件事実が認定されなければならない要請」が存在するとし，「この要請は，租税債務関係説的構成による納税義務の確定の場面における，合法性の原則（租税法律主義から導き出される執行上の原則）の発現形態である」と説明する。

53）実態を端的に紹介するものとして，Grotheer（手塚訳）（2012）22頁以下。1998年当時の現地の様子を活写したものとして，三木（2001）25頁以下。

54）交告（1992），吉村（2000），吉村（2001），手塚（2014）。

55）須田（2018）130頁は，「彼の地の実定法上の職権探知原則は消極的な意味内容で満足するものではなかった。必要な証明度に至っていない場合になお可能な調査を放棄して合意をなす場合職権探知原則との問題が生じることは否定できないように思われる」と指摘する。

56）佐藤（2007）64-71頁。同論文は，ほかにも，租税法律主義を課税要件法定主義・明確主義と予測可能性原則とに分けて理解し（曰く，「租税法律主義の内容の二層化」），前者を「固い」原則として維持しつつ，後者は派生原理として柔軟に捉え，他の原理との比較較量を認めるという主張も展開しており，注目される。

りうるかもしれない[57]。

Ⅳ－３．税務執行の正確性と効率性

いずれにせよ，課税庁ないし執行官庁の調査義務を無限定に認めることは正当化されないだろう。課税庁に高度の職権調査義務を課し，課税要件の充足の有無を徹底的に調査することを求めるのは，租税実体法の正確な実現，ないしは正確な税務執行を目的とする。しかし他方で，課税庁による調査には人的，物的，金銭的なリソースを必要とし，正確な税務執行にはコストがかかる。とりわけ，租税の目的が公的主体の財源を調達することにあることに鑑みるならば，税務執行には，正確性のみならず，効率性ないし能率性が求められるはずであり[58]，いかなる場面においても税務執行の正確性にこだわり続けることは正当化されないと考えられる[59]。具体的には，その事案についてこれ以上調査しても課税要件の充足の有無が解明できない事態においてまで，さらなる調査を義務づけることは，仮に課税庁の調査義務の程度を高度に，ないしはその範囲を広く設定するという理解をとる場合でも，正当化されないと考えられる。

ここで，ビューラーが，「追及全体の強度」についての「広範な余地」を承認する（Ⅲ−3）際，続けて次のように述べていたことが示唆的である。曰く，「課税庁には，重要な租税事案をより重要でない租税事案に劣後させる自由や，国家が達成すべき財政目的との，ひいては場合によっては危惧されるべき業務上の損害との一定の関係において，時間と費用を浪費する自由を認めることはできない」[60]。これが課税庁ないし執行官庁の調査義務の範囲に関わる叙述なのだとすると（Ⅲ−3−2参照），ここでは，財政目的をかえって害するような非効率な税務執行が許容されないことが述べられていたのではないか[61]。

57）篠原（2014）89頁はこの方向性をとるようである。ただし，合法性原則を租税公平主義の系に位置づけることには，有力な批判もある。谷口（2020）424頁以下は，合法性原則は，租税法律主義が要請する租税法規の強行性ないし「法律による画一的規制」を意味するにほかならず，税負担の公平はその帰結として達成されるものであって，租税公平主義が合法性原則の出自というわけではないとする。最高裁は，「課税庁による恣意を抑制し，租税負担の公平を確保する必要性にかんがみると，課税の減免は，法律又はこれに基づく命令若しくは条例に明確な根拠があって初めて行うことができるものというべきである」と述べており（最判平成22年7月6日判時2091号44頁），たしかに課税の減免に法律上の根拠を求める理由の一端を租税負担の公平に求めているが，同時に課税庁による恣意を抑制するという，租税法律主義の要請にも触れている。合法性原則の位置付けは，租税法の過小執行に対する納税者一般の利益保護をどのように考えるか（原田，2015a，39頁）などにも影響する問題だと思われるが，立ち入る余裕がない。

58）田中（1990）92頁は，「収入確保・能率主義の原則」として，以下の旨を述べる。「租税法は，租税収入を確実・的確に，しかも，できるだけ能率的に実現することを企図している。租税法の定めるところに従って，確実・的確に租税収入をあげることができなければ，財政上の需要を賄ううえに支障を生ずるだけでなく，ひいては，租税負担の公平の原則にも反する結果となる。また，租税の徴収に多大の徴収費を要する等，租税債権の実現が非能率になれば，それだけ，租税課徴の目的は減殺されることになる」。

59）手塚（2018）79頁は，「事実関係を完全に解明することは，平等課税の要請でもあるが，しかし，課税庁のリソースの有限性からして，全体的な執行作用は機能不全となる可能性がある。これは，不平等な執行作用の出現を意味し，回避すべき現象である」と指摘する。緩和通達の正当化の文脈であるが，手塚（2019）290頁は，「効率性を視野に入れた獲得可能税収と租税法律主義を徹底することに伴い生じる徴税費用との釣り合いに着目し，両原則間の調整を行う」可能性に言及する。

60）Bühler（1927），S. 71: “Man wird ihnen die Freiheit nicht absprechen können, über wichtige Steuerfälle minder wichtige zurückzustellen und den Aufwand an Zeit und Kosten allgemein in ein gewisses Verhältnis zu dem für den Staat zu erreichenden finanziellen Zweck, auch zu vielleicht zu befürchtenden geschäftlichen Schädigungen zu setzen.”

61）非効率な法執行は，税務行政のみならず，行政一般について問題となり得る事柄である。行政法の一般理論としても，効果裁量とは区別された，「行政機関の執行リソースの限界」に対応した「事件選別裁量」ないし「法執行裁量」（興津，2014，573頁）について，法定主義（Ⅲ－3）に関する議論と比較しながら，考察を深める必要があると思われる。執行の過剰の問題についてはさらに，巽（2021）44-45頁。

V．おわりに――納税義務に関する和解・協定の許容性

租税手続法は，租税実体法を実現するに当たり，租税債務の存否ないしその内容に関する各主体の認識の差異に基づく紛争を処理するという，固有の規範的意義を有する（Ⅱ）。合法性原則は，課税要件が充足されている場合に，実体法の定めに基づいて成立している租税債権をその通り確定して行使することを課税庁に要請する（Ⅲ－1，Ⅲ－2）ものであるが，実際に課税要件が充足されているか否かが不明である場合に，課税庁が調査義務を尽くしたうえで，それ以上の調査検討を取りやめることまでを禁ずるものではない（Ⅲ－3，Ⅳ－1）。課税庁が負うべき調査義務の範囲については，合法性原則が一定の規範的要請をもつ可能性もあるが（Ⅳ－2），いずれにせよ，税務執行の効率性の観点から調査義務の限界が画される事態はあり得る（Ⅳ－3）。

行政庁の調査義務の範囲の問題は，税務執行の正確性と効率性とを行政手続法の平面で調整する論点であると言え，納税義務に関する和解の許容性にも，同じ問題が含まれるものと考えられる。税務訴訟における和解を許容する条件として課税要件の充足の有無の不明確性が挙げられる[62]のは，行政庁が調査義務を尽くしたことを要求するもの[63]と理解できる可能性がある。また，和解を正当化する理由の一つに，税務執行の効率性の観点が挙げられることがある[64]のも，本稿の考察からすると正当である。本来であれば，納税義務に関する和解・協定の許容性について，訴訟上の和解の制度設計論をも含め，より詳しく論ずるべきであるが，これは機を改めることとしたい[65]。

参考文献

阿部泰隆（2015）「行政訴訟特に税務訴訟における和解の許容性」，同『租税法への提言・挑戦』，信山社，2023，449-478頁

浅妻章如・酒井貴子（2020）『租税法』，日本評論社

伊川正樹（2005）「アメリカにおける税務訴訟の

62）阿部（2015），馬場（2015）など。

63）木村（1998）107頁は，「事実解明が十分になされた後に事実確認の余地がなお存する場合」を和解の許容条件に挙げる。

64）中里ほか（2021）24頁〔藤谷武史〕は，「複雑な租税争訟事案において，これ以上課税要件事実の存否をめぐって争うことは，国にとっても納税義務者にとっても利益にならないという場面において（国の訴訟追行費用も国民の租税負担で賄われていることを忘れてはならない），両当事者が歩み寄るという意味での和解については，社会的な無駄を減らすという観点からの合理性があ」ると指摘する。

65）なお，本稿の立場からすると，実務上，「事実上の和解」（司法研修所，2000，235頁）は合法性原則に必ずしも抵触するものではないと解されていることには，留保が必要であるように思われる。税務訴訟の実務においては，「被告が原告の請求の一部又は全部を理由があるとするときには，実質的に係争の課税処分の一部又は全部を取り消す更正（又は職権取消し）を行い，原告は訴えを取り下げ，被告はこれに同意するという形が採られることが多い」（泉ほか，2018，242頁）とされているところ，少なくとも，課税庁が調査義務を尽くさずに安易な更正や職権取消しを行うことは，租税手続法上許容されないというべきであろう。これらの問題についても，機を改めて論ずることとしたい。

実態（1）（2・完）――税務訴訟における『和解』再検討の一素材として」，民商法雑誌，133巻，1号，99-118頁，同2号，298-318頁
泉徳治・大藤敏・満田明彦（2018）『租税訴訟の審理について（第3版）』，法曹会
一高龍司（2014）「米国における納税者とIRSとの交渉と和解」，日税研論集，65号，77-155頁
宇賀克也（2023）『行政法概説Ⅰ（第8版）』，有斐閣
碓井光明（1983）「課税要件法と租税手続法との交錯」，租税法研究，11号，14-45頁
岡村忠生（2012）「納税義務の成立について」，税研，165号，18-26頁
岡村忠生・酒井貴子・田中晶国（2023）『租税法（第4版）』，有斐閣
興津征雄（2014）「競争秩序と事業者の利益」，民商法雑誌，150巻，4・5号，533-586頁
兼子一（1957）『實體法と訴訟法――民事訴訟の基礎理論』，有斐閣
金子宏（1966-75）「租税法における所得概念の構成」，同『所得概念の研究』，有斐閣，1995，1-118頁
金子宏（1972）「租税法学の体系」，同『租税法理論の形成と解明（上）』，有斐閣，2010，181-195頁
金子宏（1974）「租税法の基本原則」，同『租税法理論の形成と解明（上）』，有斐閣，2010，42-88頁
金子宏（1983）「シャウプ勧告と所得税」，同『所得課税の法と政策』，有斐閣，1996，16-87頁
金子宏（2000）「シャウプ勧告の歴史的意義――21世紀に向けて」，同『租税法理論の形成と解明（上）』，有斐閣，2010，216-249頁
金子宏（2022）『租税法（第24版）』，弘文堂
木村弘之亮（1998）『租税法総則』，成文堂
清永敬次（2013）『税法（新装版）』，ミネルヴァ書房
交告尚史（1992）「課税処分の事実認定と当事者の合意――ドイツ連邦財政裁判所1984年12月11日判決に焦点を当てて」，神戸商科大学商大論集，44巻，1号，41-61頁
小早川光郎（1990）「調査・処分・証明―取消訴訟における証明責任問題の一考察」，雄川一郎先生献呈論集『行政法の諸問題（中）』，有斐閣，249-279頁
小早川光郎（2002）『行政法講義下Ⅰ』，弘文堂
佐藤英明（2007）「租税法律主義と租税公平主義」，金子宏編『租税法の基本問題』，有斐閣，2007，55-73頁
塩野宏（1962）『オットー・マイヤー行政法学の構造』，有斐閣
塩野宏（2015）『行政法Ⅰ（第6版）』，有斐閣
篠原克岳（2014）「税務手続への和解の導入に関する検討―法的判断過程の分析に基づく試論」，税務大学校論叢，78号，1-89頁
芝池義一（1995）「税法と行政法」，芝池義一・田中治・岡村忠生編『租税行政と権利保護』，ミネルヴァ書房，1995，1-25頁
司法研修所（2000）『行政事件訴訟の一般的問題に関する実務的研究〔改訂版〕』，法曹会
杉村章三郎（1939）『租税法』，日本評論社
須田守（2018）「行政調査論の基礎的構成」，行政法研究，25号，109-167頁
首藤重幸（2014）「『税務行政におけるネゴシエーション』の研究」，日税研論集，65号，1-27頁
高野幸大（2014）「イギリスにおけるネゴシエーション」，日税研論集，65号，157-199頁
巽智彦（2017）「事実認定論から見た行政裁量論」，成蹊法学，87号，97-127頁
巽智彦（2021）「公法における分配問題」，法律時報，93巻，5号，42-48頁
舘彰男（2019）「幅のある真実――合法性の原則の超克による租税争訟における和解の許容性」，判時，2423号，3-16頁
田中二郎（1936）「判批」，国家，50巻，6号，116-118頁
田中二郎（1990）『租税法（第3版）』，有斐閣
谷口勢津夫（1995）「納税義務の確定の法理」，同『税法創造論』，清文社，2022，844-875頁
谷口勢津夫（2020）「合法性の原則と行政裁量の統制」，同『税法の基礎理論―租税法律主義論の展開』，清文社，2021，424-433頁

谷口勢津夫（2021）『税法基本講義（第７版）』，弘文堂
手塚貴大（2014）「ドイツのネゴシエーション」，日税研論集，65号，29-76頁
手塚貴大（2018）「納税者と課税庁の合意」，論ジュリ，26号，76-82頁
手塚貴大（2019）「租税法律主義」，日税研論集，75号，269-318頁
中里実（2018）「課税庁による情報収集」，『租税法回廊』，財務経理協会，2019，130-133頁
中里実・弘中聡浩・渕圭吾・伊藤剛志・吉村政穂（2021）『租税法概説（第４版）』，有斐閣
長谷川博（2007）「租税訴訟における和解の意義とその課題――納税者の権利救済機能としての訴訟上の和解」，租税訴訟，１号，174-194頁
馬場陽（2015）「租税争訟における和解」，税法学，574号，173-197頁
原田大樹（2015a）「法治主義と租税法律主義」，同『行政法学と主要参照領域』，東京大学出版会，2015，23-40頁
原田大樹（2015b）「課税処分と租税債務関係」，同『行政法学と主要参照領域』，東京大学出版会，2015，41-72頁
平川英子（2014）「フランス税務訴訟におけるネゴシエーション」，日税研論集，65号，269-286頁
藤田宙靖（1972）「現代裁判本質論雑考―いわゆる“紛争の公権的解決”なる視点を中心として」，同『行政法学の思考形式（増補版）』，木鐸社，2002，291-303頁
藤谷武史（2021）「租税法律主義の総合的検討の必要性」，中里実・藤谷武史編『租税法律主義の総合的検討』，有斐閣，2021，1-8頁
藤曲武美（2014）「税務調査等におけるネゴシエーションの分析」，日税研論集，65号，201-231頁
渕圭吾（2017）「租税法律主義と『遡及立法』」，中里実・藤谷武史編『租税法律主義の総合的検討』，有斐閣，2021，61-103頁
ヘンゼル，アルベルト（杉村章三郎訳）（1931）『独逸租税法論』，有斐閣
法務省刑事局（2018）『刑事法制資料―ドイツ刑事訴訟法』，法務省刑事局
本庄資（2008a）「『納税者との合意』，『和解』を税務調査に導入できるか―税務調査から租税争訟解決までにみる米国の納税者権利保護と税務行政効率化のマリアージュを参考として」，税経通信，2008年２月号，149-181頁
本庄資（2008b）「LMSB局国際調査体制―『和解』を基本とする移転価格課税における不服審査局の重要な役割」，税経通信，2008年３月号，253-281頁
増井良啓（2002）「税務執行の理論」，フィナンシャル・レビュー，65号，169-183頁
増井良啓（2012）「租税手続法の新たな潮流」，第64回租税研究大会記録『税制抜本改革と国際課税等の潮流』，98-112頁
松尾浩也（1985）「起訴法定主義の動向―西ドイツ刑事訴訟法に関する一つのBericht」，同『刑事訴訟の理論』，有斐閣，2012，202-224頁
松尾浩也（1999）『刑事訴訟法（上）新版』，弘文堂
松尾浩也（2003）「ドイツにおける刑事訴訟法及び刑事訴訟法学の発展―日本法との関連において」，同『刑事法学の地平』，有斐閣，2006，290-301頁
松原有里（2009）「租税救済手続の国際比較」，租税法研究，37号，23-44頁
松原有里（2010）「租税法上の和解・仲裁手続」，金子宏編『租税法の発展』，有斐閣，2010，425-444頁
三木義一（2001）「ドイツにおける税務訴訟の現実とその背景」，同編『世界の税金裁判』，清文社，2001，11-62頁
水野忠恒（2023）『大系租税法（第４版）』，中央経済社
山木戸克己（1953）「訴訟法学における権利既存の観念」，同『民事訴訟理論の基礎的研究』，有斐閣，1961，1-22頁
山本隆司（2000）『行政上の主観法と法関係』，有斐閣

山本隆司（2016）「行政手続および行政訴訟手続における事実の調査・判断・説明」，小早川光郎先生古稀記念『現代行政法の構造と展開』，有斐閣，2016，293-324頁

吉村典久（2000）「ドイツにおける租税上の合意に関する判例の展開」，金子宏先生古稀祝賀『公法学の法と政策（上）』，有斐閣，2000，239-266頁

吉村典久（2001）「書評：ロマン＝ゼーア著『租税手続における合意』」，専修大学法学研究所所報，22号，14-19頁

吉村政穂（2011）「コンプライアンス確保に向けた租税行政手法の共通化」，ソフトロー研究，18号，29-47頁

渡辺裕泰（2008a）「租税法における和解」，中山信弘・中里実編代『政府規制とソフトロー』，有斐閣，2008，209-230頁

渡辺裕泰（2008b）「移転価格課税訴訟における和解の必要性」，税務弘報，2008年8月号，2-3頁

Bühler, Ottmar (1927), *Lehrbuch des Steuerrechts*, Bd. 1, Vahlen.

Bühler, Ottmar (1950), *Steuerrecht*, Bd. 1, Gabler.

Bühler, Ottmar (1953), *Steuerrecht*, Bd. 1, 2. Aufl., Gabler.

Bühler, Ottmar & Strickrodt, Georg (1960), *Steuerrecht*, Bd. 1, 3. Aufl., Gabler.

Grotheer, Jan（手塚貴大訳）(2012)「ドイツにおける財政裁判所の手続――“事実に関する合意”を中心に」，租税法研究，40号，17-28頁

Hensel, Albert (1924), *Steuerrecht*, Springer.

Hensel, Albert (1927), *Steuerrecht*, 2. Aufl., Springer.

Hensel, Albert (1933), *Steuerrecht*, 3. Aufl., Springer.

Mayer, Otto (1924), *Deutsches Verwaltungsrecht*, Bd. 1, 3. Aufl., Duncker & Humblot.

〈財務省財務総合政策研究所「フィナンシャル・レビュー」令和6年第2号（通巻第156号）2024年6月〉

私的主体が発行する「貨幣」の規制に関する覚書
—ステーブルコインに関する規制を中心に[*1]

行岡　睦彦[*2]

要　約

2022年の資金決済法改正により，「電子決済手段」の制度が創設された。これは，いわゆるステーブルコインに関する規制をわが国に導入するものである。これを受けて，実務では，「特定信託受益権」（資金決済法2条5項3号に規定する電子決済手段）の形式でステーブルコインを組成する取組みが検討されている。ところで，特定信託受益権については，資金決済法上，ステーブルコインの裏付資産（特定信託受益権に係る信託財産）の全部を要求払預貯金により管理することが要求されている。これは，ステーブルコインの発行者に，相対的に安全性の高い要求払預貯金をステーブルコインの裏付資産とすることを義務付けるとともに，これをステーブルコイン発行者の固有財産から法的に分離（倒産隔離）された信託財産とすることにより，ステーブルコインに係る払戻（償還）義務の履行可能性を確保し，その価値の安定性を確保する趣旨のものであると理解することができる。しかし，このような規制のあり方に対しては，大きく2つの観点から疑問を呈することができる。第1は，要求払預貯金による裏付けを要求することの必要性である。理論上は，国債・公債やコマーシャル・ペーパー（CP）のような，低リスクかつ高流動性の資産を裏付資産として許容することも考えられるのではないか，という疑問がありうる。第2は，要求払預貯金による裏付けを要求することの十分性である。銀行といえども破綻のおそれが皆無というわけではなく，要求払預貯金を裏付資産とすることで満足して良いのか，とりわけ，ステーブルコインの破綻が金融システムにシステミックな影響を及ぼすほどまでに成長した場合を想定すると，裏付資産のあり方についてさらなる検討を要するのではないか，という疑問がありうる。本稿は，イングランド銀行が2021年6月に公表した『新たな形態のデジタル貨幣（New forms of digital money)』と題するディスカッション・ペーパーにおいて示された4つの規制モデルを取り上げ，それぞれの意義と課題について検討を加えるという方法により，ステーブルコインの規制のあり方に関する上記の疑問に一定の回答を提示するとともに，より一般的に，私的主体が発行する「貨幣」の価値の安定性を確保するための規制のあり方についての基本的な論点や考え方を整理するものである。

キーワード：貨幣，デジタルマネー，ステーブルコイン，銀行規制，電子決済手段
JEL Classification：G21，G23，K22

＊1　本稿の執筆に際しては，論文検討会議において吉野直行教授，小部春美教授，藤谷武史教授から，また本稿の草稿について加藤貴仁教授から，いずれも非常に有益なコメントをいただいた。いうまでもなく本稿に残された誤りはすべて筆者のみに帰する。
＊2　神戸大学大学院法学研究科教授

Ⅰ．はじめに

本稿は，私的主体が発行する「貨幣」の規制のあり方について，主としていわゆるステーブルコインを念頭に置いて，その価値の安定性を確保するための規制はどうあるべきかという観点から検討を加えることを目的とする。

Ⅰ－1．「貨幣」とは

本稿における「貨幣（money）」とは，経済学で一般にいわれる貨幣の3つの機能，すなわち，①価値の保蔵（store of value），②価値の尺度（計算単位）（unit of account）および③交換の媒体（medium of exchange）という3つの機能[1]を担うものとして提供される資産をいうこととする。この意味での「貨幣」には，公的主体（中央銀行や政府）が発行するもの（本稿ではこれを「公的貨幣（public money）」ということがある）[2]のほか，私的主体が発行するもの（本稿ではこれを「私的貨幣（private money）」ということがある）[3]が含まれる。

私的貨幣の典型は，銀行などの預金取扱金融機関[4]（以下，単に「銀行」という）が提供する要求払預金（以下，単に「預金」という）である。預金は，銀行という私的主体が発行するものであるが，伝統的に，上記①～③の機能を担う「貨幣」として，経済社会において極めて重要な役割を果たしてきた（「預金通貨（deposit currency）」と呼ばれるゆえんである）。こうした伝統的な私的貨幣に加え，近年では，国内外において，様々なタイプの新たな私的貨幣が登場している。たとえば，SuicaやPayPayなどといった電子マネー[5]は，経済社会において（程度の差異はあれども）上記①～③の機能を一定程度担うものであり，私的主体が発行する「貨幣」（すなわち私的貨幣）の一種であるといえる[6]。さらに，近年，私的主体が発行するいわゆるステーブルコイ

1）内田（2016）6～8頁，アセモグルほか（2019）376頁，マンキュー（2019）342～343頁，福田（2020）199～202頁などを参照。なお，齊藤ほか（2016）492頁は，「交換手段」というよりもむしろ「決済手段」が貨幣の本質的な役割であると指摘する。

2）日本における公的貨幣には，日本銀行券（紙幣）および政府補助貨幣（硬貨）があるほか，日本銀行が民間金融機関に提供する当座預金（日銀当預）も，民間金融機関に対して本文記載の①～③の機能を提供する公的貨幣の一種である。さらに，近時では，中央銀行デジタル通貨（CBDC）の発行も現実味を帯びるようになってきている（CBDCに関する検討状況等については，日本銀行ウェブサイト https://www.boj.or.jp/paym/digital/index.htm を参照）。

3）本稿にいう「私的貨幣」は，経済学にいう「内部貨幣（inside money）」と概ね同一の意味である。内部貨幣の概念については，Brunnermeier, James & Landau（2021）p. 4; Bank of England（2023b）p. 3 等を参照。

4）わが国における預金取扱金融機関については，内田（2016）147～154頁，川口（2024）1～26頁参照。

5）日本では，資金決済法上，第三者型前払式支払手段として発行されるものと，資金移動業者が発行するものとに大別される。本稿との関係では，これらの最も重要な相違は，第三者型前払式支払手段は払戻が原則として禁止されている（資金決済法20条5項）のに対し，資金移動業者が発行するものについてはそうではない，という点である。かかる払戻しの原則禁止が，前払式支払手段における流動性ギャップ（後述）の発生を抑制する機能を有することを指摘するものとして，加毛（2023）67頁参照。

6）もっとも，これらの機能を果たす度合いは様々である。たとえば，電子マネーは加盟店での支払にしか利用できないため，③の交換の媒体としての機能は必然的に限定的となるし，また，資金移動業者が発行する電子マネーについては，いわゆる滞留規制が適用されるため，①価値の保蔵という機能に制約がかかる。本稿では，私的貨幣のうち，①～③の機能を，（法定通貨や預金通貨と同じレベルとはいわないまでも）ある程度果たしているもの（それなりの「貨幣らしさ（moneyness）」を備えているもの）を，広く「貨幣」に含めて考えている。

ン[7]が，（主として暗号資産取引に限ってではあるが）決済手段として利用されている[8]。これらに共通するのは，国家以外の私的主体が，経済取引において上記①～③の機能を担う私的貨幣を発行し，不特定多数の者の利用に供している，という状況である。

Ⅰ－２．本稿の検討課題

（１） 本稿における検討の対象

私的主体が発行する私的貨幣が，実際に「貨幣」として上記①～③の機能を発揮するためには，それが額面どおりの価値を有するものであるとの信頼・信認（confidence）を確保することが不可欠であり，これをいかに実現するかが重要な検討課題となる。

そこで，本稿は，私的貨幣のうち，円建てで発行され，かつ，法定通貨または預金通貨による随時の払戻が可能なタイプのものをもっぱら念頭に置いて，その価値の安定性を確保する（より具体的には，その利用者が，常に額面通りの払戻を迅速に受けることができるよう確保する）という観点から，望ましい規制のあり方を検討することを目指す[9]。

その中でも，本稿では，いわゆるデジタルマネー類似型ステーブルコイン（その意義はすぐ後で述べる）における裏付資産（backing assets / reserve assets）の規制のあり方に焦点を当てることとしたい[10]。その理由は，次のとおりである。

（２） 本稿における検討の背景

日本では，2022年資金決済法改正（2023年６月１日施行）により，ステーブルコインの発行に関する規制枠組みが導入された。その基礎となった金融審議会「資金決済ワーキング・グループ」の報告書[11]（以下「資金決済WG報告」という）は，金融安定理事会（Financial Stability Board：FSB）の勧告で示された定義[12]を参考に，ステーブルコインを「特定の資産と関連して価値の安定を目的とするデジタルアセットで分散台帳技術（又はこれと類似の技術）を用いているもの」と定義した上で[13]，そのうちデジタルマネー類似型，すなわち「法定通貨の価値と連動した価格（例：1コイン＝1円）で発行され，発行価格と同額で償還を約するもの（及びこれに準ずるもの）」[14]に関する規制の整備を提言していた[15]。かかる提言を踏まえ，2022年資金決済

7）一般に，ステーブルコインとは，法定通貨もしくは法定通貨建ての資産，またはそれらのバスケットに対して価値が連動するように設計された，主としてブロックチェーン上で発行されるトークンをいうとされる（河合，2022, 22頁，同，2023a, 36頁参照）。ステーブルコインの定義については後掲脚注13も参照。

8）ステーブルコインの発行に係る概況について，河合（2023a）36～39頁参照。

9）したがって，本稿では，①私的貨幣を利用した決済の安全性・確実性の実現，②私的貨幣の適切な管理・運営の確保，③不法な資金移動の防止（AML/CTF），④利用者のプライバシー・個人情報の保護などといった，本文に記載したものとは別の観点からの規制のあり方については，――その重要性は認識しつつも――検討対象外とする。その意味で，本稿は，ステーブルコイン（ひいては私的貨幣一般）に関する膨大な問題群の一部だけを取り上げて論じるものに過ぎない。

10）一般に，決済サービスは，①決済手段（債権債務関係の解消等を目的として移転される価値）と②決済方法（決済手段を移転する方法）の組み合わせとして把握することができるところ（岩原，2003, 6頁，加藤，2022, 43頁参照），本稿は，もっぱら決済手段としてのステーブルコインの価値の安定性を確保するための裏付資産の規制のあり方に焦点を当てることとなる。

11）金融審議会（2022）。

12）Financial Stability Board（2020），p. 9（“The term stablecoin commonly refers to a crypto-asset that aims to maintain a stable value relative to a specified asset, or a pool or basket of assets”）。

13）金融審議会（2022）16頁。

14）金融審議会（2022）17頁。

15）なお，デジタルマネー類似型以外のステーブルコインは「暗号資産型」として位置付けられており（金融審議会，2022, 17頁），そこにはアルゴリズムで価値の安定を試みるタイプのステーブルコイン（例：Terra USD（UST））が含まれるが，本稿では，暗号資産型ステーブルコインの規制のあり方は検討対象外とする。

法改正により整備されたのが,「電子決済手段」(資金決済法2条5項)の制度である。資金決済WG報告にいうデジタルマネー類似型ステーブルコインは，改正後の資金決済法における電子決済手段として位置づけられることとなった。

上記(1)で述べたとおり，本稿における検討対象は，私的貨幣のうち，円建てで発行され，かつ，法定通貨または預金通貨による随時の払戻が可能なタイプのものであるところ，改正資金決済法上の「電子決済手段」(デジタルマネー類似型ステーブルコイン)は，まさにこれに該当しうる。そして，これに関する現行規制は，概ね次のとおりとなっている。

前提として，電子決済手段を発行・償還する行為は，隔地者間での資金移動を可能とするものであるから,「為替取引」(銀行法2条2項2号)[16]に該当する。したがって，その発行者には，為替取引を業として行うためのライセンス，すなわち，銀行業の免許(銀行法4条1項)または資金移動業の登録(資金決済法37条)が要求されるのが原則となる[17]。この場合，ステーブルコインの価値の安定性は，これらの業者に対する規制を通じて確保されることが制度上予定されているものと理解することができる[18]。

もっとも，銀行が電子決済手段の発行者となること[19]については,「銀行によるパーミッションレス型ブロックチェーンを用いたステーブルコインへの関与については，銀行の業務の健全かつ適切な運営等と両立しない可能性が国際的にも示されている中，銀行の業務の健全かつ適切な運営等の観点から懸念がある」ことから,「銀行の業務の健全かつ適切な運営の確保及び利便性の高い決済サービスの実現等の観点から適切なルール整備が可能となる」までは認められない見通しである[20]。また,資金移動業者が電子決済手段の発行者となる場合には，①第一種資金移動業者は，厳格な滞留規制が適用されるため，電子決済手段の発行は事実上困難であると考えられるし[21],

16) 為替取引とは,「顧客から，隔地者間で直接現金を輸送せずに資金を移動する仕組みを利用して資金を移動することを内容とする依頼を受けて，これを引き受けること，又はこれを引き受けて遂行すること」をいう(最決平成13年3月12日刑集55巻2号97頁)。

17) 金融審議会(2022)22頁，加藤(2022)46頁，山内(2023)27頁等。なお，後述のように，資金移動業の登録をしていない信託会社も，届出により，特定資金移動業として特定信託受益権(信託型ステーブルコイン)の発行・償還を業として行うことができる。この点については脚注25参照。

18) 加藤(2022)46頁参照。

19) より正確には，銀行が，資金決済法2条5項1号に定める電子決済手段(いわゆる「1号電子決済手段」)を発行すること。1号電子決済手段は,「代価の弁済のために不特定の者に対して使用することができる」ことと,「不特定の者を相手方として購入及び売却を行うことができる」ことが要件とされており，具体的には，パーミッションレス型のブロックチェーン上で不特定の者に流通可能な形で発行され，かつ不特定の者への送金・決済手段として利用できるようなものがこれに該当すると解される。金融審議会(2022)20頁注70，金融庁「事務ガイドライン(第三分冊・金融会社関係)」(令和5年12月現在)の「17　電子決済手段等取引業者関係」Ⅰ-1-1①および②参照。

20) 金融庁(2023)2～3頁(No. 8への回答)。銀行法施行規則13条の6の9はそのような趣旨の規定と解される。増島・堀(2023)242～243頁，河合(2023b)37頁注6も参照。パーミッションレス型ステーブルコインを銀行等の預金取扱金融機関が発行することに伴う具体的な問題として，銀行破綻等の保険事故が発生した場合における名寄せを迅速に行うことが困難となりうることが指摘されている。山内(2023)30頁注20,市古(2024)266頁,佐野(2024)454頁参照。それ以外の懸念について下記Ⅲ-1(3)(B)も参照。

なお，預金を裏付けとするデジタルマネーのうち，1号電子決済手段に該当しないもの(パーミッションレス型ではない，いわゆる「預金型デジタルマネー」)については本文記載の懸念は当たらないものと思われ，実際，銀行が利用者から資金を受け入れ，1コイン=1円として決済・送金に利用可能なデジタルマネーを発行する例も存在する。この点については後掲脚注90を参照。

21) 河合(2022)27頁，山内(2023)31頁，増島・堀(2023)248頁，市古(2024)255頁，佐野(2024)457頁参照。敷衍すると，第一種資金移動業は，①移動する資金の額，資金を移動する日または資金の移動先が明らかでない為替取引に関する債務を負担することができず，かつ，②資金の移動に関する事務を処理するために必要な期間を超えて為替取引に関する債務を負担することができないという厳格な滞留規制が適用されるところ(資金決済法51条の2，資金移動業者府令32条の2)，具体的な送金指図なしに利用者から金銭を受け入れることが想定されるステーブルコインの発行者がこれらの要件を満たすことは一般的に困難であると考えられる。

②それ以外の資金移動業についても，送金額の上限規制や滞留規制[22]が適用されるため，ビジネス上のインセンティブが低いと指摘されている[23]。

このような中，ステーブルコインの発行形式としては，信託銀行または信託会社が「特定信託受益権」（資金決済法2条5項3号）（実務上，「3号電子決済手段」ないし「信託型ステーブルコイン」と呼ばれることがある）[24]の形式で組成するという方法[25]が，実務において有望視されているように見受けられる状況にある[26]。

本稿の検討課題との関係で興味深いのは，特定信託受益権について，法令上，ステーブルコインの裏付資産（特定信託受益権に係る信託財産）の全部を，要求払預貯金により管理することが要求されている，という点である[27]。これは，ステーブルコインの発行者に，①相対的に安全性の高い要求払預貯金をステーブルコインの裏付資産とすること[28]を義務付け，かつ，②これをステーブルコイン発行者の固有財産から法的に分離（倒産隔離）された信託財産とすることにより[29]，ステーブルコインに係る払戻（償還）義務の履行可能性を確保し，もってその価値の安定性を確保する趣旨のものであると理解することができる[30]。

22）第二種資金移動業者の1件当たりの送金額の上限は100万円（資金決済法36条の2第2項，資金決済法施行令12条の2第1項），第三種資金移動業者の1件当たりの送金額の上限は5万円（受入可能な利用者資金の上限も5万円）（資金決済法36条の2第3項・51条の3，資金決済法施行令12条の2第2項・17条の2）である。また，第二種資金移動業者にも（第一種資金移動業者ほど厳格なものではないが）滞留規制がある（資金決済法51条，資金移動業者府令30条の2参照）。資金移動業者が電子決済手段を発行する場合における送金額の上限規制および滞留規制については，増島・堀（2023）251～254頁，市古（2024）257～258頁，佐野（2024）460～462頁も参照。

23）河合（2022）27～28頁，河合（2023b）37頁注6参照。

24）特定信託受益権（3号電子決済手段）は，「金銭信託の受益権（電子情報処理組織を用いて移転することができる財産的価値（電子機器その他の物に電子的方法により記録されるものに限る。）に表示される場合に限る。）であって，受託者が信託契約により受け入れた金銭の全額を預貯金により管理するものであることその他内閣府令で定める要件を満たすものをいう」と定義されている（資金決済法2条9項）。

25）資金決済法上，特定信託受益権の発行による為替取引を「特定信託為替取引」（資金決済法2条28項），資金移動業のうち特定信託為替取引のみを業として営むことを「特定資金移動業」（同36条の2第4項）といい，資金移動業の登録をしていない信託会社も，届出により特定資金移動業を営むことができるものとされている（同法37条の2第1項・3項）。なお，特定信託受益権を発行する信託会社を「特定信託会社」というが（同法2条27項），信託銀行等の信託兼営金融機関は，銀行業として為替取引を業として行うことができるため（銀行法2条2項2号），「特定信託会社」の定義から除外されている（資金決済法2条27項括弧書参照）。山内（2023）32頁注29，増島・堀（2023）243頁参照。

こうした特定資金移動業と通常の資金移動業者の主な相違は次のとおりである。まず，利用者資金の供託等の保全義務（資金決済法43条～48条参照）や滞留規制（同法51条～51条の3参照）は，特定信託会社が営む特定資金移動業には適用されない（同法37条の2第2項）。また，特定資金移動業においては，業務実施計画の認可を受けることで，1件当たり100万円を超える送金が可能な電子決済手段を発行することもできる（資金決済法37条の2第2項により読み替えられる同40条の2第1項，同法施行令12条の4参照）。以上につき，増島・堀（2023）255～256頁，山内（2023）32～33頁，市古（2024）278～281頁，佐野（2024）471～472頁参照。

26）河合（2023b）37頁注6参照。たとえば，株式会社Gincoほか（2023）は特定信託受益権の形式によるステーブルコインの発行について共同検討を開始した旨を公表しており，オリックス銀行（2023）は特定信託受益権の形式によるステーブルコインの発行について実証実験を開始する旨を公表している。

27）資金決済法2条9項，電子決済手段等取引業者に関する内閣府令3条。

28）金融審議会（2022）24頁は，「信託財産の全額を円建ての要求払預金で管理することを前提とする等の必要な利用者保護措置…により，信用リスク，金利リスク，流動性リスク，為替リスクといったリスクも最小化・明確化され…る」と指摘する。

29）金融審議会（2022）24頁は，「信託受益権を用いた仕組み…においては，発行者である信託会社の破綻時には，信託により利用者資産は倒産隔離されていると解される」と指摘する。

30）加藤（2022）46～47頁，増島・堀（2023）243頁参照。

(3) 本稿の検討課題

上記 (2) で概観した，特定信託受益権（信託型ステーブルコイン）の裏付資産の規制のあり方に対しては，大きく2つの観点から疑問を呈することができるように思われる。第1は，要求払預貯金による裏付けを要求することの必要性 (necessity) である。理論上は，国債・公債やコマーシャル・ペーパー (CP) のような，低リスクかつ高流動性の資産を裏付資産として許容することも考えられるのではないか，という疑問がありうる。第2は，要求払預貯金による裏付けを要求することの十分性 (sufficiency) である。銀行といえども破綻のおそれが皆無というわけではなく，要求払預貯金を裏付資産とすることで満足して良いのか，とりわけ，ステーブルコインの破綻が金融システムにシステミックな影響を及ぼすほどまでに成長した場合を想定すると[31]，裏付資産のあり方についてさらなる検討を要するのではないか，という疑問がありうる。

本稿は，ステーブルコインの裏付資産に関する現行規制のあり方に対するこれらの疑問に対し，一定の回答を提示することを目的とする。また，そうすることにより，ステーブルコイン（電子決済手段）に関する現行規制の必要性と十分性についての理解を深めるとともに，より一般的に，私的貨幣の価値の安定性を確保するための規制のあり方についての基本的な論点や考え方を整理することを目指す。

Ⅰ－3．本稿の検討方法

本稿では，ステーブルコインの価値の安定性を確保するための規制のあり方について，理論的に考えられる複数の規制アプローチを比較検討することを通じて，上記の検討課題に取り組むこととしたい。具体的には，イングランド銀行 (Bank of England：BOE) が2021年6月に公表した『新たな形態のデジタル貨幣 (New forms of digital money)』と題するディスカッション・ペーパー[32]（以下「BOE報告書」という）において示された4つの規制モデルを取り上げ，それぞれの意義と課題について検討を加える，という方法で，上記の検討課題にアプローチすることとしたい[33]。

Ⅱ．BOE報告書の概要

BOE報告書の内容とその背景については，日本総研調査部主席研究員の河村小百合氏による明快な紹介・分析[34]があるため，ここでは本稿の検討課題と関連する限度でその内容を概観することにする。

Ⅱ－1．BOE金融政策委員会の「期待」

2021年6月のBOE報告書は，BOEの金融

---

31) 現状では，ステーブルコインは，主として暗号資産取引の決済に利用されており，一般的な決済手段・貯蓄手段として利用される状況にはない。しかし，今後，ステーブルコインが，コスト・利便性・機能性において他の決済手段・貯蓄手段に対する優位性を獲得するに至るならば，ステーブルコインへの急速な移行が生じる可能性もある。仮にそのような事態になれば，ステーブルコインの破綻が金融システム全体に対してシステミックな影響を及ぼすことも視野に入れる必要が生じるように思われる。

32) Bank of England (2021). なお，BOE報告書に対して寄せられたコメントの概要とそれに対するBOEの応答は，Bank of England (2022a) として公表されている。

33) なお，BOE報告書における4つの規制モデルは，金融審議会「資金決済ワーキング・グループ」の検討過程においても参照されていたことが窺われる。金融審議会「資金決済ワーキング・グループ」第2回資料2－1「事務局説明資料（金融サービスのデジタル化への対応）」(2021年11月11日) 21頁参照。

34) 河村 (2022)。

政策委員会（Financial Policy Committee：FPC）が2019年12月に公表した『金融安定報告（Financial Stability Report）』[35]を踏まえて作成されている。同報告では，ステーブルコインが果たすべき２つの「期待」が挙げられていた。第１の期待は，「ステーブルコインを利用したペイメント・チェーンは，伝統的なペイメント・チェーンに適用されるのと同等の規準で規制されるべきである。ステーブルコインに基づくシステミックなペイメント・チェーンの中に位置し，その機能を果たす上で不可欠な企業もまた，同様に規制されるべきである。」というものであり[36]，第２の期待は，「ステーブルコインがシステミックなペイメント・チェーンの中で貨幣類似の手段として利用される場合，かかるステーブルコインは，価値の安定，法的な債権の頑健性および法定通貨との額面での交換可能性について，商業銀行貨幣（commercial bank money）に期待されるのと同等の規準を満たすべきである。」というものであった[37]。

本稿との関係で重要なのは，後者（FPCが掲げる第２の期待）である。この点について，BOE報告書は次のように指摘する。まず，FPCの第２の期待を満たす規制モデルにおいては，銀行規制の主要な特徴を反映すべきである。具体的には，①法的権利（預金口座の形で商業銀行貨幣を保有する者は，平常時とストレス時のいずれにおいても，迅速に，かつ額面で，法定通貨による預金の払戻を受ける頑健な法的権利を有する），②資本規制（銀行が債務超過に陥るリスクを軽減するために，信用リスク，運営リスク，市場リスク等のリスクの性質に基づいて，資本規制が課される），③流動性規制と支援（殆どの場合に預金の払戻に応じることができるよう流動性規制が課せられる上，それを支えるために中央銀行の準備預金へのアクセスが認められ，かつBOEの流動性支援を受けることができる），④預金者保護の安全措置（預金者が預金の払戻を受け，かつ重要な支払サービスが維持されるための安全措置として，金融サービス補償機構（Financial Services Compensation Scheme：FSCS）による預金保険があるほか，銀行破綻時に顧客の資金が迅速に返還されるようにするための破綻処理制度がある），という４つの観点を指摘する[38]。

そのうえで，BOE報告書いわく，「ステーブルコインの鍵となる条件は，頑健な準備資産の管理（reserve management）である。当該ステーブルコインが銀行として運営されるものでない限り，裏付資産（backing assets）が常にコインの発行残高をカバーするよう確保するべきである。顧客の払戻に応じることができないリスクや，そのための資産が不足するリスクを緩和する主たる仕組みが，裏付資産である。したがって，ステーブルコインが直面する主たるリスクは，裏付資産が，顧客の払戻に応じるのに不十分であるか，または十分に流動的でないことである。その意味で，裏付モデル（backing models）の相違は，ステーブルコインの発行者が払戻に応じる能力に影響を与える信用リスクや市場リスクの水準の相違を含意することとなる」[39]，という。

Ⅱ－２．ステーブルコインに関する４つの規制モデル

以上を踏まえ，BOE報告書は，FPCの第２の期待を満たしうる規制モデルとして，４つの例を挙げる。その概要は，次のとおりである。

（１）銀行モデル（Bank model）

ステーブルコインの発行者を（既存の）銀行規制に服せしめる考え方である。銀行は，(i)

35) Bank of England (2019).
36) Bank of England (2019) p. 87.
37) Bank of England (2019) p. 88.
38) Bank of England (2021) Section 5.2.
39) Bank of England (2021) Section 5.2.

非流動的な資産（ローン債権など），（ii）流動的な資産（国債や流動性の高い社債など），および（iii）中央銀行預金という３種類の資産によってその負債を裏付けることができる。BOE 報告書は，銀行モデルの下でも FPC の第２の期待を満たすことができるとしつつ，銀行規制はいわゆる満期の変換（maturity transformation）にフォーカスしたものであるため，貸付を行わないステーブルコイン発行者にはあまり相応しくないかもしれないとする[40]。

（２）HQLA モデル（high-quality liquid assets （HQLA）model）

ステーブルコインの発行者に，高品質かつ流動性の高い資産（high-quality liquid assets：HQLA）による裏付けを求める考え方である。HQLA としては，流動性の高い債券や中央銀行準備預金が想定されている。これらは，ローン債権や流動性の低い証券と比べて流動性リスクが小さい資産であり，顧客への払戻のために，迅速に，かつ価値を（ほとんど）失うことなく現金に換えることが可能である。しかしながら，市場のストレス下ではそれができないかもしれないので（市場リスクと流動性リスク。この点は下記Ⅲ－２で取り上げる），BOE の流動性保険（liquidity insurance）[41]へのアクセスや安全措置（backstop）が必要となるとする[42]。

（３）CBL モデル（central bank liability （CBL） model）

ステーブルコインの発行者に，中央銀行準備預金（central bank reserve）による裏付けを求める考え方である。中央銀行に対する債権は，経済における最も流動的で，かつ無リスクの資産であるから，中央銀行準備預金による裏付けにより，ステーブルコインは，信用リスク，市場リスクおよび流動性リスクから解放されることとなるが，ステーブルコインの発行者が倒産した場合に備えた安全措置はなおも必要であるとする[43]。なお，CBL モデルにおけるステーブルコインは，従来「シンセティック CBDC（synthetic CBDC）」[44]という名称で提唱されてきたものに相当するものと考えられる（この点は下記Ⅲ－４で取り上げる）。

（４）DB モデル（deposit-backed （DB） model）

ステーブルコインの発行者に，商業銀行の預金による裏付けを求める考え方である。このモデルの下では，HQLA モデルにおいて残されていた流動性リスクと市場リスクは，カストディアン銀行に転嫁することによって解決されることとなるが，ステーブルコインの発行者が倒産した場合に備えた安全措置はなおも必要であるとする。他方，DB モデルには，ステーブルコインとカストディアン銀行がいわば一蓮托生となり，一方の破綻が他方に波及することになりかねないという難点（いわゆる「ティアリング（tiering）」の問題）があるとする[45]（この点は下記Ⅲ－３で取り上げる）。

40）Bank of England （2021），Section 5.3.1. 河村 （2022） 32 ～ 33 頁も参照。
41）BOE の流動性保険の概要については，木下 （2018） 284 ～ 301 頁参照。
42）Bank of England （2021），Section 5.3.2. 河村 （2022） 33 ～ 34 頁も参照。
43）Bank of England （2021），Section 5.3.3. 河村 （2022） 34 頁も参照。
44）Adrian & Mancini-Griffoli （2021） pp. 74-75.
45）Bank of England （2021），Section 5.3.4. 河村 （2022） 34 ～ 35 頁も参照。

Ⅲ．BOE 報告書の規制モデルの検討

本稿も，ステーブルコイン（ひいては私的貨幣一般）の価値の安定性を確保する上で，裏付資産に関する適切な規制が必要であるとの立場を支持する。しかしながら，具体的な規制のあり方については，BOE 報告書が4つの規制モデルを掲げていることからも明らかなように，いくつかの選択肢がありうるように思われる。

そこで，以下では，上記Ⅱで概観したBOE報告書が提示する4つの規制モデルを取り上げて，先行研究を参照しつつ，それぞれの意義と課題を検討することとする。あらかじめ結論を先取りすると，以下の検討から明らかになるのは，いずれの規制モデルにも一長一短があり，最適な規制のあり方を探求することは必ずしも単純ではないという事実である。本稿は，以下の検討を通じて，ステーブルコインをはじめとする私的貨幣の価値の安定性を確保するための規制のあり方について，基本的な論点や考え方を整理することを目指す。

Ⅲ－1．銀行モデル

BOE 報告書が掲げる第1の規制モデルは，ステーブルコインの発行者に従来の銀行規制を適用するというアプローチである。このことの意味を明らかにするために，やや遠回りであるが，銀行規制の概要について，日本法に即して簡単に確認しておきたい。

（1）銀行規制の概要

（A）銀行業とその機能

銀行業とは，預金の受入と資金の貸付[46]，または為替取引を業として行うことをいう（銀行法2条2項）。これらの業務は，銀行の金融仲介機能，決済機能および信用創造機能と密接に関連している。以下，順に概観する。

（a）金融仲介機能（financial intermediation）

銀行は，預金の受入れと資金の貸付けを併せて行うことで，資金余剰主体から資金不足主体への金融の仲介，すなわち金融仲介機能を発揮している。本稿において重要なのは，銀行が，金融仲介機関として与信と受信を同時に行うことにより，流動性の変換（liquidity transformation），満期の変換（maturity transformation）および信用の変換（credit transformation）という3つの機能を果たすことである[47]。すなわち，銀行は，中長期で流動性のないリスク性資産を裏付資産として，短期で流動性の高い無リスクの預金を提供するものといえる[48]。このようなビジネスモデルが，後述する脆弱性の根本的な原因となっている。

（b）決済機能（settlement）

銀行法にいう「為替取引」（銀行法2条2項2号）とは，隔地者間の資金移動を，現金の輸送という手段を用いずに実現することをいう[49]。現代では，現金による決済よりも，むしろ振込やクレジットカードの引き落としといった形で，預金による決済を行うことの方が多い。すなわち，銀行（預金取扱金融機関）は，「貨幣」

46）預金の受入だけで「みなし銀行業」となる（銀行法3条）。また，銀行以外の者による預金の受入れ（「預り金」）は，出資法により禁止されている。こうした預金・預り金の規制について論じたものとして，関口（2020）参照。
47）アーマーほか（2020）405頁参照。
48）アーマーほか（2020）424頁。
49）前掲脚注16参照。

（預金通貨）の供給という重要な役割を果たす特別な金融機関であるといえる[50)]。

（c）信用創造（貨幣創造）機能（credit creation / money creation）

銀行は，金融仲介機能・決済機能を果たすことを通じて，信用創造機能（貨幣創造機能）を果たす。信用創造とは，銀行の貸出行動（信用供与）を通じて預金（貨幣）が連鎖的・乗数的に作り出されることをいう[51)]。換言すれば，銀行は，貸付を通じて「貨幣創造」の機能を果たすものということもできる[52)]。

（B）銀行業のリスク

預金が「貨幣」として一般に受け入れられるのはなぜか。この点については，預金と法定通貨（法貨）との１対１の交換性が完全にあると一般的に信頼されているからだ[53)]，あるいは，預金は現金と殆ど変わりがないものとして社会的信認を得ているからだ[54)]，などと説明される。すなわち，預金の私的貨幣としての受容性は，いつでも即座に額面通りの法定通貨と交換できることへの信頼・信認（confidence）によって基礎づけられているのだと考えられる。逆にいえば，預金が１対１で法定通貨と交換できない（払戻に応じてもらえない）という可能性が現実的なものとなると，その信頼・信認が失われ，貨幣としての機能が損なわれることとなる。こうした信頼・信認を脅かすリスクとして，信用リスクと流動性リスクを挙げることができる。

（a）信用リスク（credit risk）

銀行の資産価値が毀損し，あるいは過剰な債務を負担することによって債務超過に陥ると，当然ながら，預金その他の債務の全部を弁済することはできなくなる。その結果，預金も全額の払戻を受けることができない状態となり，法貨との１対１での交換可能性が失われる。これは，「いつでも全額の払戻を受けることができる」という約束の不履行であり，預金の安全性・流動性への信頼・信認の喪失につながる。

（b）流動性リスク（liquidity risk）

銀行は，短期かつ流動性の高い負債（預金）によって資金調達をし，長期かつ流動性の低い資産（ローン）によって資産運用をすること（金融仲介機能）を通じて，満期および流動性の変換という重要な機能を担っている（上記（A）参照）。しかし，このことにより，不可避的に流動性リスクが生じる。たとえ銀行が資産超過であるとしても，予期せぬ大規模な払戻請求がなされ，手元の資金流動性が枯渇してしまうと[55)]，流動性の低い資産の投げ売り（fire sale）による資産価値の毀損を余儀なくされ[56)]，預金全額の払戻に応じることができなくなる事態に陥りうる[57)]。つまり，流

50）内田（2016）10頁。

51）齊藤ほか（2016）508～510頁，内田（2016）143～144頁，マンキュー（2019）354～358頁，福田（2020）192～193頁など参照。

52）銀行の預金貸付による「貨幣創造」のメカニズムを説明するものとして，McLeay, Radia & Thomas（2014）参照。

53）前多（2001）37頁。

54）内田（2016）10頁。

55）より具体的にいうと，すべての払戻請求に応じるだけの流動性資産（現預金のほか，即座に現預金に換価できる資産）が手元になく，かつ，短期金融市場で十分な資金を調達することもできない場合である。

56）その要因として，①払戻に応じるために流動性の低い資産を急いで換価しなければならないことのほか，②銀行の資産（とりわけローン）は外部者が評価することが難しく，情報非対称がもたらす逆選択（adverse selection）の問題により，実際よりも低い価値でしか売却できないという要因も挙げられる（アーマーほか，2020，426頁参照）。

57）木下（2018）25～27頁。

動性（liquidity）の問題[58]が，容易に債務超過・支払不能（insolvency）の問題へと転化しうるということである[59]。これは，銀行の流動性変換機能（その表裏としての資産・負債の流動性ミスマッチ[60]）ゆえに生じる問題であり，銀行の「本来的な脆弱性（inherent fragility）」であるといえる。

こうした流動性リスクの現実化が，「取付け（run）」である。個々の預金者は，銀行の財務状態をモニタリングする十分な能力を持たないので，単純に「とどまるか，逃げるか（stay or run）」の決定を下すしかない[61]。そして，個々の預金者としては，（銀行の信用不安などにより）他の預金者が預金を引き出すだろうと予想するときは，銀行の流動性が枯渇する前にいち早く預金を引き出すことが合理的となる。こうして，多数の預金者が一斉に払戻を受けようと殺到する状況（これを「取付け」という）が生じうる[62]。こうした取付けのリスクは，銀行の支払能力に対する正当な懸念だけでなく，単なる噂や思い込みによっても生じうる[63]。実際，わが国でも，悪意のない噂によって取付けが発生したという実例がある[64]。つまり，取付けは，健全な銀行すらも自己実現的に破綻に追い込む危険を孕んでいるのである。

（C）銀行規制の概要と機能

上記（B）で概観したように，銀行業は，流動性のミスマッチに起因する本来的な脆弱性を抱えている。そして，そのような脆弱性に対処すべく，預金の払戻の確実性（ひいては金融システムの安定性）を確保するために様々な規制やセーフティネットが用意されている。ここでは，（a）銀行の健全性を確保するための規制，（b）流動性リスクに対処するための規制，および（c）銀行破綻時の安全措置という3つに分けて概観する。

（a）銀行の健全性確保

銀行の健全性を確保するための規制として，まず，自己資本比率規制が挙げられる。自己資本比率規制は非常に複雑であるが，大枠としては，資産の額（リスクに応じて一定の係数を乗じ，リスクに見合う形で換算した資産の額）を分母とし，自己資本の額（自己資本の内容に応じ，一定の控除を行うことで算出した自己資本の額）を分子として「自己資本比率」を算出し，これが一定水準を上回ることを求める規制である[65]。自己資本比率規制は，銀行に対し，資産のリスクに対応した一定水準以上の自己資本比率を求めることで，銀行の資産価値の下落に

58）厳密には，2つの意味での流動性が問題となる。第1は，「資金流動性（funding liquidity）」であり，運用と調達の期間のミスマッチや予期せぬ資金の流出により，必要な資金確保が困難になる，または通常よりも著しく高い金利での資金調達を余儀なくされることにより損失を被るリスクである。第2は，「市場流動性（market liquidity）」であり，市場の混乱等により市場で取引ができなかったり，通常よりも著しく不利な価格での取引を余儀なくされたりすることにより損失を被るリスクである。白川（2008）306～309頁，天谷（2012）58～59頁，木下（2018）11頁参照。

59）木下（2018）27頁。

60）これらの点については得津（2023）52頁，加毛（2023）64頁も参照。

61）アーマーほか（2020）472頁。

62）こうした取付けのメカニズムにつき，内田（2016）296～297頁参照。

63）この点に関しては，他の人々が預金を引き出そうとしているとの思い込みによって取付けが発生する，と説明されることが多いが（たとえば，アーマーほか，2020，408頁），アドマティ・ヘルビッヒ（2014）70頁は，「他の人々が預金を引き出しているので銀行が破産すると思った，という一部の個人の思い込み以外に理由もなく，銀行で取り付けが起こることを示す証拠はほとんどない。取り付けのほとんどは，銀行の支払能力に関する否定的な情報が引き金となって起こる。」と指摘する。理論的に，取付けのメカニズムについては，協調（coordination）の失敗によるとの説明と，情報の非対称性によるとの説明の大きく2つの説明がありうることについて，Judge（2019）pp. 715-716; Awrey（2020）pp. 25-27参照。

64）1973年12月の豊川信用金庫の事例が有名である。それ以外の事例も含めて，西畑（2022）59頁以下参照。

65）自己資本比率規制の概要につき，池田・中島（2017）209頁以下，神田・神作・みずほフィナンシャルグループ（2017）233頁以下，小山（2018）284頁以下，川口（2024）134～137頁参照。

よって債務超過に陥るリスクを減らすものであり，銀行の信用リスクを軽減するものであると理解することができる[66)]。

また，業務範囲規制も，銀行の健全性確保の仕組みとして理解することができる。銀行が営むことのできる業務の範囲は，①固有業務（銀行法10条1項），②付随業務（同10条2項）および③他業証券業務等（同11条）に限られ，それ以外の業務を営むことは禁止されている（他業禁止）（同12条）。その趣旨は，①本業専念による効率性の発揮，②他業リスクの排除，③利益相反取引の防止，④優越的地位の濫用の防止にあるとされる[67)]。これらのうち，②は，銀行の信用リスクに対応するものであるといえる。すなわち，銀行がリスクの高い事業を行うと，それだけ資産価値の減少，ひいては債務超過のリスクも大きくなる。業務範囲規制は，銀行の資産サイドでのリスク・エクスポージャーを一定のものに限定することで，債務超過リスクを軽減するものであると理解することができる[68)]。

(b) 流動性リスクへの対処

流動性リスクに対処するための規制として，流動性規制を挙げることができる。2008年の世界金融危機において多くの銀行が突如として流動性の危機に直面したことを踏まえ，バーゼル銀行監督委員会は，バーゼルⅢにおいて流動性規制を新たに策定し，これがわが国の銀行規制にも反映された。流動性カバレッジ比率規制および安定調達比率規制からなる流動性規制（ただし，対象金融機関は国際統一基準行等に限られる）[69)]は，流動性の枯渇による破綻のリスクを減らすものであると理解することができる[70)]。

また，流動性リスクに対処するためのセーフティネットとして，日本銀行の「最後の貸し手（lender of last resort：LOLR）」機能を挙げることができる。「最後の貸し手」機能とは，一時的な資金不足に陥った銀行に対して，中央銀行が一時的な貸付けを行い，流動性を供給することをいう[71)]。日本銀行についていえば，有担保貸付け（日本銀行法33条），一時無担保貸付け（同法37条）および日銀特融（同法38条）がある[72)]。一般に，「最後の貸し手」機能には，銀行の一時的な流動性の問題が，債務超過・支払能力の問題へと転化するという事態を防ぐ機能があると考えられる[73)]。

(c) 銀行破綻時の安全措置

銀行が単なる一時的な流動性の枯渇にとどまらず，実質的な倒産状態（insolvency）にまで陥っている場合には，預金者の預金の安全性を確保し，かつ，金融システム・決済システムへの影響を最小限に抑えながら破綻処理を行うことが求められる。そのための制度として，預金保険制度と銀行の特別な破綻処理制度が用意されている。

預金保険制度は，銀行等（預金取扱金融機関）があらかじめ預金保険機構に預金保険料を支払い，銀行等の破綻時に，預金保険機構が一定額の保険金を支払うことで，預金者を保護

66）アーマーほか（2020）424頁以下。
67）池田・中島（2017）55～56頁。
68）これに加えて，他業の兼営を認めれば，当該他業における損失を公的なセーフティネット（預金保険等）によって穴埋めするという不合理な帰結を招きかねないという点も指摘される。池田・中島（2017）56頁。
69）流動性規制の概要について，池田・中島（2017）215～216頁，神田・神作・みずほフィナンシャルグループ（2017）244～245頁，小山（2018）313～315頁参照。
70）アーマーほか（2020）465頁以下。
71）木下（2018）3頁，福田（2020）191頁等参照。
72）日本銀行金融研究所（2011）145～146頁参照。
73）木下（2018）27～29頁。Awrey（2020）p. 27も参照。木下（2018）は，伝統的なLOLRの考え方（いわゆる「バジョット原則」）との対比における日銀特融（日本銀行法38条）の特徴を指摘し（同114～118頁），1995～2005年に実施された日銀特融が，事実上，当時は未整備だった預金保険機構の機能を代行・補完していたと分析し（同127～131頁），金融機関の破綻処理における流動性供給の重要性を指摘する（同178頁・381～384頁）。

し，ひいては金融システムの安定を図る制度である[74]。預金保険の支払方式には，①保険金支払方式（ペイオフ方式）と②資金援助方式（資産負債承継方式）がある。①の保険金支払方式（ペイオフ方式）は，預金保険機構から預金者に直接保険金を支払う方法である。預金保険制度によって保護される金額は，原則として，預金者１人当たり1,000 万円までの預金が保護の対象であるが（預金保険法 54 条２項，預金保険法施行令６条の３），決済用預金[75]については，全額が保護の対象となる（預金保険法 54 条の２第１項）[76]。他方，②の資金援助方式（資産負債承継方式）は，破綻銀行等の業務を他の金融機関（受皿金融機関等）に引き継がせた上で，当該受皿金融機関等に対して資金援助を行う方法である（預金保険法 59 条以下）[77]。資金援助の金額は，上記の保険金支払方式において見込まれる費用（ペイオフコスト）の範囲内に限られるのが原則である[78]。①の保険金支払方式（ペイオフ方式）を採用すれば，破綻銀行等が有していた金融仲介機能や決済機能は消滅してしまうが，資金援助方式（資産負債承継方式）であれば，他の金融機関への事業譲渡等によりこれらの機能が維持されるので，銀行等の破綻に伴う混乱を最小限に留めることに資するとされている[79]。

次に，破綻銀行等の円滑な破綻処理による預金者保護・資金決済機能の確保のために，特別な破綻処理の制度が設けられている。具体的には，①銀行等が破綻した場合に，金融整理管財人[80]を選任し，破綻銀行等の業務および財産の管理をさせることができるほか（預金保険法 74 条１項）[81]，②銀行等の破綻によるシステミック・リスクのおそれがある場合[82]に，金融危機対応措置（資本増強，特別資金援助または特別危機管理（一時国有化））を講ずることや（預金保険法 102 条１項１号～３号）[83]，③「我が国の金融市場その他の金融システムの著しい混乱が生ずるおそれがある」場合に，「秩序ある処理に関する措置」（資本増強・流動性供給または特定資金援助）を講ずること（預金保険法 126 条の２以下）[84]ができるものとされている。

74）天谷（2012）100 頁，川口（2024）147 頁等参照。

75）決済用預金とは，無利息，要求払い，決済サービスを提供できること，という３つの要件を満たす預金のことである（預金保険法 51 条の２第１項）。

76）決済用預金が全額保護される理由は，（小口預金の保護という一般的な預金保険制度の目的によるものではなく）決済手段としての預金を保護することで資金決済機能の維持を目的とするものであるとされる（天谷，2012，101 頁参照）。なお，同じく資金決済機能の維持を目的として，資金決済に係る取引（為替取引等，預金保険法施行令 14 条の８が定める取引）に関して預金保険の対象金融機関が負担する債務（決済債務）も，全額保護の対象とされている（預金保険法 69 条の２）。

77）その概要について，天谷（2012）101 ～ 103 頁，服部（2023a）55 ～ 56 頁，川口（2024）154 ～ 155 頁，159 頁参照。なお，受皿金融機関が直ちに見つからない場合のために，承継銀行（ブリッジバンク）制度も導入されている（預金保険法 91 条以下）。

78）システミック・リスクのおそれがある場合には，例外的に，金融危機対応会議の議を経て，ペイオフコストを超える金額の資金援助（特別資金援助）を行うこともできる（預金保険法 102 条１項２号。後述の金融危機対応措置のひとつ）。この場合，当該銀行は，金融整理管財人の管理下に置かれることとなる（預金保険法 110 条１項）。川口（2024）154 ～ 155 頁，160 頁参照。

79）服部（2023a）55 頁。

80）金融整理管財人には預金保険機構が選任されるようである。服部（2023a）55 頁。

81）服部（2023a）54 ～ 57 頁，川口（2024）156 ～ 160 頁参照。

82）正確には，「我が国又は当該金融機関が業務を行つている地域の信用秩序の維持に極めて重大な支障が生ずるおそれがあると認めるとき」（預金保険法 102 条１項柱書）であり，バーゼル規制における「システム上重要な銀行」を定義する上でのシステミック・リスクとは定義が異なる（服部，2023b，52 頁参照）。

83）服部（2023b），川口（2024）160 ～ 161 頁。

84）木下（2018）176 ～ 177 頁，服部（2023c），川口（2024）161 ～ 165 頁。

（2） 銀行モデルの意義

以上に見てきたように，銀行規制は，健全性規制と流動性規制によって信用リスクおよび流動性リスクを軽減するとともに，万が一に備えたセーフティネットの仕組みを備えた重装備な監督・規制の体系となっている。これは，銀行が，①相互依存的なネットワークの中で決済機能を発揮していること，②金融仲介機能に起因する本来的な脆弱性を抱えていること，そして，③一国の経済における貨幣供給のあり方を左右する信用創造（貨幣創造）機能を発揮していること，という複数の要素を考慮したものであると理解することができる。将来，ステーブルコインが決済手段として広く利用され，その発行残高が増大することを想定するならば，銀行規制の対象となる事業者にのみステーブルコインの発行を認めるという方向性も，一つの合理的な選択肢となりうるものと考えられる[85]。

実際，2021年11月に米国の規制当局が連名で公表した報告書[86]においては，ステーブルコインが決済手段として利用されることに伴う健全性リスク（prudential risks）[87]に対処するために，ステーブルコインの発行，ならびにこれと関連する準備資産の払戻および維持の業務を，預金保険の対象となる預金取扱金融機関（insured depository institutions）に限定するよう立法すべきであると提言されていた[88]。また，学説上も，こうした方向性を支持する見解が存在する。たとえば，ジョージワシントン大学ロースクール名誉教授のWilmarth氏は，ステーブルコインは預金と機能的等価であり，十分な規制を欠けば投資家や銀行システム・金融市場の安定性に危険をもたらしうる以上，ステーブルコインの発行者にはFDICの預金保険対象銀行と同等の規制を適用するべきである，と主張する[89]。

（3） 銀行モデルの課題

他方，ステーブルコイン発行者に銀行規制（セーフティネットを含む）を適用することに対しては，いくつか課題も指摘されている。

（A）ビジネスモデルとの適合性

銀行モデルは，銀行がステーブルコインその他のデジタルマネーを発行する場合[90]に，当該私的貨幣の価値の安定性を確保する規制として機能することが期待される。しかしながら，およそすべてのステーブルコインの発行主体に銀

85）ただし，銀行モデルにおいて，銀行が発行するステーブルコインについて決済性預金と同様の全額保護を与えることが望ましいかについては，異論もありうることが指摘されている。金融審議会（2022）34頁参照。

86）President's Working Group on Financial Markets, the Federal Deposit Insurance Corporation, & the Office of the Comptroller of the Currency（2021）.

87）健全性リスクとして，①利用者保護と取付けのリスク，②決済システムリスク，③システミック・リスクおよび経済力の集中が挙げられている。詳細はPresident's Working Group on Financial Markets, Federal Deposit Insurance Corporation & Office of the Comptroller of the Currency（2021）pp. 12-15参照。

88）President's Working Group on Financial Markets, the Federal Deposit Insurance Corporation, & the Office of the Comptroller of the Currency（2021）p. 16.

89）Wilmarth（2022）pp. 9-11; Wilmarth（2023）pp. 312-320. なお，Wilmarth氏は，ステーブルコインに限らず，貨幣類似の商品（固定基準価額のMMFなど）の発行資格をFDICの預金保険の対象となる銀行に限定するべきであると主張している。Wilmarth（2023）pp. 325-326.

90）実際，銀行が利用者から資金を受け入れ，1コイン＝1円として決済・送金に利用可能なデジタルマネー（いわゆる「預金型デジタルマネー」）を発行する例が存在する。こうした預金型デジタルマネーは，その法的性質は預金であると解され（デジタルマネーの私法上の性質を巡る法律問題研究会，2024，22頁，佐野，2024，263頁，市古，2024，14～20頁参照），上記（1）で概観した銀行規制およびセーフティネットによる保護を受けるものと解される。

なお，下記（B）で述べるように，銀行がパーミッションレス型ブロックチェーンを用いたステーブルコインの発行に関与することについては懸念が指摘されているが，そうでないタイプの預金型デジタルマネーの発行については，特段これを妨げるべき事情はないように思われる。

行規制を適用するという上記（2）で述べたアプローチが望ましいかどうかは，自明ではない。

上記（1）で述べたように，銀行規制は，銀行が金融仲介機能および信用創造（貨幣創造）機能を担うことを前提として設計されてきたものであり，具体的には，銀行が，金融仲介機能に起因する本来的な脆弱性を抱えていること，および一国の経済における貨幣供給のあり方を左右する信用創造（貨幣創造）機能を発揮していること，という特殊な機能を担うことを想定して，重装備な銀行規制とセーフティネットが構築されてきたものと理解することができる。そうすると，これらの機能をもたないステーブルコイン（金融仲介機能や信用創造（貨幣創造）機能をもたない，単なる決済手段としてのステーブルコイン）を想定する場合には，伝統的な銀行規制のような重装備の規制は不相当に重いものとなり，デジタル決済分野におけるイノベーションを過度に阻害することにならないかが問題となるように思われる[91]。

(B) パーミッションレス型ブロックチェーンを用いたステーブルコインの課題

また，別の観点からの課題として，とりわけパーミッションレス型ブロックチェーンを用いたステーブルコインの発行に銀行が関与することに対して，規制当局により懸念が指摘されてきた[92]。たとえば，金融庁は，銀行がパーミッションレス型ブロックチェーンを用いたステーブルコインの発行に関与することについて，「銀行の業務の健全かつ適切な運営等と両立しない可能性が国際的にも示されている中，銀行の業務の健全かつ適切な運営等の観点から懸念がある」と指摘する[93]。もっとも，ここで，金融庁が指摘する「懸念」が具体的にいかなるものであるのかは必ずしも明らかでない。

そこで国際的な議論状況に目を転じると，たとえば，国際通貨基金（International Monetary Fund：IMF）のFintech Notesに掲載された論稿では，「パーミッションレス型ネットワークおよびアンホステッド・ウォレットは，銀行〔注：ステーブルコインの発行銀行〕が既存の規制を遵守することを非常に困難にする。それゆえ，商業銀行が主導するプロジェクトは，パーミッションレス型ネットワークおよびアンホステッド・ウォレットから生ずる一定のリスク（たとえば，決済ファイナリティや，資金洗浄防止およびテロ資金対策（AML/CFT）のリスク）を排除し，または最小化することを目指している。多くの既存プロジェクトは，パーミッション型ネットワークを選択しており，既存の口座保有者またはホステッド・ウォレットのみの利用を認めている」[94]と指摘されている。

また，バーゼル銀行監督委員会が2023年12月に公表した市中協議書においては，「委員会は，…パーミッションレス型ブロックチェーンを利用することで，様々な特有のリスクが生じ，そのうちのいくつかは現時点では十分に軽減できないとの結論に達した。最も重要なリスクは，ネットワークがその基本的な運営を第三者に依存していることから生じる。銀行がかかる第三者に対して審査や監督をする能力は限られているし，ネットワーク障害を防止する能力も限られている。同様のことは，政治的，政策的，法的リスク，AML/CFTリスク，決済ファイナリティ，プライバシー，流動性に関するリスクにも妥当する」[95]と指摘されている。

これらは，パーミッションレス型ネットワー

91）See Awrey (2020) p. 58.

92）以下の懸念は，パーミッションレス型ではないタイプのステーブルコイン（たとえば，前述の預金型デジタルマネー）には必ずしも妥当しない。この点については前掲脚注90も参照。

93）脚注20参照。

94）Bains et al. (2022) p. 19. なお，その直後では，銀行による預金のトークン化の取組みとその課題も取り上げられている。

95）Basel Committee on Banking Supervision (2023) p. 1.

クにおいてステーブルコインを発行する場合に，銀行がこれらのリスクを排除・軽減することの現実的な困難性を指摘するものであり，おそらく金融庁の上記指摘も，パーミッションレス型ステーブルコインに銀行モデルの規制を採用することに対する同様の懸念に基づくものであると推測される。

(C) セーフティネットの整備に関する課題

以上とはさらに別の観点から，英国BOEは，2022年3月に公表されたFPCの報告書において，次のように指摘している。「ステーブルコインについての破綻処理制度や預金保険制度を設計することは，骨が折れるものであり，実施には時間がかかるであろう。システミックなステーブルコインの数は少ないであろうから，預金保険制度においてリスクをプーリングする能力には限界がある。たしかにステーブルコインのリスクを銀行のそれと一緒にプールすることも可能ではあるが，ビジネスモデルの相違を踏まえると，適切ではないかもしれない。破綻処理制度も，もし必要だとしても，設計と実施には何年も要するかもしれない」[96]。これは，仮にノンバンクのステーブルコイン発行者に銀行規制と同等の規制・監督を適用するとしても，銀行に与えられる各種のセーフティネットを提供することが難しい以上，FPCの第2の期待（上記Ⅱ－1参照）に十分に応えることが（少なくとも当面は）難しいという認識を示すものである[97]。

そして，このような背景のもと，BOEの健全性規制機構（Prudential Regulation Authority：PRA）のDavid Bailey氏らは，預金と電子マネーやステーブルコインとの間には保有者の保護のあり方に相違があるにもかかわらず，預金取扱金融機関が，預金のみでなく電子マネーやステーブルコインを発行することを認めてしまうと，顧客がこれらの保護のあり方について誤認に陥るおそれがある，また，それゆえ，仮に電子マネーやステーブルコインに対する信認（confidence）が失われる事態となったときに預金にまでそれが伝播するおそれがある，と指摘して，預金取扱金融機関が自ら電子マネーやステーブルコインを発行することに慎重な姿勢を示している[98]。

Ⅲ－2．HQLAモデル

（1） HQLAモデルの意義

HQLAモデルは，裏付資産を高品質かつ高流動性の資産に限定することで，ステーブルコインの発行者が利用者からの払戻請求に応じることができなくなるリスクを軽減するものである[99]。後述のDBモデル（裏付資産として銀行預金を求めるもの）やCBLモデル（裏付資産として中央銀行預金を求めるもの）と比べると，裏付資産の選択肢を相対的に広く認めるアプローチであるが，伝統的な銀行（貸付けなどの非流動的な資産で運用）と比べると，裏付資産の選択肢を相対的に狭く限定するアプローチであるといえる。

ここで，HQLAモデルを志向するものと思われる具体的な例として，英国の金融行為規制機構（Financial Conduct Authority：FCA）が2023年11月6日に公表したディスカッション・

96） Bank of England Financial Policy Committee (2022) p. 37.
97） これに対し，「トークン化された預金（tokenised deposit）」については，銀行規制およびセーフティネットが適用されるため，FPCの「第2の期待」を満たすことができると指摘する。Bank of England Financial Policy Committee (2022) p. 37.
98） Bailey et al. (2023).
99） 金融審議会（2022）35頁において提示されていた，「預金保険の適用のない銀行等以外の主体を前提に，預かり資産の運用機能を高流動性・安全資産等に限定すること等を想定する場合（非銀行型）」がこれに概ね相当するように思われる。また，スイス法を素材として「預金受入れ」の規制のあり方を論じた関口（2020）88頁も，「金銭受領者が，受領した金銭を高品質流動資産により保有している場合には，取付けによる破綻の危険性は低下する」と指摘する。

ペーパー[100]（以下「FCA報告書」という）で論じられている，「法定通貨に裏付けられたステーブルコイン（fiat-backed stablecoins）」[101]（以下，便宜上「法定通貨建てステーブルコイン」という）に関する規制案を概観しておくことにしたい。

FCA報告書は，法定通貨建てステーブルコインの発行をFCAの規制対象行為とする旨の規則改正が行われること[102]を前提として，法定通貨建てステーブルコインに対するFCAの規制の方向性について，包括的かつ詳細に論じたものである[103]。FCA報告書の内容は多岐にわたるが，本稿の主題との関係で，ここではステーブルコインの裏付資産に関する規制に焦点を当てる。

FCAによれば，規制対象ステーブルコイン[104]の発行者は，当該ステーブルコインが，参照通貨（またはそのバスケット）に相当する価値を維持し，かつ，当該ステーブルコインの保有者に対して額面で迅速に払い戻しをすることができるようにするために，常に，①当該コインの流通総額に相当するだけの，②価値の安定した，③保有者の払戻請求に迅速に対応するに足りるだけの流動性のある裏付資産を保有しなければならない，とされる[105]。ここで，裏付資産は，信用リスクが低く，ボラティリティが低く，かつ十分に流動的であることが求められ[106]，具体的には，短期の現金預金のほか，満期1年以内の国債がこれに該当するとされる（なお，マネー・マーケット・ファンド（money market fund：MMF）を裏付資産とすることは認めないという）[107]。これに対し，中長期の国債，譲渡性預金，コマーシャル・ペーパー（CP），高格付けの社債およびレポ取引については，ステーブルコインの裏付資産として適切でないものと判断したとする[108]。

また，FCA報告書は，現在のステーブルコイン発行者は収益の殆どを裏付資産からの利息等によって稼得しているとの認識を示した上で，新たな規制枠組みの下でも，規制対象ステーブルコインの発行者は，従来どおり裏付資産の保有によって得られる利益を自ら収受することができるようにすることを提案する[109]。これは，規制対象ステーブルコインの発行者に，裏付資産からの収益という形で一種の通貨発行益を認めるものと理解することができる。他方，FCA報告書は，規制対象ステーブルコインの発行者が，その保有者に対して利息等を支払うことは認めるべきではないとする。その理由は必ずしも明らかでないが，FCAは，それによってステーブルコインと伝統的な預金との明確な線引きがなされると考えているようである[110]。

100）Financial Conduct Authority（2023）.

101）あまり厳密な定義は示されていないが，1または複数の法定通貨を参照して価値の安定を維持しようとする暗号資産を広く含む趣旨であると思われる。See Financial Conduct Authority（2023）p. 4 [table].

102）金融サービス市場法に基づく規制対象行為命令（Regulated Activities Order：RAO）の改正による。この点についてはHM Treasury（2023）pp. 8-14; Financial Conduct Authority（2023）p. 3参照。

103）ただし，現時点ではディスカッション・ペーパーの段階であり，市中協議を経て今後変更の可能性もありうることに注意しておく必要がある。

104）法定通貨に裏付けられたステーブルコインのうち，FCAの認可を受けた事業者によって発行されるものをいう。See Financial Conduct Authority（2023）p. 4 [table].

105）Financial Conduct Authority（2023）Para 3.1-3.2. なお，発行者の破綻時にも顧客の資産が保護されるように，信託によって裏付資産の倒産隔離を確保することも提案されている。Financial Conduct Authority（2023）Para 3.16-3.17.

106）Financial Conduct Authority（2023）Para 3.7.

107）Financial Conduct Authority（2023）Para 3.8.

108）Financial Conduct Authority（2023）Para 3.9.

109）Financial Conduct Authority（2023）Para 3.12.

110）Financial Conduct Authority（2023）Para 3.12.

なお，FCA 報告書は，現時点では金融サービス補償機構（FSCS）による補償制度を規制対象ステーブルコインの発行者に拡張することは提案しないとしている[111]。

（2） HQLA モデルの課題

以上の FCA 報告書の検討から示唆されるように，HQLA モデルを検討する際には，どの範囲の資産クラスに裏付資産としての適格性を認めるかがポイントとなる。上記 FCA 報告書の提案は，裏付資産としての適格性を，短期国債および現金預金に限定しており，これをかなり狭く限定する考え方を示したものと理解することができる[112]。

理論上は，より広く，リスク（信用リスクや流動性リスク）が低い「安全」な資産にも裏付資産としての適格性を認めるべきである，という立場も想定しうる。具体的には，中長期の国債，コマーシャル・ペーパー（CP）やレポ，さらには高格付社債などが候補となりうるだろう。英国 FCA はそのような立場を明確に拒絶し，上記の狭い範囲に裏付資産を限定したと理解することができるが，それにはどのような合理性があるのか。

この問題を考えるにあたっては，米国のマネー・マーケット・ファンド（短期金融資産投資信託）（MMF）の歴史を振り返ることが有益であるように思われる。米国の MMF は，法形式上はミューチュアル・ファンド（日本における投資信託に概ね相当するもの）であるが，1株当たり1ドルという固定価格で，かつ要求払いでの払戻（解約）を認める点に特徴があり，事実上，預金代替的な資産運用手段として，リテールと機関投資家の双方により広く利用されてきた[113]。一般に，MMF は，1株当たり1ドルという固定基準価額（fixed NAV）を実現するために，運用資産を高格付けの短期金融資産に限定し，信用リスク・流動性リスク・金利リスクを低減させる投資戦略を採用している[114]。ところが，2008 年 9 月に生じた世界金融危機に際して，一部の MMF が流動性不足による「額面割れ（breaking the buck）」に陥り，機関投資家の間で連鎖的な MMF の投げ売りが広がった。その後，米国財務省が MMF の保証プログラムの実施を決定し，また，連邦準備制度理事会（FRB）が，MMF が保有する資産担保コマーシャル・ペーパー（asset-backed commercial paper：ABCP）を買い取るための資金を金融機関に（ノンリコースで）貸し付ける流動性支援策（AMLF）を実施するなどの対応をとったことにより危機は収束したが[115]，一連の「取付け」騒ぎは，高格付けの流動性資産を裏付資産としている MMF であっても，流動性リスクを免れることはできず，ストレス下における「取付け」に脆弱であることを明らかにした。こうした経験を踏まえて，MMF に対する SEC 規制が強化されたが[116]，2020 年 3 月の新型コロナウィルスの感染拡大に伴う市場の混乱の中，再び MMF からの大規模な払戻（「取付け」）が発生し，米国財務省・連邦準備制度理事会によ

111）Financial Conduct Authority（2023）Para 7.43.

112）なお，本稿では詳しく立ち入ることはできないが，2023 年 8 月に公表されたシンガポールのステーブルコイン規制案においても，裏付資産の適格性を狭く限定する考え方が示されている。See Monetary Authority of Singapore（2022，2023）.

113）2022 年 9 月 30 日の時点で，MMF の総純資産額は 5 兆 1000 億ドルにも上るとされる。See Government Accountability Office（2023）p. 6.

114）MMF の仕組みや，米国で普及した経緯等については，Awrey（2020）pp. 33-37; Barr, Jackson & Tahyar（2021）pp.1395-1409; アーマーほか（2020）730 ～ 733 頁，服部（2022）30 ～ 33 頁を参照。

115）以上の経緯について，Judge（2019）pp. 729-731; Gorton & Zhang（2023）pp. 936-938; 木下（2018）234 ～ 235 頁，アーマーほか（2020）734 頁，服部（2022）34 ～ 35 頁。

116）その概要については Awrey（2020）pp. 38-39; Barr, Jackson & Tahyar（2021）pp. 1409-1417; アーマー（2020）735 ～ 736 頁，服部（2022）37 ～ 38 頁参照。

る介入を余儀なくされた[117]。

以上の検討から得られる教訓は，CPや社債，レポといった短期金融資産に関する信用リスクをゼロにすることはできないし，たとえ信用リスクが低くても市場がストレス下にあるときには流動性リスクが顕在化しうる，ということである[118]。国債を裏付資産とするのであれば，信用リスクをゼロとみなすことができるかもしれないが，満期までの期間が長い中長期の国債の場合は，市場金利の変動に伴う価格変動リスクがやはり問題となる[119]。

重要なのは，こうした懸念は，MMFだけでなくステーブルコインにも等しく妥当する，ということである[120]。上記のFCA報告書は，規制対象ステーブルコインの裏付資産を現金預金と短期国債に限るとしているが，これは，信用リスク・流動性リスク・市場リスクが顕在化しにくい特に安全な資産に限って裏付資産としての適格性を認めるものであると理解することができ[121]，――たしかにステーブルコインの裏付資産の選択に関するビジネスモデルの幅を狭めるものであるが，――米国MMFの歴史を踏まえるならば，ひとつの合理的な政策判断であると評価しうるように思われる[122]。

もっとも，このように裏付資産としての適格が認められる資産クラスを狭く限定すると，今度は別の問題が浮上する可能性もある。まず，仮にステーブルコインの需要が高まり，その発行残高が増えてくると，それに応じて，裏付資産として必要とされるHQLAも多くなるが，このとき，ステーブルコインの裏付資産とするのに十分な量のHQLAが市場で提供されるかが問題となることが予想される。たとえば，FCA報告書が提案する裏付資産の適格は，満期1年以内の短期国債または現金預金である。仮に，裏付資産として必要とされる短期国債の比率が大きくなれば，国の財政政策（どれだけの金額の短期国債を発行するか）によってステーブルコ

117）See Barr, Jackson & Tahyar (2021) pp. 1418-1422; Gorton & Zhang (2023) pp. 938-939. なお，世界金融危機後に行われた2014年のSEC規則改正により，MMFに対する「取付け」のインセンティブがむしろ強化された可能性が指摘されている。See Government Accountability Office (2023) pp. 15-17. こうした経緯を受けて，2023年7月，MMFに対するSEC規則の改正案が採択されている（その検討は他日を期することとする）。

118）なお，いうまでもないが，ステーブルコインの通貨単位（例：円）と，裏付資産の通貨単位（例：ユーロ）が異なる場合には，信用リスク・流動性リスク・市場リスクに加えて，為替リスクも伴うこととなる。この点はDBモデルやCBLモデルでも同様である。

119）See Basel Committee on Banking Supervision (2023) p. 6.

120）MMFとステーブルコインは，いずれも，流動性転換を提供する貨幣類似の仕組みであり，「取付け」（あるいは「安全性への逃避（flight to safety）」）に脆弱である点に共通点があるとし，データを用いてこれらを比較分析するものとして，Anadu et al. (2023) 参照。

121）これは，米国における「政府債MMF（government MMF）」の考え方に近いように思われる。政府債MMFは，総資産の99.5%以上を，現金，政府証券または政府証券により完全に担保されたレポという，非常に流動性の高い資産で運用しなければならないMMFである。2008年や2020年には，プライムMMF（政府債MMFとしての規制に服さないタイプのMMF）からの大規模な払戻が発生した反面，政府債MMFにはむしろ資金が流入する現象が見られた。See Barr, Jackson & Tahyar (2021) p. 1418; Gorton & Zhang (2023) p. 954; Anadu et al. (2023).

122）加藤（2022）47頁注23は，特定信託受益権の信託財産（信託型ステーブルコインの裏付資産）を銀行預金に限定する理由について，「格付けの高い公社債等を信託財産とする場合であっても償還約束に応じるためにはこれらの財産を換価する必要があるが，市場の混乱時には適正な価格で適時に換価できない可能性が考えられる」とするが，これはまさに米国MMFで顕在化した流動性リスク・市場リスクを指摘するものと理解することができる。

なお，この点は，より一般的に，危険資産を裏付けに創造される私的貨幣について，いかなる条件の下で情報非感応性（information insensitivity）（Holmstrom, 2015, pp. 5-6; Gorton, 2020, pp. 24-27参照）が実現されるかという問題と関連する。この点について本稿で立ち入ることはできないが，Judge (2020) の分析が参考になる。

インの供給量が影響を受けることとなるが[123]，これが望ましいかという問題があるように思われる。他方，仮に，裏付資産として必要とされる預金の比率が大きくなれば，すぐ後で取り上げるDBモデル（下記Ⅲ－3参照）に近づくこととなり，DBモデルの課題（下記Ⅲ－3（2）参照）が顕在化しうることとなるだろう。

Ⅲ－3．DBモデル

（1） DBモデルの意義

DBモデルは，銀行預金をステーブルコインの裏付資産とすることを求める考え方である。日本における電子決済手段（ステーブルコイン）の法形式として有望視されている特定信託受益権（信託型ステーブルコイン）がこれに該当するほか[124]，英国やEUにおける電子マネー（e-money）の規制枠組みも，基本的には銀行預金による裏付けを求めるものであるとされる[125]。

DBモデルにおけるステーブルコインの価値の安定は，裏付資産である銀行預金の口座を開設する銀行の信用力，およびこれを支える銀行規制や各種セーフティネット（上記Ⅲ－1（1）参照）によって担保されているものと理解することができる。この点に関しては，特定信託受益権（信託型ステーブルコイン）についての加藤貴仁教授の次の説明が，DBモデルの考え方を明快に示すものといえる。いわく，「特定信託受益権はステーブルコインの価値安定に関する規制の考え方をよく表しているように思われる。特定信託受益権では，信託財産である銀行預金が特定信託受益権であるステーブルコインの償還約束の裏付け資産となる。銀行預金が信託財産であるということは発行者の責任財産から償還約束の裏付け資産が分離されていることを意味する（信託25条）。したがって，決済手段である特定信託受益権の価値も銀行の信用力及び銀行規制によって担保されていると評価できる。別の言い方をすれば，銀行預金以外の財産は償還約束の裏付け資産としては認められていない」[126]。

（2） DBモデルの課題

（A）共倒れリスク

しかしながら，DBモデルにも課題がないわけではないように思われる。

英国BOEが2022年に公表したFPC報告書（前出）[127]は，DBモデルの欠点について次のように指摘する。「ノンバンクが発行し，商業銀行預金により裏付けられるシステミックなステーブルコインは，深刻な金融安定リスクをもたらすであろうことに注意すべきである。〔2021年のBOE報告書で記したとおり，〕このモデル〔DBモデル〕は，システミックなステーブルコインに適用する場合，深刻な欠点を抱えている。システミックなステーブルコインに対する取付けにより，資産保全銀行から資金が引き出され，当該銀行は払戻に応じるために資産を急いで売却するよう迫られるかもしれない。このような共生関係（symbiotic relationship）は「ティアリング（tiering）」として知られており，システミックに重要な事業者間の相互連結性により

123）文脈は異なるが，ヴァンダービルト大学のMorgan Ricks教授は，銀行に財務省証券による100%の準備を義務付けるべきであるとするAdam Levitin教授（ジョージタウン大学）の議論（一種のナローバンキング論）（Levitin, 2016参照）に対して，金融政策（貨幣政策）（monetary policy）と財政政策（fiscal policy）のもつれ（entanglement）という望ましくない状況が生じうること（具体的には，最適な財政政策のもとで供給される貨幣量が，最適な金融政策のもとで供給されるそれと合致するとは限らないにもかかわらず，制度上これらが結合してしまうという問題）を指摘している。See Ricks (2016) pp. 117-122.

124）上記Ⅰ－2（2）参照。

125）Bank of England (2021) Section 5.3.4.

126）加藤（2022）46～47頁参照。

127）Bank of England Financial Policy Committee (2022).

金融安定リスクを増大させるおそれがある」[128]。

ここで指摘されているのは，2021年のBOE報告書（上記Ⅱ－2）でも指摘されていた，「ティアリング（tiering）」の問題である。DBモデルのもとでは，銀行預金とステーブルコインが，共倒れのリスクを抱えてしまうおそれがある[129]。裏付資産としての預金を提供する銀行に破綻の懸念が生じればステーブルコインにそれが波及するおそれがあるし，また，逆に，ステーブルコインに対する信認の揺らぎが裏付資産たる預金にまで波及するおそれがある。とりわけ，ステーブルコインの裏付資産が少数の銀行預金に集中する場合には[130]，かかる伝播（contagion）のリスクが大きくなるように思われる。

実際，2023年3月10日のシリコンバレー銀行（Silicon Valley Bank）の破綻に際して，裏付資産のうち33億ドル（約9%）をシリコンバレー銀行の預金で保有していたUSD Coin（USDC）の信認が急速に低下し，集中的な払戻／投げ売りに見舞われ，一時的に額面の87%程度まで「額面割れ」が進行する現象が見られた[131]。同月12日に，米国財務省，連邦準備制度理事会および連邦預金保険公社（Federal Deposit Insurance Corporation：FDIC）が連名でシリコンバレー銀行のすべての預金（預金保険対象外の預金を含む）を保護する方針を公表したこと[132]を受けてUSDCは額面価値を取り戻したが[133]，この事例は，必ずしも全額が預金保険の対象となるわけではない銀行預金を裏付資産とすることのリスクを示す事例として受け止めることができる[134]。

また，それに先立つ2023年2月，米国の銀行規制当局は，連名で，暗号資産関連企業から銀行が預金等を受け入れることの危険性（流動性リスク）について注意喚起する声明を公表していた[135]。そこで指摘されているのは，暗号資産業界におけるダイナミクスによって，預金の大規模な流入や流出が生じるおそれである。ステーブルコインの裏付資産としての預金についていわく，「かかる預金の安定性は，ステーブルコインの需要，当該ステーブルコインの仕組みに対する保有者の信認，およびステーブルコイン発行者の裏付資産管理実務と連関する。かかる預金は，たとえば予期せぬステーブルコインの払戻や暗号資産市場から生じる大規模かつ急速な資金流出に晒されるかもしれない」[136]。実際，ステーブルコインに対する「取付け」は，当該ステーブルコインに特有の事情のほか，暗号資産市場全体の混乱に伴っても生じることが指摘されている[137]。将来，もしDBモデルのもとでステーブルコインの発行残高が巨大化すれば，暗号資産市場の混乱が，裏付資産たる預金

128）Bank of England Financial Policy Committee（2022）pp. 38-39.

129）Bank of England（2023b）pp. 57-58（Section 4.1）も，Bank of England Financial Policy Committee（2022）の上記の懸念を受け継いでいる。

130）実際，多くの銀行がステーブルコイン発行者との関係を避ける結果，ステーブルコインの裏付資産は少数の銀行預金に集中する可能性が指摘されている。Bains et al.（2022）p. 20.

131）Wilmarth（2023）pp. 283-287. 短期間のうちに20億ドルものUSDCの払戻請求がなされたという。

132）Joint Statement by the Department of the Treasury, Federal Reserve, and FDIC（Mar. 12, 2023）, available at https://www.fdic.gov/news/press-releases/2023/pr23017.html. なお，USDCを裏付資産とする他の暗号資産まで「取付け」が波及したようである。See Anadu et al.（2023）p. 2.

133）Wilmarth（2023）p. 292.

134）Bank of England（2023b）p. 61（Box H）も，シリコンバレー銀行事件をDBモデルのリスク（「ティアリング」のリスク）が顕在化した事例として紹介している。

135）Board of Governors of the Federal Reserve System, Federal Deposit Insurance Corporation & Office of the Comptroller of the Currency（2023）.

136）Board of Governors of the Federal Reserve System, Federal Deposit Insurance Corporation & Office of the Comptroller of the Currency（2023）p. 2.

137）Anadu et al.（2023）p. 33.

の大規模払戻を経由して，金融システム全体へと悪影響を及ぼすことも懸念される。

これに関連して，BOEの2022年FPC報告書は，次のようにも指摘する。「このモデル〔DBモデル〕のさらなる欠点は，資産保全銀行が，他のモデルに比してより多くの高品質の流動性資産を保有する必要に迫られ，与信業務に悪影響を与えるかもしれないことである」[138]。これは次のような意味であると解される。ステーブルコインの裏付資産としての預金を提供する銀行は，ステーブルコインの払戻――上記のように，暗号資産市場の混乱により，予期せぬタイミングで大規模な払戻請求がなされるかもしれない――に応じるための預金引出しに備えて，通常よりも多くの流動性資産を確保しなければならない可能性がある。もしそうであるとすると，当該銀行が貸付けによって金融仲介機能および信用創造（貨幣創造）機能を担う余地は，その分縮小することとなるかもしれない，という懸念である。

(B) 預金保険のあり方

DBモデルについては，ステーブルコインの裏付資産としての預金を提供する銀行が破綻した場合に，ステーブルコインの保有者が，預金保険制度による保護を受けることができるかどうかも，重要な検討課題となるように思われる。

電子マネーに関する議論[139]を参考にすると，ステーブルコインにおける預金保護のあり方については，①直接保護の仕組み（ステーブルコインそれ自体を預金保険の対象とする仕組みであり，理論上は，DBモデル以外の規制モデルにも妥当しうる考え方であると思われる）と，②間接保護の仕組み（ステーブルコインの裏付資産としての預金を提供する銀行に対する預金保険制度により，間接的にステーブルコインの保有者を保護する仕組みであり，基本的にDBモデルを前提とするものと思われる。この場合，ステーブルコインの発行者自身が預金保険の対象機関である必要はない）という大きく二つのアプローチが考えられるように思われる。

これらのうち，①の直接保護の仕組みは，ノンバンクのフィンテック企業が発行するステーブルコインそれ自体を預金保険の対象とすることとなるが，これには（本稿では論じえないが）様々なハードルがあり得るように思われる。そこで，DBモデルにおいては，まずは②の間接保護の仕組みが可能かどうかを検討することが現実的であるように思われる。間接保護の仕組みとしては，㋐ステーブルコイン発行者が有する銀行預金の全部または一部を預金保険によって保護することを通じて間接的にステーブルコイン保有者を保護するというアプローチ[140]と，㋑裏付資産である銀行預金に適用される預金保険を，発行者の背後にいるステーブルコイン保有者にいわば「パススルー」的に適用して，ステーブルコイン保有者を保護するというアプローチが考えられる。このうち，㋐については，裏付資産としての銀行預金の総額は（たとえ複数の銀行に分散して預金するとしても）相当多額になりうるところ，その全額を預金保険の保護の対象とすることが望ましいかを検討することが必要であろう[141]。他方，㋑については，（本稿では論じえないが）電子マネーの文脈における米英の制度設計が参考となるかもしれない。すなわち，米国では，一定の

138) Bank of England Financial Policy Committee (2022) p. 39.

139) 桑原・橋本・原（2023）43～49頁参照。

140) 金融審議会（2022）24頁注83は，「信託受益権を用いた仕組みにおいて，発行者が信託銀行と信託会社の場合に，信託財産の運用先となる銀行預金の預金保険制度上の取扱いが異なることについて，イコールフッティングを図るべきとの意見があった」とするが，この意見は，おそらくこの㋐のアプローチを前提とするものではないかと推測される。

141) 全額保護しない場合には，前述のシリコンバレー銀行の事例で顕在化したような「取付け」の問題が懸念される。他方，全額保護する場合には，それが既存の預金保険制度の枠組みと整合するかという問題があるように思われる。

要件を満たす電子マネーについて，預金保険の「パススルー（pass-through）」により電子マネー保有者を保護することが認められているし[142]，英国でも，近時，電子マネーの保全資産（safeguarded funds）を保有する信用機関が破綻した場合に，電子マネー保有者に金融サービス補償機構（FSCS）の預金者保護制度を適用すること（「透過（look-through）」を認めること）が提案されている[143]。これらと同様の仕組みにより，裏付資産としての預金を提供する銀行が破綻した場合に，ステーブルコイン保有者を預金者保護の対象とすることが，少なくとも理論上は考えられるのではないかと思われる。もっとも，パーミッションレス型ステーブルコインにおいては，保有者を特定し，記録することが困難であることも想定されるなど，こうした仕組みにより預金者保護を拡大することには課題も指摘されており[144]，これを制度化することはさほど容易ではないかもしれない。

Ⅲ－4．CBL モデル

（1） CBL モデルの意義

CBL モデルは，ステーブルコインの発行者に，発行残高を中央銀行預金によって裏付けることを求めるものである[145]。これは，ステーブルコインから信用リスク，流動性リスクおよび金利リスクを除去することで，これに最大限の安全性ひいては信認を付与しようとする仕組みであるといえる[146]。このように，中央銀行預金を裏付資産とすることによってステーブルコインの安全性を最大限に確保しつつ，その基盤の上での民間フィンテック企業の競争やイノベーションにより利用者の便益を実現すること（中央銀行と民間フィンテック企業によるある種の「公私協働」を実現すること）に，CBL モデルの最大の利点があると考えられる[147]。

CBL モデルは，ステーブルコインの保有者に，自らが中央銀行の預金口座を直接保有するのと近い状態を享受させるものであるともいえる[148]。その意味で，CBL モデルの下でのステーブルコインは，実質的には CBDC に近く，このようなタイプの私的貨幣を「シンセティック CBDC」と呼ぶ見解も存在する[149]。また，そのようなステーブルコインは，実質的には，従来「100%準備銀行制度（100% reserve banking）」として議論されてきたもの[150]に接近するともいえる。

実際に CBL モデルを志向するものとして，英国 BOE が 2023 年 11 月 6 日に公表したディスカッション・ペーパー[151]が挙げられる。同報告書において，BOE は，システミックなス

142） Federal Deposit Insurance Corporation (2008). 仕組みの概要については，Wilmarth (2022) p. 13; 桑原・橋本・原（2023）44 頁参照。
143） Bank of England (2022b, 2023a).
144） See Wilmarth (2022) pp. 13-15. この点については脚注 20 に引用した諸文献の指摘も参照。Bank of England (2022b) Section 5.5 では，匿名の電子マネーのように保有者を特定できない場合や，AML ルール上の認証ができない場合には預金保護を適用しないとされている。
145） 金融審議会（2022）35 頁で提示されていた「預かり資産を中央銀行預金で資産保全するモデル」が概ねこれに相当するものと思われる。
146） See Adrian & Mancini-Griffoli (2021) pp. 73-74. ただし，ステーブルコインの発行者や仲介者の運営の過誤（例：プログラムのバグ）や盗難（例：サイバーアタック）等により裏付資産が滅失するリスクを完全に排除することはできないことに注意を要する（いうまでもなくこれは他の規制モデルでも共通の問題である）。
147） See Adrian & Mancini-Griffoli (2021) p. 75.
148） See Kriwoluzky & Kim (2019) p. 17.
149） Adrian & Mancini-Griffoli (2021).
150） See, e.g., Levitin (2016).
151） Bank of England (2023b).

テーブルコイン[152]について，中央銀行預金によって全額を裏付けることを求める方針を示している[153]。この点について，BOEは，「中央銀行における預金は，銀行券と同様，経済における最も流動的かつ無リスクの資産である。中央銀行預金による完全な裏付けを要求することは，裏付資産の選択に関する信用リスク，流動性リスクおよび市場リスクを排除することを意味する。かかる仕組みにより，預金保険制度や破綻処理制度がなくても，コイン保有者は，ステーブルコインがいつでも全額で払い戻されるとの信認を強めることができ，取付けのリスクを最小化することができるであろう」[154]，と説明している。

（2） CBLモデルの課題

（A）金融市場における資源配分への影響

中央銀行預金による裏付けを求めるCBLモデルのもとでは，ステーブルコインは，従来の規制枠組みにおける銀行預金よりもさらに安全性の高い資産としての地位を獲得することが予想される。

しかしながら，その安全性の高さゆえの副作用も生じ得る。すなわち，安全資産を求める多くの資金が，民間銀行の預金から引き揚げられ，ステーブルコインに移行することにより，①ステーブルコインの裏付資産としての中央銀行の預金残高が巨大化し，それに見合うだけの巨額の資産を中央銀行が取得する必要が生じるとか[155]，あるいは，②民間銀行の預金残高が減少し，預金よりもコストの高い方法で資金調達せざるを得ない状況になるとともに，従来銀行が担ってきた金融仲介機能・信用創造（貨幣創造）機能が損なわれる（いわゆる「仲介者の排除（disintermediation）」）[156]，といった事態と招くおそれすらあるように思われる。これらの問題に関しては，BOEの2023年報告書が，システミックなステーブルコインについて，預金からステーブルコインへの急激な資金シフトによる信用コストの上昇や金融安定性への脅威を防止するという観点から，ステーブルコインの保有上限を設けることを提案していることが注目される[157]。

（B）中央銀行預金へのアクセス

CBLモデルに関しては，どのような主体に中央銀行預金へのアクセスを認めるべきか，という点も問題となる。中央銀行に預金口座を開設することができる主体は，従来，主として銀行等の金融機関に限られてきたが[158]，これを拡張して，ステーブルコイン（あるいは電子マネー等の預金以外の私的貨幣）を発行するフィンテック企業にも中央銀行預金へのアクセスを認めるべきかが問題となる。実際，インド準備銀行，香港金融管理局，スイス国立銀行など，いくつかの中央銀行は，ノンバンクのフィンテッ

152）システミックかどうかは英国財務省（HM Treasury）が認定する（「ステーブルコインを利用したシステミックな支払システム」の認定）。システミックなステーブルコインの発行者には，法定通貨建てステーブルコイン（fiat-backed stablecoins）としてのFCAの規制（上記Ⅲ－2（1）参照）に上乗せして，システミックなステーブルコインとしてのBOEの規制が適用されることとなる。こうした規制の枠組みについてはHM Treasury（2023）p. 19参照。

153）Bank of England（2023b）p. 55. 当然ながら，システミックなステーブルコインの発行者は，BOEの預金を利用する資格を有する者でなければならないこととなる。Id. p. 56.

154）Bank of England（2023b）p. 56.

155）CBDCに関する文脈であるが，Gorton & Zhang（2023）p. 963（中央銀行がCBDCに対応する資産を取得することで資本市場の歪みがもたらされるおそれを指摘）参照。

156）Schwarcz（2022）pp. 1070-1071. また，CBDCに関する文脈であるが，井上（2020）172～180頁がこの点について詳しく論じている。

157）Bank of England（2023b）Section 5.6.

158）日本銀行ウェブサイト「日本銀行には誰が預金口座を開設していますか？」（https://www.boj.or.jp/about/education/oshiete/kess/i08.htm）参照。

ク企業に（一定の承認手続を経た上で）中央銀行に預金口座を開設することを認めているほか，中国人民銀行は，Alipay や WeChat Pay などの大手決済プラットフォームに対し，資産を中央銀行の準備預金の形で保全するよう義務づけているようである[159]。本稿で詳論することはできないが，中央銀行預金へのアクセスのあり方については，2022年に公表された連邦準備制度理事会の連邦準備口座アクセスガイドライン[160]など，諸外国の動向を参考としつつ，検討する必要があるように思われる。

Ⅳ．おわりに

以上，本稿では，ステーブルコインの裏付資産の規制のあり方について，BOE 報告書が示していた４つの規制モデル（上記Ⅱ－２参照）を取り上げて，各規制モデルの意義と課題を検討した（上記Ⅲ参照）。

さて，本稿の冒頭では，特定信託受益権の裏付資産規制に関する２つの具体的な「問い」を掲げた（上記Ⅰ－２（3）参照）。ここでは，まとめを兼ねて，以上の検討を踏まえてそれらへの（一応の）回答を示すこととする。第１は，要求払預貯金による裏付けを要求することの必要性，すなわち，理論上は，国債・公債や CP のような，低リスクかつ高流動性の資産を裏付資産として許容することも考えられるところ，要求払預貯金のみを裏付資産とすることの合理性如何である。この点は，上記Ⅲ－２（2）で HQLA モデルの課題として論じた点と密接に関連するものと思われる。米国における MMF の経験が示すように，高品質かつ高流動性の資産といえども，ストレス時には流動性リスクに晒されることを免れない。ステーブルコインが「取付け」に見舞われるリスクを考慮するならば，英国の FCA 報告書が示唆するように，銀行預金以外に裏付資産の適格を認めるとしても，その範囲は相当狭い範囲に限定することが必要ではないかと思われる。第２は，要求払預貯金による裏付けを要求することの十分性，すなわち，銀行といえども破綻のおそれが皆無というわけではなく，要求払預貯金を裏付資産とすることで満足して良いのか，という問題である。この点は，上記Ⅲ－３（2）で DB モデルの課題として論じた点と密接に関連する。DB モデルには，ステーブルコイン発行者と裏付資産たる預金を提供する銀行の「共倒れ」リスクがあるほか，預金保険の制度設計のあり方にも課題が残る。仮に，将来，わが国の特定信託受益権（信託型ステーブルコイン）がシステミック・リスクをもたらすほどの規模まで成長する可能性が現実味を帯びる場合には，現行の建付けで果たして十分か，慎重に検討することが必要となるだろう。

本稿の検討からいえることは，いずれの規制モデルも一長一短であり，いずれかの規制モデルが当然に優れているわけではない，ということである。ステーブルコインの裏付資産のあり方については，現在も国際的に議論が続けられている[161]。裏付資産の規制として望ましいあり方に「正解」があるとは考えにくく，それぞれのメリット・デメリットを踏まえた上で，制度設計を検討していく必要があるものと思われ

159）See Adrian & Mancini-Griffoli（2021）p. 72.
160）Federal Reserve System（2022）.
161）たとえば，バーゼル銀行監督委員会は，2023年12月14日，ステーブルコインの裏付資産の規制のあり方についての改正提案を市中協議に付している。Basel Committee on Banking Supervision（2023）参照。

る。本稿では，その際の基本的な論点や考え方を整理することを試みたが，本稿で検討できていない課題も多く残されていると思われる。それは筆者の今後の課題とさせていただきたい。

参 考 文 献

ジョン・アーマー，ダン・オーレイ，ポール・デイヴィス，ルカ・エンリケス，ジェフリー・N・ゴードン，コリン・メイヤー，ジェニファー・ペイン（明日の金融システムを考える会・訳，大久保良夫・高原洋太郎・監訳）（2020）『金融規制の原則』，金融財政事情研究会

ダロン・アセモグル，デヴィット・レイブソン，ジョン・リスト（岩本康志・監訳，岩本千晴・訳）（2019）『マクロ経済学』，東洋経済新報社

アナト・アドマティ，マルティン・ヘルビッヒ（土方奈美・訳）（2014）『銀行は裸の王様である：金融界を震撼させた究極の危機管理』，東洋経済新報社

天谷知子（2012）『金融機能と金融規制：プルーデンシャル規制の誕生と変化』，金融財政事情研究会

池田唯一・中島淳一（監修）佐藤則夫（編著）本間晶・笠原基和・富永剛晴・波多野恵亮（著）（2017）『銀行法』，金融財政事情研究会

市古裕太（2024）『デジタルマネービジネスの法務』，商事法務

井上哲也（2020）『デジタル円：日銀が暗号通貨を発行する日』，日本経済新聞出版

岩原紳作（2003）『電子決済と法』，有斐閣

内田浩史（2016）『金融』，有斐閣

オリックス銀行（2023）「ステーブルコイン発行に向けた実証実験を開始」<https://www.orixbank.co.jp/contents/news/detail/20230926_wm001139.html>

加藤貴仁（2022）「ステーブルコインと暗号資産，電子マネーの現在地」，法学教室，506号，42-47頁

株式会社Ginco・三菱UFJ信託銀行株式会社・Progmat, Inc.・Cumberland Global Limited・ビットバンク株式会社・株式会社メルコイン（2023）「Gincoと三菱UFJ信託銀行およびProgmatの協業による暗号資産業界横断ステーブルコイン「XJPY」「XUSD」の共同検討開始について」<https://ginco.co.jp/news/20231106_sc_xjpy>

加毛明（2023）「金銭その他の支払手段の預かりに関する規制について」，金融法研究，39号，59-76頁〔金融法学会2022年度シンポジウム「資金決済法制の現状と将来」報告〕

河合健（2022）「ステーブルコインに対する法規制の実務上の論点および関連ビジネスへの影響」，金融法務事情，2193号，22-34頁

河合健（2023a）「ステーブルコインに対する規制と実務上の課題」，金融法研究，39号，36-49頁〔金融法学会2022年度シンポジウム「資金決済法制の現状と将来」報告〕

河合健（2023b）「パーミッションレス型電子決済手段（ステーブルコイン）の移転に関する法的考察」，金融法務事情，2217号，36-46頁

川口恭弘（2024）『現代の金融機関と法〔第6版〕』，中央経済社

河村小百合（2022）「デジタル・マネーの普及がもたらす銀行システムへの波紋―“新たな地殻変動”へのイギリスの取り組みとわが国への示唆―」，JRIレビュー，97巻，2号，2-41頁

神田秀樹・神作裕之・みずほフィナンシャルグループ編（2017）『金融法講義〔新版〕』，岩波書店

木下智博（2018）『金融危機と対峙する「最後の貸し手」中央銀行』，勁草書房

金融審議会（2022）「資金決済ワーキング・グループ報告」<https://www.fsa.go.jp/singi/singi_kinyu/tosin/20220111/houkoku.pdf>

金融庁（2023）「コメントの概要及びコメント

に対する金融庁の考え方（電子決済手段等関係）」<https://www.fsa.go.jp/news/r4/sonota/20230526/01.pdf>

桑原啓彰・橋本守人・原和明（2023）「預金保険を巡るフィンテックの動向」，預金保険研究，25号，23-60頁

小山嘉昭（2018）『銀行法精義』，金融財政事情研究会

齊藤誠・岩本康志・太田聰一・柴田章久（2016）『新版マクロ経済学』，有斐閣

佐野史明（2024）『詳解　デジタル金融法務〔第2版〕』，金融財政事情研究会

白川方明（2008）『現代の金融政策：理論と実際』，日本経済新聞社

関口健太（2020）「金融規制法における『預金受入れ』の位置付けについての一考察：スイスにおける改正銀行法を手掛かりとして」，金融研究，39巻，2号，55-102頁

デジタルマネーの私法上の性質を巡る法律問題研究会（2024）「デジタルマネーの権利と移転」，金融研究，43巻，1号，1-48頁

得津晶（2023）「金融法の体系の中の『資金決済法』」，金融法研究，39号，50-58頁〔金融法学会2022年度シンポジウム「資金決済法制の現状と将来」報告〕

西畑一哉（2022）『「取り付け」の研究：平成金融危機から中央銀行デジタル通貨時代まで』，勁草書房

日本銀行金融研究所（2011）『日本銀行の機能と業務』，有斐閣

服部孝洋（2022）「米国MMF（マネー・マーケット・ファンド）入門―ホールセール・ファンディングと金融危機以降の規制改革について―」，ファイナンス，58巻，1号（2022年4月号），30-39頁

服部孝洋（2023a）「金融機関の破綻処理制度及び預金保険入門」，ファイナンス，58巻，12号（2023年3月号），50-60頁

服部孝洋（2023b）「我が国における公的資金注入および一時国有化スキーム―金融危機対応措置（預金保険法102条スキーム）について―」，ファイナンス，59巻，1号（2023年4月号），49-59頁

服部孝洋（2023c）「我が国における金融機関の秩序ある処理（特定第一号措置及び特定第二号措置）―預金保険法126条の二について―」，ファイナンス，59巻，2号（2023年5月号），23-33頁

福田慎一（2020）『金融論：市場と経済政策の有効性〔新版〕』，有斐閣

前多康男（2001）「銀行の規律付けとナローバンク制度」，岩本康志・齊藤誠・前多康男・渡辺努『金融機能と規制の経済学』，35-64頁，東洋経済新報社

増島雅和・堀天子（編著）（2023）『暗号資産の法律〔第2版〕』，中央経済社

N・グレゴリー・マンキュー（足立英之・石川城太・小川英治・地主敏樹・中馬宏之・柳川隆・訳）（2019）『マンキュー経済学Ⅱ　マクロ篇〔第4版〕』，東洋経済新報社

山内達也（2023）「2022年資金決済法等改正に係る政府令案を踏まえたステーブルコイン規制のポイント」，金融法務事情，2207号，26-39頁

Adrian, Tobias & Tommaso Mancini-Griffoli (2021), "The Rise of Digital Money," *Annual Review of Financial Economics*, vol. 13, pp. 57-77.

Anadu, Kenechukwu, Pablo D. Azar, Marco Cipriani, Thomas M. Eisenbach, Catherine Huang, Mattia Landoni, Gabriele La Spada, Marco Macchiavelli, Antoine Malfroy-Camine & J. Christina Wang (2023), "Runs and Flights to Safety: Are Stablecoins the New Money Market Funds?," *Federal Reserve Bank of New York Staff Reports*, No. 1073 (Sep. 2023).

Awrey, Dan (2020), "Bad Money," *Cornell Law Review*, vol. 106, Issue 1, pp. 1-90.

Bailey, David, Nathanaël Benjamin & Vicky Saporta (2023), "Innovations in the use by deposit-takers of deposits, e-money and regulated stablecoins." <https://www.bankofengland.co.uk/prudential-regulation/letter/2023/innovations-in-the-use-of-deposits-emoney-and-regulated-stablecoins>

Bains, Parma, Arif Ismail, Fabiana Melo & Nobuyasu Sugimoto (2022), "Regulating the Crypto Ecosystem: The Case of Stablecoins and Arrangements," *Fintech Notes*, Vol. 2022, Issue 008, p. 6 (Sep. 2022).

Bank of England (2019), "Financial Stability Report," Issue No. 46. <https://www.bankofengland.co.uk/financial-stability-report/2019/december-2019>

Bank of England (2021), "New Forms of Digital Money." <https://www.bankofengland.co.uk/paper/2021/new-forms-of-digital-money>

Bank of England (2022a), "Responses to the Bank of England's Discussion Paper on New Forms of Digital Money." <https://www.bankofengland.co.uk/paper/2022/responses-to-the-bank-of-englands-discussion-paper-on-new-forms-of-digital-money>

Bank of England (2022b), "CP9/22: Depositor Protection." <https://www.bankofengland.co.uk/prudential-regulation/publication/2022/september/depositor-protection>

Bank of England (2023a), "PS2/23: Depositor Protection." <https://www.bankofengland.co.uk/prudential-regulation/publication/2023/march/depositor-protection>

Bank of England (2023b), "Regulatory Regime for Systemic Payment Systems Using Stablecoins and Related Service Providers." <https://www.bankofengland.co.uk/paper/2023/dp/regulatory-regime-for-systemic-payment-systems-using-stablecoins-and-related-service-providers>

Bank of England Financial Policy Committee (2022), "Financial Stability in Focus: Cryptoassets and Decentralised Finance." <https://www.bankofengland.co.uk/financial-stability-in-focus/2022/march-2022>

Barr, Michael S., Howell E. Jackson & Margaret E. Tahyar (2021), *Financial Regulation: Law and Policy* (3rd ed.), Foundation Press.

Basel Committee on Banking Supervision (2023), "Crypto-Asset Standard Amendments." <https://www.bis.org/bcbs/publ/d567.htm>

Board of Governors of the Federal Reserve System, Federal Deposit Insurance Corporation & Office of the Comptroller of the Currency (2023), "Joint Statement on Liquidity Risks to Banking Organizations Resulting from Crypto-Asset Market Vulnerabilities." <https://www.federalreserve.gov/newsevents/pressreleases/files/bcreg20230223a1.pdf>

Brunnermeier, Markus K., Harold James & Jean-Pierre Landau (2021), "The Digitalization of Money," *BIS Working Papers*, No. 941 (May 2021).

Federal Deposit Insurance Corporation (2008), "Insurability of Funds Underlying Stored Value Cards and Other Nontraditional Access Mechanisms," *Federal Register*, vol. 73, pp. 67155-67157 (Nov. 13, 2008).

Federal Reserve System (2022), "Guidelines for Evaluating Account and Services Requests," *Federal Register*, vol. 87, pp. 51099-51110 (Aug 19, 2022).

Financial Conduct Authority (2023), "DP23/4, Regulating Cryptoassets Phase 1: Stablecoins." <https://www.fca.org.uk/publications/discussion-papers/dp23-4-regulating-cryptoassets-phase-1-stablecoins>

Financial Stability Board (2020), "Regulation, Supervision and Oversight of "Global Stablecoin" Arrangements: Final Report and

High-Level Recommendations." <https://www.fsb.org/2020/10/regulation-supervision-and-oversight-of-global-stablecoin-arrangements/>

Gorton, Gary B. (2020), "The Regulation of Private Money," *Journal of Money, Credit and Banking*, Supplement to Vol. 52, No. S1, pp. 21-42.

Gorton, Gary B. & Jeffery Y. Zhang (2023), "Taming Wildcat Stablecoins," *The University of Chicago Law Review*, vol. 90, Issue 3, pp. 910-971.

Government Accountability Office (2023), "Money Market Mutual Funds: Pandemic Revealed Unresolved Vulnerabilities." <https://www.gao.gov/products/gao-23-105535>

HM Treasury (2023), "Update on Plans for the Regulation of Fiat-Backed Stablecoins." <https://www.gov.uk/government/publications/update-on-plans-for-the-regulation-of-fiat-backed-stablecoins>

Holmstrom, Bengt (2015), "Understanding the Role of Debt in the Financial System," *BIS Working Papers*, No. 479.

Judge, Kathryn (2019), "Guarantor of Last Resort," *Texas Law Review*, vol. 97, Issue 4, pp. 707-766.

Judge, Kathryn (2020), "The New Mechanisms of Market Inefficiency," *Journal of Corporation Law*, vol. 45, No. 4, pp. 915-930.

Kriwoluzky, Alexander & Chi Hyun Kim (2019), "Public or Private? The Future of Money," *European Parliament Monetary Dialogue Papers*, (Dec. 2019).

Levitin, Adam J. (2016), "Safe Banking: Finance and Democracy," *The University of Chicago Law Review*, vol. 83, Issue 1, pp. 357-455.

McLeay, Michael, Amar Radia & Ryland Thomas (2014), "Money Creation in the Modern Economy," *Bank of England Quarterly Bulletin*, 2014 Q1, pp.14-27 (Mar. 2014).

Monetary Authority of Singapore (2022), "Consultation Paper: Proposed Regulatory Approach for Stablecoin-Related Activities." <https://www.mas.gov.sg/publications/consultations/2022/consultation-paper-on-proposed-regulatory-approach-for-stablecoin-related-activities>

Monetary Authority of Singapore (2023), "Response to Public Consultation on Proposed Regulatory Approach for Stablecoin-Related Activities," (Aug. 2023).

President's Working Group on Financial Markets, the Federal Deposit Insurance Corporation & the Office of the Comptroller of the Currency (2021), "Report on Stablecoins." <https://home.treasury.gov/news/press-releases/jy0454>

Ricks, Morgan (2016), "Safety first? The Deceptive Allure of Full Reserve Banking," *The University of Chicago Law Review Online*, vol. 83, Issue 1, pp. 113-123.

Schwarcz, Steven, L. (2022), "Regulating Digital Currencies: Towards an Analytical Framework," *Boston University Law Review*, vol. 102, No. 3, pp. 1037-1081.

Wilmarth, Jr., Arthur E. (2022), "It's Time to Regulate Stablecoins as Deposits and Require Their Issuers to Be FDIC-Insured Banks," *Banking & Financial Services Policy Report*, vol. 41, No. 2, pp. 1-20 (Feb. 2022).

Wilmarth, Jr., Arthur E. (2023), "We Must Protect Investors and Our Banking System from the Crypto Industry," *Washington University Law Review*, vol. 101, Issue 1, pp. 235-326.

EU の DAC 8
—暗号資産取引を対象とする税務当局間の自動的情報交換—

大野　雅人[*1]

要　約

本稿は，EU（欧州連合）が 2023 年 10 月に制定した DAC 8（EU 加盟国の税務当局間の相互協力に係る指令の第 8 次改正）を紹介・検討するものである。

DAC 8 は，インターネット上で暗号資産取引の仲介を行う「暗号資産サービス提供者」(Crypto-Asset Service Provider) に対し，その顧客である「暗号資産利用者」(Crypto-Asset User）に関する情報を EU 加盟国の税務当局に提供することを義務付け，当該提供された情報を EU 加盟国の税務当局間で自動的に情報交換する，という枠組みを定めるものである。当該情報は，マネー・ロンダリング対策やテロリズム対策を担当する当局にも必要に応じて提供される。

DAC 8 は，2022 年に公表された OECD の CARF（Crypto-Asset Reporting Framework）の枠組みを，EU において実施するものである。DAC 8 の内容は，ほぼ CARF に沿ったものとなっている。EU は，OECD によってこれまでに提案されてきた税務当局間の自動的情報交換の枠組みを，DAC の累次の改正により，着実に法制化してきている。これに対し，我が国での法制化は，やや遅れている。

我が国の居住者（法人その他の事業体を含む）が，外国居住者の提供するインターネット上のサービスを利用して所得を稼得している場合，我が国の税務当局にとってその所得の把握は，外国税務当局との情報交換によらなければ難しい。我が国においても，OECD が提案する情報交換の枠組みを順次立法化していくべきと考える。

キーワード：国際課税，税務執行協力，情報交換，暗号資産，DAC 8，CARF
JEL Classification：F53，H26，K34

I．はじめに

I－1．本稿のテーマ

本稿は，2023 年 10 月に制定された，EU（欧州連合）の DAC 8（EU 加盟国の税務当局間の相互協力に係る指令の第 8 次改正）を紹介・検討するものである。

EU の DAC（Directive on Administrative

＊1　明治大学グローバル・ビジネス研究科教授

Cooperation）[1]は，EU加盟国（以下「加盟国」という）の税務当局間の相互協力について定めるEU指令（Directive）の通称であり，2011年の制定以来，これまでに数次の改正が行われてきた（過去の改正の概要については後述「II」を参照）。本稿で取り上げるDAC 8は，2022年12月に指令案[2]が公表され，2023年3月20日までのパブリック・コンサルテーション（民間からの意見提出）と2023年5月の一部修正案[3]の公表を経て，2023年10月にEU指令[4]として制定された，DACの第8次改正の通称である。

DAC 8は，2021年3月の第7次改正であるDAC 7[5]と同様に，デジタル経済の拡大に対応するためのDACの改正である。DAC 7は，インターネット上のプラットフォームを提供する「プラットフォーム運営者」（Platform Operator）に対し，そのプラットフォームを利用して商品の販売やサービスの提供を行う「販売者」（Seller。我が国では「出店者」「出品者」とも呼ばれる）に関する情報を加盟国の税務当局に提供することを義務付け，当該提供された情報を加盟国の税務当局間で自動的に情報交換するという枠組みを定めた。これに続く2023年10月のDAC 8は，インターネット上で暗号資産取引の仲介を行う「暗号資産サービス提供者」（Crypto-Asset Service Provider）に対し，そのサービスを利用して暗号資産の取引を行う「暗号資産利用者」（Crypto-Asset User）に関する情報を加盟国の税務当局に提供することを義務付け，当該提供された情報を加盟国の税務当局間で自動的に情報交換するという枠組みを定めるものである。

DAC 7とDAC 8は，デジタル経済が拡大する中において，インターネット上の取引を把握しようとする税務当局による取組みであり，我が国の税務執行の在り方にも有益な示唆を与えてくれる。

なお，デジタル経済の拡大に対応するDACの改正としては，上記のとおりDAC 7とDAC 8があるが，DAC 7については既に筆者が小稿をまとめていることから[6]，本稿ではDAC 8を中心に叙述することとしたい。

I－2．背景

近年，デジタル経済の規模は急速に拡大している。人々は「消費者」（「購入者」）として，インターネット上のプラットフォームを通じて商品やサービスを購入している。他方，「事業者」は，自らのウェブサイトを通じて商品の販売やサービスの提供を行うこともあれば，「プラットフォーム運営者」が提供するインターネット上のプラットフォームを利用する「販売者」として，プラットフォーム上で商品を販売し，又はサービスを提供する場合もある。

「消費者」は，同時に「販売者」ともなり得る。例えば，筆者の家族は，ときどきオークションを実施するプラットフォームを利用して，自宅にある不用品を売っているし，筆者の知人は，広い和風の自宅の一部を，宿泊施設情報を提供するプラットフォームを利用して外国人の宿泊客に提供している。

インターネット上の「プラットフォーム運営者」や「事業者」「販売者」の所得をどのように

1）Council Directive 2011/16/EU of 15 February 2011 on administrative cooperation in the field of taxation and repealing Directive 77/799/EEC.

2）European Commission, Proposal for a Council Directive amending Directive 2011/16/EU on administrative cooperation in the field of taxation, COM (2022) 707 final (8 Dec. 2022).

3）Draft Council Directive amending Directive 2011/16/EU on administrative cooperation in the field of taxation – Presidency compromise text, 8730/23, LIMITE, FISC 70, ECOFIN 375 (5 May 2023).

4）Council Directive (EU) 2023/2226 of 17 October 2023 amending Directive 2011/16/EU on administrative cooperation in the field of taxation, OJEU 24.10.2023.

5）Council Directive (EU) 2021/514 of 22 March 2021 amending Directive 2011/16/EU on administrative cooperation in the field of taxation.

6）大野（2021），122頁。

把握するかは，税務当局にとっての課題である。そのうち「販売者」の所得把握のための一手段として，「プラットフォーム運営者」に「販売者」についての情報の提供を税務当局に報告することを義務付け，当該提供された情報を自動的情報交換の枠組みによって各国の税務当局間で共有するという枠組みが，OECD の 2020 年モデル・ルール[7]で提案され，前述の EU の DAC 7 などにより制度として実現されてきた。

ところで，上記のようなインターネット上の取引においては，「消費者」から「販売者」への代金の支払いの際，現金（紙幣・貨幣）の直接のやりとりはできない。このため，円・ドル・ユーロなどの各国の法定通貨（Fiat Currency）建てによりクレジットカード払いで行われる（代金は後日，クレジットカード会社により消費者の銀行口座から引き落とされる）ことが多いが，Alipay，LINE Pay，PayPay 等のキャッシュレス・サービス会社（いわゆる「QR コード決済」や「バーコード決済」を行う会社。利用者は，あらかじめ一定の金額をキャッシュレス・サービスを行う会社に法定通貨建てでチャージしておく）を通じて行われることもある[8]。キャッシュレス・サービスでは，個人間での国内・国外の送金を行うこともできる[9]。

2008 年に，ブロックチェーンを用いた暗号資産（仮想通貨，暗号通貨）として Bitcoin（BTC）が発明された後，インターネット上の取引における代金支払いや個人間の送金では，法定通貨でなく暗号資産を用いることも可能となった。暗号資産とは，法定通貨のように国家による保証がなく，インターネット上で取引されるデジタル通貨であり[10]，現在では Bitcoin（BTC），Ethereum（ETH）等数多くの種類が存在する（20,000 種類以上のものが存在するといわれる）。暗号資産による支払いが可能なインターネット上のプラットフォームや，暗号資産による支払いが可能な実店舗も増えつつある。また，暗号資産は，将来の価格上昇を期待しての投資対象ともなっている。

デジタル経済の拡大に伴い，インターネット上で保有・取引される暗号資産の市場規模・市場価値は，ある程度の（法定通貨に比べればかなり激しい）乱高下を繰り返しながらも，拡大してきた[11]。しかし，暗号資産は，最近において発展してきたものであるために，その取扱いについての金融上の規制や税制上の取扱いは曖昧であり，また，行政機関にとっての暗号資産取引の把握も困難である。そして，その取扱いの曖昧さと行政機関による把握の困難さを利用する形で，暗号資産は租税回避やマネー・ロンダリングに利用されてきた。このため，各国政府は，暗号資産についての金融上の規制と税制上の取扱いについての明確化を進めている[12]。

本稿は，そのような各国政府の試みの一環として，2022 年 12 月指令案が公表され，2023 年

7）OECD, Model Rules for Reporting by Platform Operators with respect to Sellers in the Sharing and Gig Economy, published 3 July 2020. また，これを補完・強化するものとして，OECD, Model Reporting Rules for Digital Platforms: International Exchange Framework and Optional Module for Sale of Goods, published 22 June 2021.

8）このほか，プラットフォーム運営者が発行するポイント（例えば「メルカリポイント」）を使うなどの手段もある。

9）国外送金を専門とするキャッシュレス・サービス会社では，送金手数料は銀行と比べて格段に安く設定されており，入金までの時間も短い。

10）暗号資産は，以前は資金決済に関する法律や金融商品取引法等では「仮想通貨」と呼ばれていたが，国際的な動向等を踏まえ，2019 年の改正で「暗号資産」に改められた。

11）例えば，Bloomberg は，2021 年 11 月に，暗号資産市場の時価総額が 3 兆ドル（約 400 兆円）を超え，前年末比で約 4 倍となっていると伝えている。https://www.bloomberg.co.jp/news/articles/2021-11-08/R29PMPT1UM0Y01.

12）我が国でも，令和 6 年度改正において，諸外国に合わせて，暗号資産を期末時価評価課税の対象外とする改正が行われた（改正後の法人税法 61 条）。

10月に最終的に指令（Directive）として制定された，DAC 8[13]について紹介・検討する[14]。DAC 8は，従来からある，加盟国の税務当局内での納税者情報の交換の対象を，暗号資産利用者（Crypto-Asset User）に拡張しようとするものである。

また，DAC 8は，暗号資産とは別に，個人富裕層（HNWI：High-Net-Worth Individuals）についてのタックス・ルーリングも，情報交換の対象とする（この点については後述「Ⅵ」）。

DAC 8は，2025年12月末までに加盟各国において「ミニマム・スタンダード」として国内法化され，2026年1月から加盟各国で施行されることとなる（DAC 8の第2条第1項）。

なお，DAC 8は，EUにおける暗号資産についての金融上の規制を定めるものではなく（これは後述「Ⅳ」の「MiCA」の役割である），暗号資産についてのEU共通の課税要件を定めるものでもなく（暗号資産についての課税要件は各加盟国が決定する），加盟国の税務当局間の情報交換の枠組みを定めようとするものである。

また，DACは，EUの指令（Directive）であるので，EUの規則（Regulation）と異なり，各加盟国は指令を実現するための国内法を制定し，指令の国内法化を行う（transpose）ことが必要となる。

Ⅰ－3．本稿の構成

本稿では，まず「Ⅱ」で，DAC 8を理解する縦軸として，これまでのDACの改正経緯について紹介する。

次いで，「Ⅲ」で，DAC 8の内容について，暗号資産取引を税務当局が把握し，かつ，税務当局間で情報交換を行う枠組みを中心に記述する。

暗号資産の金融上の規制については，EUでは「MiCA」（又は「MiCAR」）[15]と呼ばれる暗号資産市場規則（2023年5月）が定めており，DAC 8の提案は，その文言の定義の多くを「MiCA」から借用しているので，「Ⅳ」では「MiCA」について簡潔に紹介する。

また，DAC 8は，DAC 8に先立ち2022年10月に公表された，OECDの「暗号資産報告フレームワーク」（CARF：Crypto-Assets Reporting Framework）[16]とも深く関係している。CARFは，「暗号資産サービス提供者」に対し，その顧客である「暗号資産利用者」に関する情報を税務当局に提供することを義務付け，当該提供された情報を税務当局間の自動的情報交換により関係国間で共有するという枠組みの提案である。DAC 8は，CARFをEU域内で実施するための制度といえるものであるので，「Ⅴ」ではCARFについて簡潔に紹介する。

「Ⅵ」では，DAC 8における，暗号資産取引関係以外の項目を記述する。

「Ⅶ」では，暗号資産取引を中心として，DAC 8についての評価と，我が国が受ける示唆について記述する。

なお，DACの改正経緯とMiCA，OECDのCARFとの関係をイメージ図的に図示すると，次頁の図1のようになる。

13）前掲注4）。

14）DAC 8の当初提案（2022年12月）について紹介する英語文献として，Popa & Varério（2023），p. 115，Frago, Leeden, Budak & Salemans（2023），Russo, Ventrella & Gesualdi（2023），p. 153等。またDAC 8の修正案（2023年5月）につき当初提案と比較しつつ検討するものとして，Bernt（2023），p. 377。

15）Regulation（EU）2023/1114 of the European Parliament and of the Council of 31 May 2023 on markets in crypto-assets, and amending Regulations（EU）No 1093/2010 and（EU）No 1095/2010 and Directives 2013/36EU and（EU）2019/1937, OJ L 150/40（9.6.2023）. この規則の原案は，Proposal for a Regulation of the European Parliament and of the Council on Markets in Crypto-assets, and amending Directive（EU）2019/1937, COM（2020）593 final, 24.9.2020である。

16）OECD（2022）.

図１　DAC の改正経緯及び DAC 8 と MiCA・CARF との関係

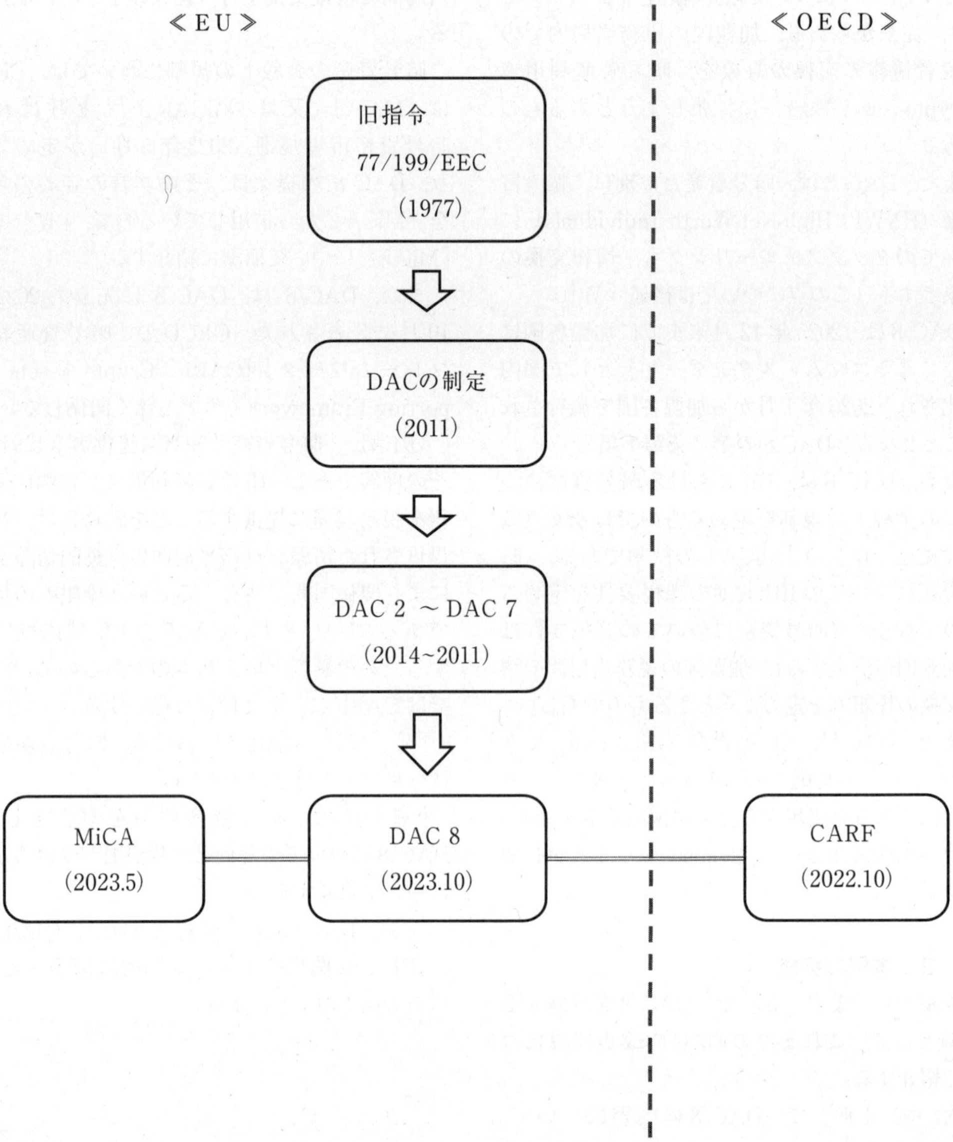

≪EU≫

≪OECD≫

旧指令
77/199/EEC
(1977)

DACの制定
(2011)

DAC 2 ～DAC 7
(2014~2011)

MiCA
(2023.5)

DAC 8
(2023.10)

CARF
(2022.10)

Ⅱ．DACの改正経緯

Ⅱ－1．概要

DACは，加盟国の税務当局間の相互協力を規定しており，その内容は，主に①情報交換，②調査協力，及び③徴収共助である。近年は，特に，情報交換に関する協力規定の充実（情報交換の対象となる範囲の拡大）が図られている。

Ⅱ－2．DACの前身としての1977年指令（77/799/EEC）

DACの前身は，1977年の欧州共同体指令77/799/EECである[17)]。この指令は欧州共同体（European Communities）当時に定められたものであり，13か条の条文から成っている。その内容は，下記の表1のとおり，もっぱら情報交換に関するものであった。

表1　1977年制定当初の指令77/799/EECの条文構成

前文	第7条　秘密に関する規定
第1条　総則	第8条　情報交換の制限
第2条　要請に基づく情報交換	第9条　相互協議
第3条　自動的情報交換	第10条　経験の蓄積
第4条　自発的情報交換	第11条　より広範な協力規定の適用可能性
第5条　情報提供の期間制限	第12条　最終規定
第6条　関係当局の職員の協力	第13条　指令の名宛人

Ⅱ－3．2011年のDACの制定

2011年に，指令77/799/EECが廃止され，新たにDACが制定された[18)]。新たに制定されたDACは，情報交換に加え，調査協力と文書送達に関する規定を有していた。制定当初のDACの条文構造は，次頁の表2のようなものであった[19)]。

17）Council Directive of 19 December 1977 concerning mutual assistance by the competent authorities of the Member States in the field of direct taxation (77/799/ECC).
18）前掲注1)。
19）https://eur-lex.europa.eu/legal-content/EN/TXT/PDF/?uri=CELEX:32011L0016.

表２　2011 年制定当初の DAC の条文構成

構　　成	内　　容
前文	1 項～ 29 項
第Ⅰ章　一般規定	目的（1 条），範囲（2 条），定義（3 条），所轄機関（4 条）
第Ⅱ章　情報交換	要請に基づく情報交換（5 条～ 7 条），義務的自動的情報交換（8 条），自発的情報交換（9 条・10 条）
第Ⅲ章　他の形式による行政協力	調査協力（11 条），同時調査（12 条），文書の送達（13 条），フィードバック（14 条），ベストプラクティスと経験の共有（15 条）
第Ⅳ章　行政協力を実施するための条件	情報と文書の開示（16 条），制限（17 条），被要請国の義務（18 条），域外国との関係（19 条），様式の統一等（20 条），技術的調整等（21 条・22 条）
第Ⅴ章　委員会（Commis-sion）との関係	評価（23 条）
第Ⅵ章　域外国との関係	域外国との情報交換（24 条）
第Ⅶ章　一般・最終規定	データ保護（25 条），担当委員会（Committee）（26 条），報告（27 条），指令 77/799/EEC の廃止（28 条），国内法化（29 条），施行時期（30 条），名宛人（31 条）

Ⅱ－4．DAC の改正経緯

上記の制定当初の DAC につき，次の表 3 に示すように，DAC 2 から DAC 8 までの数次の改正が行われ，現在の DAC の構成になっている。

表３　DAC の改正経緯

名　称	制定時期	概要と主要な追加条文等
DAC 2[20]	2014 年	金融口座情報から得られる利子・配当・使用料についての情報を自動的情報交換の対象に加える。 （8 条の改正と附属文書Ⅰ及びⅡの追加）
DAC 3[21]	2015 年	タックス・ルーリングと APA を自動的情報交換の対象に加える。 （8a 条の新設）
DAC 4[22]	2016 年	国別報告書（CbCR：Country-by-Country Report）を自動的情報交換の対象に加える。 （8aa 条の新設と附属文書Ⅲの追加）
DAC 5[23]	2016 年	マネー・ロンダリングに関する受益者に関する情報を情報交換の対象に加える。 （22 条の一部改正）
DAC 6[24]	2018 年	タックス・プロモーター等による租税回避スキームの組成・販売情報を税務当局に報告させ，当該情報を自動的情報交換により加盟国の税務当局で共有する。 （8ab 条の新設と附属文書Ⅳの追加）

20）Council Directive 2014/107/EU of 9 December 2014.
21）Council Directive（EU）2015/2376 of 8 December 2015.
22）Council Directive（EU）2016/881 of 25 May 2016.
23）Council Directive（EU）2016/2258 of 6 December 2016.
24）Council Directive（EU）2018/822 of 25 May 2025. DAC 6 の紹介として，大野（2020），204 頁。

DAC 7[25]	2021年	プラットフォーム運営者に，プラットフォーム出店者（Seller）についての情報を税務当局に報告させ，当該情報を自動的情報交換により加盟国の税務当局で共有する。 （8ac条の新設と附属文書Ⅴの追加）
DAC 8	案の公表 2022年12月 成立 2023年10月	暗号資産サービス提供者に，暗号資産サービス利用者についての情報を税務当局に報告させ，当該情報を自動的情報交換により加盟国の税務当局で共有する。 （8ad条の新設と附属文書Ⅵの追加） （※）この他，富裕層に係るタックス・ルーリングを情報交換の対象に含める（8a条の改正）などの改正がある。

表3が示すように，近年，EUは，OECDと歩調を揃え，税務当局間の情報交換関係の規定を強化している。最近では，DAC 6が，税務プロモーターが租税回避スキームの開発・販売を行った場合における税務当局への報告義務を課し，また，DAC 7が，インターネット上の「プラットフォーム運営者」（Platform Operator）にプラットフォームを利用する「販売者」（Seller）についての税務当局への報告義務を課した。税務当局に報告されたこれらの情報は，自動的情報交換の枠組みにより，加盟国の税務当局と共有され，これらの情報を受け取った加盟国の税務当局は，これらの情報を端緒として，それぞれの国内税法に基づき，当該国の居住者・外国法人や当該国に恒久的施設を有する非居住者・外国法人に課税することとなる。

Ⅲ．DAC 8

Ⅲ－1．DAC 8の概要

Ⅲ－1－1．DAC 8による条文の改正

DAC 8の内容は，おおまかに言えば，「暗号資産サービス提供者」（Crypto-Asset Service Provider）に，その顧客である「暗号資産利用者」（Crypto-Asset User）に関する一定の情報について，税務当局への報告義務を課し，当該報告された情報を自動的情報交換の枠組みにより加盟国の税務当局間で共有しようとするものである。

なお，DAC 8では，暗号資産に関する情報交換の他，富裕層を対象としたタックス・ルーリングの情報交換についても改正が行われている（後述「Ⅵ」参照）。

DAC 8によるDACの改正部分は，細かな改正を含め次頁の表4のとおりであるが，本稿では，暗号資産の取引に係る情報交換のために新設された，第8ad条と附属文書Ⅵについて記述する。なお，第8ad条については，参考資料1として末尾に抄訳（1項から4項まで）を掲げた。また，附属文書Ⅵについては，参考資料2として末尾にその項目のみを掲げた。

25) Council Directive（EU）2021/514 of 22 March 2021. DAC 7の紹介として，大野（2021），122頁。

表4　DAC 8 による DAC の改正内容

DAC 8 の条文	DAC の改正部分	DAC 8 の条文	DAC の改正部分
第 1 条(1)	第 3 条の一部改正	第 1 条(12)	第 23 条の一部改正
第 1 条(2)	第 8 条の一部改正	第 1 条(13)	第 25 条の一部改正
第 1 条(3)	第 8a 条の一部改正	第 1 条(14)	第 25a 条の一部改正
第 1 条(4)	第 8ab 条の一部改正	第 1 条(15)	第 27 条の一部改正
第 1 条(5)	第 8ac 条の一部改正	第 1 条(16)	第 27c 条の追加
第 1 条(6)	第 8ad 条の追加	第 1 条(17)	附属文書 I の一部改正
第 1 条(7)	第 16 条の一部改正	第 1 条(18)	附属文書 V の一部改正
第 1 条(8)	第 18 条の一部改正	第 1 条(19)	附属文書 VI の追加
第 1 条(9)	第 20 条の一部改正	第 2 条	加盟国による国内法化手続
第 1 条(10)	第 21 条の一部改正	第 3 条	指令の発行日
第 1 条(11)	第 22 条の一部改正	第 4 条	指令の名宛人

（※）網掛け部分が暗号資産取引に係る主要改正。

Ⅲ－１－２．DAC 8 と，CARF 及び MiCA との関係

DAC 8 は，2022 年 10 月に公表された OECD の暗号資産報告フレームワーク（CARF）[26] で提案されたものと同様の仕組みを，EU 内で実施するためのルールを定めるものである。OECD の CARF は，暗号資産に関する取引情報につき，2014 年に公表された共通報告基準（CRS：Common Reporting Standard）の枠組みで税務当局間での情報交換を実施しようとするものである（後述「Ⅴ」参照）。

また，DAC 8 は，EU の暗号資産市場に関する規則（MiCA：Markets in Crypto-Assets Regulation）[27] とも密接に関係している。MiCA は，暗号資産市場の規制と暗号資産によるマネー・ロンダリングの防止のための規則であり，2022 年 10 月に提案され，2023 年 5 月に成立した。MiCA は，暗号資産事業者が EU 市場に参入するための条件を定めており，EU 市場での暗号資産取引について明確で透明性の高い枠組み（clear and transparent framework）を提供しようとするものである（MiCA の概略については後述「Ⅳ」参照）。DAC 8 は，そこで用いられる概念の多くを MiCA から借用している。

Ⅲ－２．暗号資産報告の枠組み

Ⅲ－２－１．概要

DAC 8で新設された第8ad条と附属文書Ⅵが，暗号資産報告の枠組みを定める。

報告義務を負うのは，「報告を行う暗号資産サービス提供者」（Reporting Crypto-Asset Service Provider。以下「報告暗号資産サービス提供者」という）である。「暗号資産サービス提供者」（Crypto-Asset Service Provider）が，一定の要件に該当して「報告暗号資産サービス提供者」となれば，EU 域内に所在する顧客である「暗号資産利用者」（Crypto-Asset User）についての取引情報を，居住地国等の税務当局に報告する義務を負うこととなる。加盟国の税務当局は，報告された情報を，自動的情報交換の枠組みにより，関係加盟国の税務当局に連絡する。イメージ図を示せば，次頁の図２のとおりである。

26）OECD（2022）.
27）前掲注 15）参照。

図2　DAC 8 提案の枠組みのイメージ図（新8ad条関係）

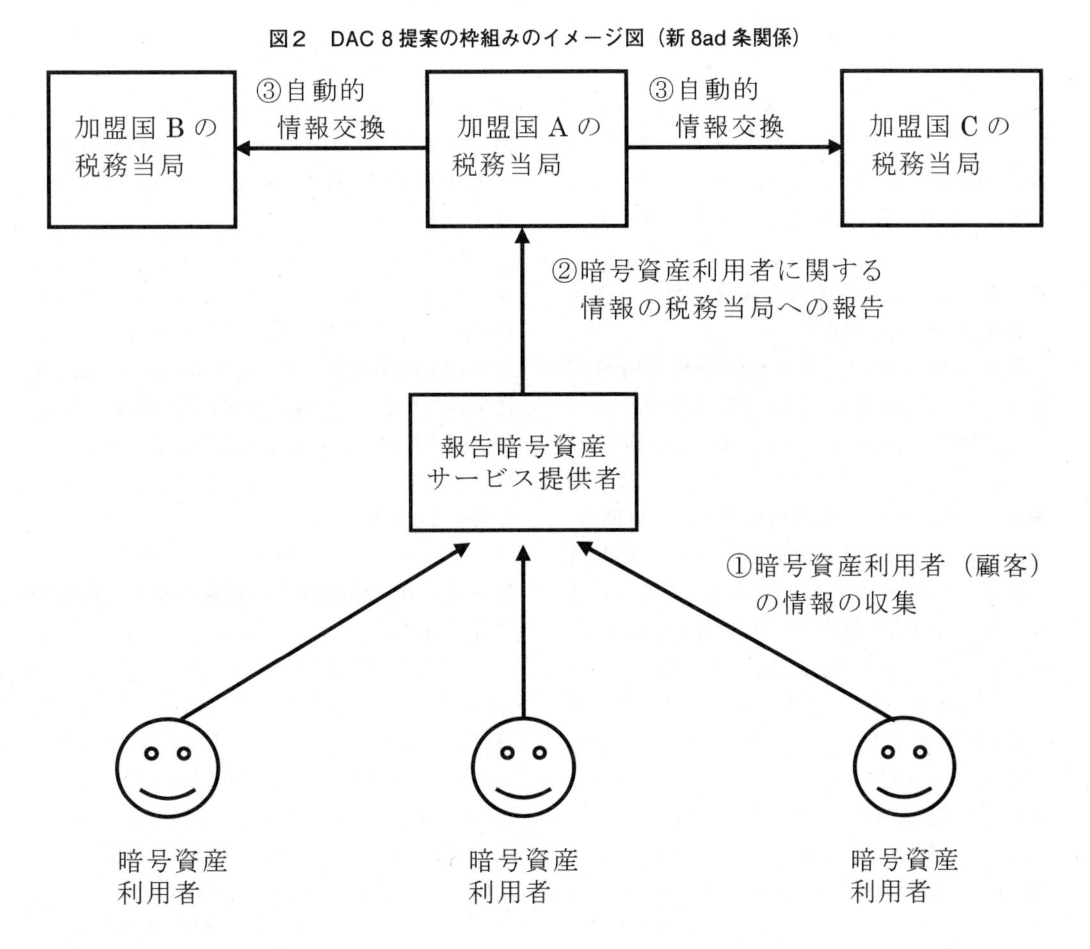

Ⅲ－2－2．暗号資産等の定義

DAC 8 提案における「暗号資産」とは，MiCA に規定される暗号資産をいう（附属文書Ⅵのセクション Ⅳ の A－1）。MiCA は暗号資産を「分散型台帳技術又は類似の技術を用いることにより，電子的に移転及び保存が可能な，価値又は権利のデジタル表現」（a digital representation of a value or of a right that is able to be transferred and stored electronically, using distributed ledger technology or similar technology）と定義している（MiCA 3条1項(5)）。暗号資産には，(a) Bitcoin，Ethereum 等の “payment tokens”，(b) USDC，Tether，BUSD 等の “asset-referenced tokens”，(c) “equity/debt tokens”，及び (d) 一定の Non Fungible Tokens（certain NFTs）が含まれるとされる[28]。

暗号資産のうち，報告対象となる「報告対象暗号資産」（Reportable Crypto-Asset）とは，中央銀行デジタル通貨（Central Bank Digital Currency），電子通貨（Electronic Money），又は報告暗号資産サービス提供者が支払い若しくは投資に用いられることがないと判断した暗号資産[29]をいう（同 A－4）。「中央銀行デジタル通貨」とは，中央銀行等が発行するデジタル・フィアット通貨をいう（同 A－2，A－3）。「フィアット通貨」（Fiat Currencies）とは，国家又はその中央

28）Bernt（2023），p. 380. DAC 8 の前文14項も，“certain non-fungible tokens（NFTs）” と表現している。
29）このため，報告暗号資産サービス提供者には，暗号資産が支払い又は投資に用いられることがないかどうかにつき，ケース・バイ・ケースの判断が求められることとなる。DAC 8 の前文第14項参照。

銀行から発行される紙幣若しくは硬貨又はデジタル方式により発行される通貨である(同A－6)。「電子通貨」(Electronic Money又はE-money)は，単一のフィアット通貨に紐付けられ，資金の預入れを受けて支払いの手段として発行される暗号資産である（詳細な定義は，同A－5参照)。

Ⅲ－２－３．当局への報告義務を負う「暗号資産サービス提供者」

税務当局に対する報告義務を負う暗号資産サービス提供者は，「報告暗号資産サービス提供者」(Reporting Crypto-Asset Service Provider）である。「報告暗号資産サービス提供者」となるのは，「暗号資産サービス提供者」(Crypto-Asset Service Provider）及び「暗号資産運営者」(Crypto-Asset Operator）で，一又はそれ以上の暗号資産サービス（Crypto-Asset Service）を「報告対象利用者」(Reportable User。後述Ⅲ－２－４参照）のために又は「報告対象利用者」に代わって「交換取引」(Exchange Transaction。後述Ⅲ－２－４参照）を行う者である（附属文書Ⅵのセクション Ⅳ の B－3)。

「暗号資産サービス提供者」とは，MiCAに規定される「暗号資産サービス提供者」をいう（同B－1)。MiCAは，「暗号資産サービス提供者」を，「法人又はその他の企業で，その事業が一以上の暗号資産サービスの顧客への業務的提供であり，かつ，第59条の規定に従って暗号資産サービスの提供が認められている者」(a legal person or other undertaking whose occupation or business is the provision of one or more crypto-asset services to clients on a professional basis, and that is allowed to provide crypto-asset services in accordance with Article 59）と定義している（MiCA 3条1項⒂)。

「暗号資産運営者」とは，上記の「暗号資産サービス提供者」以外の暗号資産サービスの提供者である（同B－2)。

「暗号資産サービス」(Crypto-Asset Service) とは，MiCAに規定される暗号資産サービスをいう（同B－4)。具体的には，⒜ 顧客のための暗号資産の管理・運営の提供，⒝ 暗号資産の売買プラットフォームの運営，⒞ 積立のための暗号資産の交換，⒟ 暗号資産の他の暗号資産との交換，⒠ 顧客のためにする暗号資産の処分の実行，⒡ 暗号資産への投資，⒢ 顧客のためにする暗号資産の注文の受信及び発信，⒣ 暗号資産についての助言の提供，⒤ 暗号資産のポートフォリオ管理の提供，(j) 顧客のためにする暗号資産の移転サービスの提供をいう（MiCA 3条1項⒃)。

「報告暗号資産サービス提供者」は，上記の条件を満たせば，その規模や居住地に関わりなく，加盟国の税務当局に対する報告義務（報告先の税務当局については，後述「Ⅲ－２－６」参照）を負うこととなる。

Ⅲ－２－４．情報収集の対象となる「報告対象利用者」

「報告対象利用者」(Reportable User)とは，「報告暗号資産サービス提供者」の顧客である「暗号資産利用者」(Crypto-Asset User）のうち，加盟国の居住者である個人又は事業体として「報告対象者」(Reportable Person）に該当する者である（附属文書Ⅵのセクション Ⅳ の D－1 及び D－7)。上場企業，政府機関，中央銀行等は「適用除外者」(Excluded Person）として，「報告対象者」から除かれる（同E)。

「暗号資産利用者」とは，「報告対象取引」(Reportable Transaction）を行う目的で報告暗号資産サービス提供者の顧客となっている個人又は事業体である（同D－2)。「報告対象取引」とは，①「交換取引」(Exchange Transaction) と，②「報告対象暗号資産の移転」(Transfer of Reportable Crypto-Assets）である（同C－1)。このうち「交換取引」とは，(a)「報告対象暗号資産」と「フィアット通貨」の交換，及び (b) 複数の「報告対象暗号資産」の交換である（同C－2)。

Ⅲ－２－５．報告される情報

報告暗号資産サービス提供者は，①MiCAに基づき認可された事業体，②加盟国の税務上の居住者である事業体又は個人，③加盟国の法令に基づき設立された事業体等，④加盟国の国内から管理されている事業体，⑤加盟国に恒常的な事業所（regular place of business）を有する事業体又は個人，である場合には，附属文書Ⅵのセクション Ⅱ 及び Ⅲ の手続に従い，セクション Ⅱ に規定される情報（報告対象利用者や報告対象取引に係る情報）を税務当局に報告しなければならない（附属文書Ⅵのセクション Ⅰ の A）。

報告暗号資産サービス提供者が税務当局に報告しなければならないのは，次の情報である（第8ad条3項，附属文書Ⅵのセクション Ⅱ の B）。

(i) 各報告対象利用者の氏名・名称，住所，居住地国，TIN，個人の場合には生年月日及び出生地等。

(ii) 報告暗号資産サービス提供者の氏名・名称，住所，TIN，個人認証番号（individual identification number）を有している場合にはその番号

(iii) 報告対象取引に係る報告対象暗号資産についての次の事項

(a) 報告対象暗号資産の種類を示す正式名称

(b) フィアット通貨に対する取得（acquisitions）に係る総支払額，総ユニット数及び報告対象取引件数の合計

(c) フィアット通貨に対する売却（disposals）に係る総受取額，総ユニット数及び報告対象取引件数の合計

(d) 他の報告対象暗号資産に対する取得に係る公正時価総額，総ユニット数及び報告対象取引の件数

(e) 他の報告対象暗号資産に対する売却に係る公正時価総額，総ユニット数及び報告対象取引の件数

(f) 報告対象販売支払取引（Reportable Retail Payment Transactions）[30]に係る公正時価総額，総ユニット数及び件数

(g) 上記(b)及び(d)に該当しない報告対象利用者への移転に関し，報告暗号資産サービス提供者が知る限りにおいての，報告対象取引の公正時価総額，総ユニット数及び件数，並びに取引形態ごとの分類

(h) 上記(c)，(e)及び(f)に該当しない報告対象利用者による移転に関し，報告暗号資産サービス提供者が知る限りにおいての，報告対象取引の公正時価総額，総ユニット数及び件数，並びに取引形態ごとの分類

(i) 報告暗号資産サービス提供者が，仮想資産サービス提供者（virtual asset service provider）又は金融機関に関連することが知られていない分散型台帳アドレス（distributed ledger address）に対して行った移転の公正時価総額及び総ユニット数。

税務当局への報告は，暦年単位の総額方式で行われる（同B－3）。

暗号資産利用者が報告対象利用者に該当するかどうかは，基本的には暗号資産利用者からの自己証明（self-certification）によるが（附属文書Ⅵのセクション Ⅲ の A－1，B－1），当該自己証明が不正確又は信頼できないと判断される場合には，報告暗号資産サービス提供者は追加的な措置（内容を証明する文書の提出を求めるなど）をとらなければならない（同A－2，B－2）。暗号資産利用者の自己証明は，氏名又は名称，住所，税法上の居住地国，TIN（さらに，個人の場合は生年月日）を記載した署名・日付入りの文書を報告暗号資産サービス提供者に提出することにより行われる（同C－1，C－2）。

また，上記（iii）(a)～(i)の情報は，一見，報告暗号資産サービス提供者にとって大きな負担になるように思えるが，既にFATF（Financial Action Task Force）によってAML/KYC（Anti Money Laundering/Know Your Customer）文書化等として求められている情報であり，それほどの負担にはならないようである[31]。

30）USD 50,000（又はその相当額）を超える支払いのための報告対象暗号資産の移転をいう（附属文書Ⅵのセクション Ⅳ の C－3）。

31）Bernt (2023), p. 382.

Ⅲ－２－６．税務当局への報告と，税務当局間の情報交換の実施

暗号資産サービス提供者は，原則として，MiCA の認可を受けた国の税務当局に報告事項を報告する（附属文書Ⅵのセクション I の A－1)。暗号資産運営者は，(a) 税法上の居住地国，(b) 設立地国で所得税の申告書を提出している国，(c) 管理地国，又は (d) 事業地国の税務当局に報告事項を報告する（同 A－2)。報告期限は，対象となる暦年から 1 年以内である（附属文書ⅥのセクションⅡの B)。

報告暗号資産サービス提供者から各加盟国の税務当局に報告された事項は，自動的情報交換の枠組みによって，他の加盟国の税務当局に情報提供される（8ad 条 2 項・3 項)。

交換された情報は，今回の改正で，直接税，VAT その他の間接税及び関税の執行の目的のみでなく，マネー・ロンダリング対策及びテロリズムへの資金提供対策のためにも用いられることとなった（DAC 8 による改正後の 16 条 1 項第 1 サブパラグラフ）[32]。

Ⅲ－２―７．加盟国と第三国との間の情報交換の実施

加盟国と EU 外の第三国との間の暗号資産についての情報交換については，新第 8ad 条第 11 項が規定しており，欧州委員会が，当該第三国が EU と同等の情報交換を実施できるかどうかを審査することとされている（この点は，DAC 7 で新設された第 8ac 条第 7 項と同様である)。

ただし，DAC 8 は，OCED の CARF がミニマム・スタンダードであるかどうかが不明であるとし，もし CARF がミニマム・スタンダードを定めるものであることが判明した場合には，欧州委員会の審査は不要であるとしている（前文 22 項，8ad 条 12 項)。

Ⅳ．EU の MiCA

DAC 8 は，その主要な定義規定を，EU の暗号資産市場規則である MiCA[33] から借用している。前述のとおり，MiCA は，2020 年 9 月に規則の提案が行われ，2023 年 5 月 16 日に，一部修正の上，欧州議会及び欧州連合理事会で採択された。

MiCA は，119 項からなる前文（recitals)，149 の条文及び附属文書Ⅰ－Ⅵで構成される規則であり，次のような構成となっている。

表５　MiCA の構成

項　目	条
前文	
第Ⅰ編　目的，範囲，定義	1－3
第Ⅱ編　暗号資産（Crypto-Assets)（資産参照トークン又は電子マネー・トークンを除く）	4－15
第Ⅲ編　資産参照トークン（Asset-Referenced Tokens)	
第 1 章　資産参照トークンの提供と認可	16－26
第 2 章　資産参照トークンの発行者の義務	27－35
第 3 章　資産保全	36－40
第 4 章　資産参照トークンの発行者の買収	41－42
第 5 章　重要な資産参照トークン	43－45
第 6 章　損害の回復と補償	46－47

32）マネー・ロンダリング対策やテロリズムへの資金対策の目的での情報交換については，従前は，関係国間の協議により行われていたが，改正により協議が必要でなくなった。Bernt (2023), p. 384.

33）前掲注 15)。

第Ⅳ編　電子マネー・トークン（E-Money Tokens）	
第1章　電子マネー・トークンの発行者が満たすべき要件	48－55
第2章　重要な電子マネー・トークン	56－58
第Ⅴ編　暗号資産サービス提供者（Crypto-Asset Service Providers）の認可と運用条件	
第1章　暗号資産サービス提供者の認可	59－65
第2章　すべての暗号資産サービス提供者の義務	66－74
第3章　特定暗号資産サービスの提供義務	75－82
第4章　暗号資産サービス事業者の買収	83－84
第5章　重要な暗号資産サービス提供者	85
第Ⅵ編　暗号資産に関する市場操作の防止と禁止	86－92
第Ⅶ編　所轄官庁，EBA[34] 及び ESMA[35]	
第1章　所轄官庁の権限と，所轄官庁，EBA 及び ESMA の間の協力	93－108
第2章　ESMA 登録	109－110
第3章　所轄官庁による行政制裁と他の制裁措置	111－116
第4章　重要な資産参照トークン及び重要な電子マネー・トークンの発行者に対する EBA の監督上の責任及び監督団体	117－120
第5章　重要な資産参照トークンの発行者及び重要な電子マネー・トークンの発行者に対する EBA の権限	121－138
第Ⅷ編　委任行為	139
第Ⅸ編　経過措置と最終規定	140－149
附属文書Ⅰ－Ⅵ	

MiCA は，EU 域内における，暗号資産の発行者と暗号資産サービス提供者についてのルールと，インサイダー取引の防止のためのルールを導入するものであり，暗号資産市場の安定と，消費者・投資家の保護を図ることを目的としている。欧州銀行監督機構（EBA）と欧州証券市場庁（ESMA）が所轄庁となり，MiCA を執行していくこととなる。

MiCA による，暗号資産取引に関する EU 規制の明確化を通じて，顧客・投資家の保護が図られるとともに，暗号資産に関するサービスを提供する企業には法的予測可能性が与えられる。これにより，暗号資産に関連する資本・人材・企業を EU に誘致することが期待されている[36]。また，この分野におけるルール作りにつき，EU が世界をリードすることにもなる[37]。

また，MiCA は，改正後の資金移動規則（TFR：Transfer of Funds Regulation）[38] によって補完される。改正後の資金移動規則は，金融活動作業部会（FATF）の「トラベル・ルール」（Travel Rule）に対応するものであり，マネー・ロンダリングの防止の観点から，暗号資産の送り手と受け手に係る情報の特定を行おうとするものである。

34）欧州銀行監督機構（European Banking Authority）。
35）欧州証券市場庁（European Securities and Markets Authority）。
36）Lanotte（2023），pp. 1597, 1598.
37）同上。
38）Regulation（EU）2023/1113 of the European Parliament and of the Council of 31 May 2023 on information accompanying transfers of funds and certain crypto-assets and amending Directive（EU）2015/849（recast），OJ L 150/1（9.6.2023）.

V．OECDのCARF

OECDは，暗号資産市場の急成長を踏まえ，G20の指示を受けて，暗号資産の取引に関する税務情報を標準的な方法で報告し，これらの情報を自動的に交換するための「暗号資産報告フレームワーク」（CARF）を2022年10月に公表した。同時に，これらの情報を自動的情報交換の対象とするため，金融機関口座情報の自動的情報交換の枠組みを定めた2014年の共通報告基準（CRS）の改正を行った[39]。その概要は次の表6のとおりである。

表6　OECDのCARFの構成

（標題）	（頁）
第1部　暗号資産報告フレームワーク	………… 8
はじめに	………… 9
ルール	…………14
セクションⅠ：報告暗号資産サービス提供者の義務	…………14
セクションⅡ：報告事項	…………15
セクションⅢ：デュー・ディリジェンス手続	…………16
セクションⅣ：定義	…………19
コメンタリー	…………26
セクションⅠのコメンタリー	…………26
セクションⅡのコメンタリー	…………28
セクションⅢのコメンタリー	…………35
セクションⅣのコメンタリー	…………46
第2部　共通報告基準（CRS）の改正	…………62
はじめに	…………63
ルールとコメンタリーの改正	….69～102

（注）標題は必ずしも原文の直訳ではなく，筆者（大野）が便宜上一部省略して記載している部分がある。

DAC 8は，OECDのCARFをEU内で実現するための仕組みであり，DAC 8提案の附属文書Ⅵのセクション I ～Ⅳは，OECDのCARFのセクション I ～Ⅳに対応している。また，用語についても，「暗号資産」（Crypto-Asset），「報告暗号資産サービス提供者」（Reporting Crypto-Asset Service Provider），「関連取引」（Relevant Transaction），「報告対象利用者」

39）OECD（2022）参照。この文書は，2022年8月26日にOECDの租税委員会（CFA）で承認されたものである。また，共通報告基準（CRS）は，金融口座情報についての各国税務当局間の自動的情報交換を行うために，2014年にOECDにより提案されたものであり，我が国においても共通報告基準に基づく自動的情報交換が2018年から実施されている。経緯につき，池田義典「BEPS, Post BEPS 及び自動的情報交換」税大ジャーナル27号49頁（2018）参照。

(Reportable User),「適用除外者」(Excluded Person）等の主要概念もほぼ同じものとなっている[40]。

DAC 8は，その前文でCARFについて言及している（前文9項）。また，各国は，DAC 8の執行に当たり，2023年6月にOECDから公表された，「CARFに係る権限のある当局によるモデル合意についてのコメンタリー」[41]を参照することが求められている（同)。

Ⅵ．DAC 8によるその他の改正（暗号資産関係以外）

Ⅵ－１．個人富裕層（HNWI：High-Net-Worth Individuals）のタックス・ルーリングについての情報交換

DAC 8による改正後のDAC第8a条は，個人富裕層（HNWI：High-Net-Worth Individuals）に関するタックス・ルーリングについての情報交換を強化しようとするものである。

個人富裕層に係るタックス・ルーリングは，これまではDACによる自動的情報交換の対象外であった。しかし，改正後のDAC第8a条は，加盟国の税務当局が2026年1月1日以降に事前国際ルーリング（advance cross-border ruling）を発し，修正し若しくは更新した場合において，(a)当該ルーリングが150万ユーロ（約2億4,000万円）を超える取引に関してされたものであるとき，又は(b)当該ルーリングが個人につき当該国の居住者であること若しくは居住者でないことを決定するものであるときは，関係国の権限のある当局にその内容を通知しなければならないとした。

Ⅵ－２．ペナルティの強化（最終的には撤回された）

DAC 8提案（当初提案）の第1条⒀は，DACの第25a条を改正し，第8条，第8aa条，第8ab条，第8ac条及び（今回新設が提案された）第8ad条に規定されている報告義務違反について，ペナルティを強化しようとした。具体的には，上記各条に規定する報告義務を怠った者に「ミニマム金銭ペナルティ」(minimum pecuniary penalty）を課そうとするものであったが，パブリック・コンサルテーションにおいて民間から強い懸念が表明され，2023年5月の修正案では撤回された[42]。

なお，備忘的にDAC 8の当初提案における金銭ペナルティの内容を記すと，次頁の表7のとおりである。

40）ただし，CARFでは，暗号資産を「取引を認証又は保全するに当たり暗号的に保全された分散型台帳又は類似の技術に依拠する，価値のデジタル表現」(a digital representation of value that relies on a cryptographically secured distributed ledger or similar technology to validate and secure transactions）と定義するなど，CARFとDAC 8提案とで微妙に異なる部分もある。

41）OECD (2023).

42）Bernt (2023), p. 385.

表7　DAC 8提案によるミニマム金銭ペナルティ

DACの関係条文	報告義務を負う者	ミニマム金銭ペナルティ額
第8条 （金融口座関係）	報告金融機関（Reporting Financial Institutions）	総収益額が600万ユーロ以上の金融機関　最低15万ユーロ 総収益額が600万ユーロ以下の金融機関　最低5万ユーロ
第8aa条 （国別報告書関係）	国別報告書の提出義務がある，多国籍企業グループの最終親会社等（Reporting Entities）	最低50万ユーロ
第8ab条 （租税回避スキーム関係）	租税回避スキームの報告義務がある仲介者（inter-mediaries）又は関係納税者（relevant taxpayers）	総収益額が600万ユーロ以上の法人　最低15万ユーロ 総収益額が600万ユーロ以下の法人　最低5万ユーロ 個人　最低2万ユーロ
第8ac条 （プラットフォーム出店者関係）	報告プラットフォーム運営者（Reporting Platform Operators）	総収益額が600万ユーロ以上の法人　最低15万ユーロ 総収益額が600万ユーロ以下の法人　最低5万ユーロ 個人　最低2万ユーロ
第8ad条 （暗号資産関係）	報告暗号資産サービス提供者（Reporting Crypto-Asset Service Providers）	総収益額が600万ユーロ以上の法人　最低15万ユーロ 総収益額が600万ユーロ以下の法人　最低5万ユーロ 個人　最低2万ユーロ

Ⅶ．DAC 8提案の評価等

Ⅶ－1．税務当局間における情報交換の進展

2010年に米国で外国口座税務コンプライアンス法（FATCA：Foreign Account Tax Compliance Act）が成立して，欧州主要国がモデル1（双務的情報交換）による枠組みを，また，我が国とスイスがモデル2（片務的情報交換）による枠組みを，それぞれ米国と構築した[43]。その後，FATCAのモデル1の枠組みを参考として，2014年にOECDが共通報告基準（CRS）を公表した[44]。これらにより，法律によって金融機関に口座保有者の情報についての税務当局への報告義務を課すことを前提としての，税務当局による非居住者の金融口座情報の取得と当該情報の自動的情報交換は著しく進展した。我が国においても2015年度（平成27年度）税制改正において租税条約等実施特例法が改正され，同法第10条の5から第10条の9までに[45]，金融機関が有する金融口座情報の税務当局への報告義務に関する規定が置かれ，金融機関から報告された情報については，租税条約に基づく自動的情報交換の枠組みにより，関係国の税務当局と共有されている。これにより，我が国の税務当局と

43）経緯等につき，重田正美「米国の外国口座税務コンプライアンス法と我が国の対応」レファレンス 2015.6。https://dl.ndl.go.jp/view/download/digidepo_9395198_po_077303.pdf?contentNo=1.

44）経緯等につき，池田・前掲注39）65頁以下。

45）その後，2020年度（令和2年度）税制改正で同法に新10条の7が追加され，現在は同法第10条の5から第10条の10までの規定がCRS関係規定となっている（2024年（令和6年）3月1日現在）。

他国の税務当局との情報交換件数は飛躍的に増大した[46)]。

また，2015年（平成27年）にOECD/G20のBEPS最終報告書「行動13：移転価格関連の文書化」[47)]で提案された国別報告書（CbCR: Country-by-Country Report）についても，2016年度（平成28年度）税制改正で新設された租税特別措置法第66条の4の4により，大規模多国籍企業に税務当局への報告が義務づけられた。税務当局に報告された情報については，自動的情報交換の枠組みで関係国の税務当局に情報が提供されている[48)]。

さらに，OECDは，(a)租税回避スキームに係る報告義務と自動的情報交換[49)]，(b)インターネット上のプラットフォームを利用する販売者(Seller)に係る報告義務と情報交換[50)]，更には(c)本稿で取り扱った暗号資産利用者に係る報告義務と情報交換についての枠組みを提案しており，EUはこれらに対応して，2018年のDAC 6[51)]，2021年のDAC 7[52)]，そして2023年10月のDAC 8を立法している。税務当局間の情報交換は，欧州を中心に加速されている。

Ⅶ－2．DAC 8の意義と問題点

DAC 8は，経済のデジタル化が進展する中で，OECDとEUが歩調を合わせて，暗号資産取引の実態を把握しようとするものとして，重要な意義を有する。暗号資産サービス提供者が暗号資産利用者についての報告義務を負い，当該情報が自動的情報交換の枠組みで税務当局間で共有されることにより，当局による暗号資産取引の実態把握は各段に進むことになると思われる。しかもDAC 8によるDAC 第16条の改正により，交換された情報は，マネー・ロンダリング対策やテロリズムへの資金提供対策にも使えることとされた（前述Ⅲ－2－6）。

DAC 8について，これまでに公表された論稿では，暗号資産の問題につきEUが正面から取り組む姿勢を見せていることを評価しつつも，(a)暗号資産サービス提供者がどの加盟国で登録するかは，欧州証券市場庁（ESMA）に委ねられていること，(b)「暗号資産」の定義が限定的であり，特にNFT（Non Fungible Token）がどこまで含まれるかが明確でないこと[53)]，(c) DAC 8によりすべての暗号資産サービス提供者を把握することが可能かどうか（暗号資産サービス提供者からの報告が期待できるかどうか），(d)管理者を持たず「完全に分散化されている」暗号資産の場合にはDAC 8は機能しないのではないか，(e) EUの一般データ保護規則（GDPR：General Data Protection Regulation）との関係での，個人情報の保護の問題，(f)報告暗号資産サービス提供者の負担が過重になっていないか，(g) DAC 7とDAC 8とで，納税者に重複して報告義務を課すことにならないか，などの点が問題点として指摘されている。しかし，暗号資産取引についての情報を税務当局が収集し，また，その情報を税務当局間で共有することにつ

46）CRSに基づく情報交換が開始される前の平成28事務年度において，国税庁が外国税務当局から受けた自動的情報交換の件数は約20万5千件であったが，令和4事務年度において国税庁が外国税務当局から受けたCRS情報の件数は約252万6千件となっている。国税庁ウェブサイト「令和4事務年度　租税条約等に基づく情報交換事績の概要」参照。https://www.nta.go.jp/information/release/pdf/0023001-009.pdf.

47）OECD/G20, "Transfer Pricing Documentation and Country-by-Country Reporting: Action 13: 2015 Final Report" (2015).

48）国税庁ウェブサイト「令和4事務年度　租税条約等に基づく情報交換事績の概要」参照。https://www.nta.go.jp/information/release/pdf/0023001-009.pdf.

49）OECD/G20, "Mandatory Disclosure Rules: Action 12: 2015 Final Report" (2015). なお，OECDのMDR提案は，主として英国と米国の制度を参考として行われたものである。

50）前掲注5）参照。

51）前掲注24）参照。

52）前掲注25）参照。

53）前掲注28)。

いては，公正な課税を実現する観点から，一般的に支持されているように見受けられる。例えば，Frago, Leeden, Budak & Salemans 論文[54]は，次のように述べる。

> 暗号資産は社会の現代化の一部であり，様々な形での技術革新を体現している。しかしながら，その短い歴史は，〔暗号資産に対する〕規制の必要があることも示している。暗号資産業界の急速な発展は，政府と規制機関に対する重大な挑戦であり続けており，政府と規制機関はその発展をキャッチ・アップし，効果的に規制し，その参加者に適切に課税することが求められている。MiCA，TFR，そして DAC 8 のような規制の導入は，暗号資産業界の規制に関する重要な第一歩である一方で，市場への参加者にとっては，それらの実施に当たり，慎重かつ現実的であること（to remain cautious and practical in their implementation）が重要である。

Ⅶ－３．我が国における検討状況

前述「Ⅶ－１」のとおり，OECD により提案された共通報告基準（CRS）と国別報告書（CbCR: Country-by-Country Report）については，我が国においても迅速に法制化が進められた。しかし，2015 年の OECD の BEPS 最終報告書（Action 12）で提案され，EU では 2018 年の DAC 6 で実施された，租税回避スキームについての報告義務と自動的情報交換の枠組みや，2020 年の OECD のモデル・ルールで提言され，EU では 2021 年の DAC 7 で導入された，インターネット・プラットフォームを利用する出店者（販売者，Seller）情報についての報告義務と自動的情報交換の枠組みの導入については，未だ我が国では法制化が行われていない。

租税法においては，納税者は自らの取引状況を把握しているが（納税者自身が行っている取引であるから当然であるが），他方で税務当局はその納税者の経済活動に関する情報を十分に把握できないという，「情報の非対称性」は厳然として存在する。そこに，租税債権の本質的な「脆弱性」がある[55]。この「情報の非対称性」と「租税債権の脆弱性」が，仮想空間における暗号資産の取引（投資を含む）による利益については，特に顕著である。OECD と EU は，「報告暗号資産サービス提供者」に報告義務を負わせることにより，この「情報の非対称性」と「租税債権の脆弱性」に関する状況を改善しようとしている。

経済のデジタル化が進展していく中で，我が国の居住者（法人その他の事業体を含む）も，外国の居住者が提供するインターネット上のサービスを用いて，暗号資産取引を行い，あるいは暗号資産への投資を行っている。我が国の税務当局がそのような居住者の経済活動を把握するためには，外国税務当局との間で自動的情報交換の枠組みを構築しておくことが必要である。そして，そのためには，我が国においても，暗号資産サービス提供者に対し，暗号資産利用者についての情報の報告義務を課し，当該情報を外国税務当局に提供できる準備を整える必要がある。

なお，各国税務当局間の自動的情報交換に関連して，いくつかの提言を行っておきたい。

第一は，暗号資産サービス提供者から報告された情報について，マネー・ロンダリングやテロリズムを捜査する当局に提供することの必要性である。課税当局に守秘義務があることは理解できるが，これらの情報は，国家・国民生活の安全のために，捜査当局と共有されるべき情報とも思われる。大局的な見地からの検討が必要である。

第二は，本稿において取り上げた暗号資産関連情報の自動的情報交換のほか，EU で先行する(a)租税回避スキームに関する自動的情報交換（EU の DAC 6 に相当）と，(b)インターネット・プラットフォーム出店者（Seller）に関する自動

54）Frago, Leeden, Budak & Salemans（2010）.
55）佐藤英明「『租税債権』論素描」金子宏編『租税法の発展』（有斐閣，2010）3 頁，17 頁。

的情報交換のための体制整備である。これらは，我が国では未だ法制化されていないが，他国からの情報提供を受けようとするならば，相互主義の観点から，我が国でも他国に情報提供できる体制の整備が不可欠である。

第三は，米国とのFATCAについてのモデル2の枠組みを，欧州主要国と同様のモデル1の枠組みに改定することである。米国のFATCAへの対応が急務であった当時（2010年～2013年頃）は，我が国では金融機関に口座保有者情報の提供を義務付ける法制の整備が間に合わなかったため，モデル2の枠組みとして，租税条約上の「要請に基づく情報交換」という位置付けで，米国への一方的な情報提供の枠組みを設定した。しかし，OECDのCRSの枠組みを我が国についても導入するため，2015年度（平成27年度）改正で租税条約等実施特例法が改正された。改正法（新設された同法第10条の5から第10条の9まで）の規定の下で，金融機関は課税当局に口座保有者情報の提供が義務付けられ，これによりモデル1の枠組みへの移行が可能となった。相互主義の観点からは，できるだけ速やかに，モデル2の枠組みからモデル1の枠組みへの移行が望ましい。

新型コロナ感染症の拡大によりダメージを受けた我が国財政の修復，長期にわたる出生率の低下による少子化問題への取組み，不安定化する国際情勢への対処等に対応する財源確保のためにも，相応の所得を有する者から法律の定める額の租税を徴収することは，当然のことである。そのためには，OECDが提言する情報提供及び情報交換の枠組みを，国際的なスタンダードとして，我が国への導入を検討していくことが必要であると考える。

（附記）　本稿では，EUにおいて2022年12月に公表されたDAC 8 指令案と2023年10月に制定されたDAC 8指令について，OECDのCARFとEUのMiCAとの関係も踏まえつつ記述した。

なお，我が国でも，2023年（令和5年）12月14日に公表された自民党・公明党の『令和6年度税制改正大綱』と，同月22日に公表された閣議決定『令和6年度税制改正の大綱』に，「非居住者に係る暗号資産等取引情報の自動的交換のための報告制度の整備等」が記述され，2024年度（令和6年度）税制改正では，租税条約等実施特例法第10条の9から第10条の12までが新設された。企画立案当局の迅速な立法対応について，高く評価したい。ただし，本稿では，同制度に係る令和6年度改正は取り上げていない。

（参考資料1）DAC 8によって追加された新第8ad条（抄）

第8ad条（報告暗号資産サービス提供者が報告する情報の義務的自動的交換の範囲と条件）

1．各加盟国は，報告暗号資産サービス提供者に対し，附属文書Ⅵのセクション Ⅱ 及びセクション Ⅲ にそれぞれ定める報告要求及びデュー・ディリジェンス手続の実施を求めるために必要な措置をとるものとする。また，各加盟国は，附属文書Ⅵのセクション Ⅳ に従って，当該措置の効果的な実施及び順守を確保するものとする。

2．附属文書Ⅵのセクション Ⅱ 及びセクション Ⅲ にそれぞれ定める報告要求及びデュー・ディリジェンス手続に従い，本条第1項の報告が行われる加盟国の権限のある当局は，本条第6項に定める期間内に，自動交換の方法により，本条第3項に定める情報を，第21条に従って採択された実務上の取決めに従い，関係する加盟国の権限のある当局に伝達しなければならない。

3．加盟国の権限のある当局は，各報告対象暗号資産利用者に関して，以下の情報を伝達するものとする。

(a) 各報告対象利用者の氏名・名称，住所，居住国，TIN，個人の場合は生年月日及び出生地。附属文書Ⅳのセクション Ⅲ に規定されるデュー・ディリジェンス手続きを適用した結果，報告対象者である運営者（Controlling Person）が1名以上存在すると確認された事業体の場合には，当該事業体の名称，所在地，居住地である加盟国及びTIN，並びに報告対象者である事業体の各運営者の氏名，住所，居住地である加盟国，生年月日及び出生地，並びに当該報告対象者が当該事業体の運営者であると判断される根拠となった職務

上記の規定にかかわらず，報告暗号資産サービス提供者が，加盟国又は連合により提供される，報告対象者の身元及び税務上の居住地を証明するための身元特定サービスを通じて報告対象者の身元（identity）及び住所を直接確認できる場合には，身元特定サービスの提供国である加盟国に伝達される報告対象者に係る情報は，氏名，当該身元特定サービスの名称及び提供した加盟国，並びに当該報告対象者が当該事業体の運営者であると判断される根拠となった職務を含むものとする。

(b) 報告暗号資産サービス事業者の名称，住所，TIN並びに利用可能な場合には第7項に規定する個人識別番号及びグローバル法人識別番号

(c) 報告暗号資産サービス提供者が，関連する暦年又はその他の適切な報告期間中に報告対象取引を行った各報告対象暗号資産に関して，次に掲げる事項。

(i) 報告対象暗号資産の正式名称
(ii) フィアット通貨に対する取得（acquisition）に係る総支払額，総ユニット数及び報告対象取引件数の合計
(iii) フィアット通貨に対する売却（disposals）に係る総受取額，総ユニット数及び報告対象取引件数の合計
(iv) 他の報告対象暗号資産に対する取得（acquisition）に係る公正時価総額，総ユニット数及び報告対象取引件数の合計
(v) 他の報告対象暗号資産に対する売却（disposal）に係る公正時価総額，総ユニット数及び報告対象取引件数の合計
(vi) 報告対象販売支払取引（Reportable Retail Payment Transactions）に係る公正時価総額，総ユニット数及び報告対象取引件数の合計
(vii) (ii) 及び (iv) に該当しない報告対象利用者への移転に関し，報告暗号資産サービス提供者が知る限りにおいての，報告対象取引の公正時価総額，総ユニット数及び件数並びに取引形態の区分
(viii) (iii)，(v) 及び (vi) に該当しない報告対象利用者からの移転に関し，報告暗号資産サービス提供者が知る限りにおいての，報告対象販売支払取引に係る公正時価総額，総ユニット数及び件数並びに取引形態の区分
(ix) 報告暗号資産サービス供給者が，仮想資産サービス提供者（virtual asst service provider）又は金融機関に関連することが知られていない，EU規則2023/1114〔筆者注：MiCA〕に規定する分散型台帳アドレス（distributed ledger address）に対して行った移転の公正時価総額及び総ユニット数

(c) の (ii) 及び (iii) において，支払われ又は受領された額は，当該支払い又は受領がされたフィアット通貨によって計算されるものとする。当該支払い又は受領が複数のフィアット通貨によって行われた場合には，当該金額は，報告暗号資産サービス提供者によって継続して適用される方法により各報告対象取引の時において換算される，単一の通貨によって報告されるものとする。報告暗号資産サービス提供者は，取引の時点において当該報告暗号資産サービス提供者によって決定された単一のフィアット通貨への換算方法を用いることができる。

(c)の(iv)から(viii)までにおいて，公正時価は，報告暗号資産サービス提供者によって継続して適用され，各報告取引の時点において評価される，一のフィアット通貨によって決定され，かつ，報告されるものとする。

報告される情報は，それぞれの額が報告されるフィアット通貨を特定するものとする。

4．第3項に規定する情報の交換を容易にするために，欧州委員会は，実施法によって，第20条第5項に規定する標準書式の制定手続の一環として，本条第3項に規定する情報の交換を標準化する措置を含む，必要な実務上の取決めを採用するものとする。

(5項～12項略)

(参考資料2) DAC 8によって追加された附属文書Ⅵ（項目の要約のみ）

セクションⅠ　報告暗号資産サービス提供者の義務
セクションⅡ　報告が求められる事項
セクションⅢ　デュー・ディリジェンス手続
　A. 個人である暗号資産ユーザーの場合
　B. 事業体である暗号資産ユーザーの場合
　C. 自己証明の要件
　D. 一般的要件
セクションⅣ　定義
　A. 報告対象暗号資産（Reportable Crypto-Asset）
　B. 報告暗号資産サービス提供者（Reporting Crypto-Asset Service Provider）
　C. 報告対象取引（Reportable Transaction）
　D. 報告対象利用者（Reportable User）
　E. 除外対象者（Excluded Person）
　F. その他の定義
セクションⅤ　効果的な実施
　A. セクションⅢの実施のためのルール
　B. 報告暗号資産サービス提供者に書類を保存等させるためのルール
　C. 報告暗号資産サービス提供者のコンプライアンスを確保するための行政手続
　D. 報告暗号資産サービス提供者から不十分・不正確な情報が提供された場合の行政手続
　E. 暗号資産サービス提供者のための行政手続
　F. 暗号資産運営者の登録のための行政手続

参　考　文　献

大野雅人（2020）「DAC 6：EUの義務的開示制度－納税者の権利保護及びEU一次法との交錯－」，租税研究，849号，pp. 204-239

大野雅人（2021）「DAC 7：EUにおけるプラットフォーム出店者情報の収集－プラットフォーム運営者の報告義務と税務当局による情報交換－」，租税研究，865号，pp. 122-147

Max Bernt (2023), "DAC 8: Commentary on the European Union's New Crypto Tax Reporting Regime", *European Taxation*, Vol. 63, No. 9, pp. 377-386.

EU (2023a), Council Directive (EU) 2023/2226 of 17 October 2023 amending Directive 2011/16/EU on administrative co-operation in the field of taxation.

EU (2023b), Regulation (EU) 2023/1114 of

the European Parliament and of the Council of 31 May 2023 on markets in crypto-assets.

Ana Corruchaga Frago, Hans Van der Leeden Mahir Budak & Nico Salemans (2023), "Understanding the Role of DAC and MiCAR in the European Union's Efforts towards Tax Harmonization", *Finance and Capital Markets*, Vol. 24, No. 1 (published online).

Antonio Lanotte (2023), "MiCA Leads the EU Digital Markets' Growing Presence," *Tax Notes Int'l*, June 19, 2023, pp. 1597-1603.

OECD (2022), Crypto-Asset Reporting Framework and Amendments to the Common Reporting Standard, 10 October 2022.

OECD (2023), International Standards for Automatic Exchange of Information in Tax Matters: Crypto-Asset Reporting Framework and 2023 update to the Common Reporting Standard, 8 June 2023.

Oana Popa & Carla Varério (2023), "The (Most Recent) Proposal for an EU Directive to Amend the Rules on Administrative Cooperation in the Field of Taxation (DAC8)", *European Taxation*, February/March 2023, pp. 115-117.

Raffaele Russo, Tiziana Ventrella & Marco Gesualdi (2023), "The EU DAC8: Tax Transparency in Sight for Cryptoassets", *Tax Notes Int'l*, Vol. 111, No. 2, pp. 153-160.

〈財務省財務総合政策研究所「フィナンシャル・レビュー」令和6年第2号（通巻第156号）2024年6月〉

EUにおける付加価値税の課税権配分についての覚書[*1]
―第六次指令時代の欧州司法裁判所の諸判例からみる研究課題―

藤原　健太郎[*2]

要　約

付加価値税（VAT）の先達として我々は欧州連合（EU）のVATを多く参照してきた。そこから学ぶべきものと学ぶべきでないものとが当然あるだろう。とはいえ，EUの歴史の中で付加価値税を位置づけたとき，当然EUが追求する理念や政治的事情によってそれは規定される。

本稿は，EU加盟国間での付加価値税の課税権配分をテーマとする。その際，共同体法の実現主体の一つである欧州司法裁判所の動向に着目する。その判例，就中Fixed Establishment及び本店支店間取引についてのそれらを概観し，整理することで，多国籍企業に対する付加価値税の制度設計を論じる土壌を豊かにすることを目指す。具体的には，課税権配分という大きなテーマに同裁判所が如何なる処理を与えてきたのかを観察する。

その作業は，将来志向ではなく，むしろ，過去を振り返るものであり，したがって，即効性のある提言を日本法の文脈にもたらすものではない。しかし，多国籍企業についての付加価値税の課税のあり方を研究していくにあたっての課題も少なからず認識される。国境を越えて事業展開する企業について，第一次的にはどこが課税権を有するのか，または，企業内部の取引をVATの世界でも考慮にいれるのか，などである。課税権配分というテーマについて所得課税とVAT双方にまたがる研究が必要である。

キーワード：付加価値税，欧州連合，国際課税，課税権配分，欧州司法裁判所，Fixed Establishment，本店支店間取引

JEL Classification：H25，H26，K34

Ⅰ．プロローグ

Ⅰ－1．問題意識

付加価値税は，多くの国において存在しており[1)]，日本においては，消費税という名称で存在している。我が国における消費税の制度設

＊1　論文検討会議等で有益なコメント等をくださった執筆者の方々に感謝を申し上げる。また，本稿の基礎となる研究の遂行にあたっては，科研費・基盤研究（C）課題番号22K01151の助成が不可欠であったことは明記しておかねばならない。

＊2　東北大学大学院法学研究科准教授

1）OECD（2022），1.3.1.

計や消費税法の解釈問題においても，先達である欧州連合（European Union, EU）のそれ（以下では，「EU-VAT」という）を参照することは多いと思われる[2]。当然，EUから学ぶべきものも学ぶべきでないものも両方あるだろう。たとえば，仕入税額控除の人為的作出について欧州司法裁判所（Court of Justice of the European Union）[3]の判例[4]があり，日本においても紹介されている[5]。しかし，この判例を読むにあたっては，EU-VATが如何なる制度的構造を有しているのか，そしてそれが追求する価値とは何かについて知らねばならない[6]。

折しも，2022年2月からのロシアによるウクライナ侵攻は，ヨーロッパ諸国が脅威に対して連帯して対処することの重要性を意識させる。思えば，戦後ヨーロッパの歩みは，第二次世界大戦の惨禍を繰り返さない環境を作ることであった[7]。そのためのヨーロッパ統合である。ヨーロッパを政治的に統合させることは短期的には困難であったことから，Common Market（共通市場）の設立が当面の目標であった[8]。その一つの段階として1957年に欧州経済共同体（European Economic Community, EEC）が設立された[9]。Common Marketにとって障碍となるのが，まず売上税（turnover tax）の問題である。域内においてバラバラにしてかつ税累積効果のある売上税がかかるのも，市場統合の理念に反すると考えられた。

ローマ条約第95～97条は加盟国に対して，国境税調整のありかたとして，輸入への補完税及び輸出への税還付は適正な水準に保たれるべきことを要求した[10]。さらに，ローマ条約第99条は，欧州委員会に対して，Common Marketのために，各加盟国の売上税（turnover tax）などの間接税の共通化（harmonization）を達成するための方法の検討を命じた。Antal（1963）によれば，EEC加盟の6カ国[11]の売上税は，税率及び非課税取引について全く一致を見ておらず，かつ，税の累積を排除したシステムが採用されているのはフランスのみであった。税の累積の排除された売上税を共通税として選択するとしても，選択肢は，VATのみならず，小売売上税（retail trade tax），卸売売上税（wholesale trade tax）も残っている。確かにフランスのVATに一日の長があるかもしれない（たとえば，輸出にかかる還付額を正確に算定できること）が，中立性の観点からは唯一のオプションというわけではなかった[12]。

2）たとえば，林（2020）。主として実務に携わる立場からの概説書として，溝口（2020）。

3）以下では，便宜上，時期に関係なく，CJEUという略称にて統一表記する。

4）Judgement of the Court (Grand Chamber) of 21 February 2006, Case C-255/02, Halifax plc, Leeds Permanent Development Services Ltd, County Wide Property Investment Ltd, v. Commissioners of Customs & Excise, ECLI:EC:C:2006:121.

5）本部（2020），16頁，松田（2007），110頁以下，今村（2008），34頁。なお，森信（2016），15頁は，Halifax事件を「VATに関する租税回避についての判例法理」を整備したものとして，日本も参考にする必要があることを指摘する。

6）わが国では，同判決は，「濫用的行為（abusive practice）」を共同体法適用の基礎とできるか，という論点が含まれるため租税回避論というレベルで紹介されたり，論じられたりする（前註の諸論攷を参照）。しかし，EU-VATが如何なる価値を重視して発展してきたのか，EU-VATにおけるCJEUの介入の範囲など，さまざまな論点が関わる。

7）Essers (2022)，pp.380-383.

8）なお，Common Market構想の動きにおいて，1956年の，いわゆるSpaak Report（"Rapport des chefs de d'élégation aux Ministres des Affaires Etrangères," Bruxelles, 21 avril 1956）が果たした役割が大きいとされている。

9）Treaty establishing the European Economic Community (Rome, 25 March 1957)〔ローマ条約〕.

10）小西（2020），113頁。ローマ条約のこれらの条文からは，EECは，いわゆる仕向地課税を構想していたことがわかる。

11）ルクセンブルグ，オランダ，ドイツ，ベルギー，フランス，イタリア。

12）Antal (1963)，pp.50-51は，むしろ，各国が売上税を中立的にするという意味での共通化がなされればよいというスタンスであった。ここでの「中立的」とは，畢竟，財・サービスについての最終的価格に対する売上税の割合が均一化されることをいう。

画期となる歴史的事象だけを述べれば，1967年4月，EC理事会の付加価値税指令が制定され[13)]，共通売上税としての付加価値税が位置付けられたことである[14)]。そこに至る政治過程は複雑であり，筆者の立場から十分詳らかにすることはできない[15)]。しかし，日本の法律研究者がEU-VAT法から何らかの知見を得ようと思えば，すなわち，比較法研究をしようと思えば，かかる政治背景を知ることは必須である。

さて，本稿は，欧州共同体におけるVATの課税権配分の問題を取り扱う。それはすなわち，国境を越えた経済活動への課税をどのように仕組むかという問題であるが，VATが共通売上税として採択された経緯に国境税調整の是非があったことからして，EU-VATの性格を描写するのに回避できないテーマである。法技術的には，国境を挟むかたちで行われる経済活動についてVATをどこで課すべきかという問いは，国境税調整をどのように具体化するか，というだけではなく，商品の提供場所（place of supply）がどこかという問題にも変換される。所得課税については，各国家の課税権の整序は租税条約によってbilateralに（つまり，二国間において）なされるのが通例である。それに対して，VATについては各国がplace of supplyルールを制定して自国の課税権の範囲を定める[16)]。いわば，unilateralなやり方（つまり，一国単位的なやり方）で二重課税を除去するという方針である。unilateralである限り，各国間でルールに差異が生じる。このunilateral方式の大きな例外がEUである[17)]。つまり，EU共同体法がplace of supplyルールを設けて画一的に規整する[18)]。

本稿は，かかる規整の一端をCJEUの判例を素材に素描する。欧州共同体の法理念をエンフォースする主体としてCJEUが大きな役割を担ってきたからである[19)]。ただし，CJEUの判例法を日本も参考にすべきとかそうでないとかを言うつもりは全くない。むしろ，判例法の内在的発展の経緯を見ていくことが主眼である。その意味で，本稿は未来志向ではなく，過去志向である。

なお，筆者は，VATに関して，多くの基本的なことをSchenk et al.（2015）にて学んだ。その意味で，同書の枠組みに無意識的に規定されている部分があるかもしれない。そのことはあらかじめ注記しておく。また，二次文献の所在については，増井（2017）が豊富なデータを提供しており，本稿においても，参考にさせていただいた。

Ⅰ－2．本稿の構成

まず，EU-VATの拡大の経緯を概観する（Ⅱ）。次に，理念化された型としての仕向地主義型付加価値税の利害得失を論じる（Ⅲ）。これらを準備作業としたうえで，EU-VATの判例の系譜を分析する（Ⅳ）。主な題材は，第六次指令（Sixth Directive）時代のplace of

13）First Council Directive of 11 April 1967 on the harmonisaiton of legislation of Member States concerning turnover taxes（67/227/EEC），OJ 71, 14.4.1967, p.1301及びSecond Council Directive of 11 April 1967 on the harmonisation of legislation of Member States concerning turnover taxes（67/228/EEC），OJ 71, 14.4.1967, p.1303 [hereinafter called, 'Second Directive'].

14）Second Directive, Article 1.

15）Konishi（2018）は，この政治的過程を歴史学的に描写する作品であり，実に多くのことを学べる。ほかに，de la Feria（2010）。

16）日本においては，消費税法第4条第3項とそれに基づく同施行令第6条。

17）Spies（2017），p.705.

18）place of supplyルールは広義の牴触法であるともいえるだろう。その意味では，牴触法の統一化が図られているといえよう。比喩として適切かは分からないが，実質法は各国に委ねつつも，普遍的な牴触法の模索する試みに近いのではないか。参考，江川（1970），10-12頁。

19）EU-VATの制度形成において，法源性を有しない規範（ソフト・ロー）が果たした役割も軽視できないが，先行研究であるLamensch（2016）の存在を紹介するにとどめ，本稿では，CJEUの判例分析に注力したい。

supplyルールであるが，そこから派生して，課税権配分のもう一つの重要な柱である本店支店間取引におけるVATについても本稿の射程に収める。最後は結語である（V）。

Ⅱ．VATの拡大の系譜

Ⅱ－1．はじめに

まずは，EU-VATの歴史的拡大の経緯を概観する。主なトピックは，第一に，フランスにおける付加価値税の成立経緯であり，第二に，欧州共同体において付加価値税が共通売上税として採択された経緯である。

Ⅱ－2．フランス

付加価値とは何か。水野（1989）曰く，「企業が他の企業より購入した財・サービスに付加する価値であり，企業がその生産要素である，労働，土地，資本に対して支出する価額，つまり給与，支払利子，利益の総和である」[20]。付加価値を課税ベースとする租税を付加価値税と呼ぶのであれば，かかる構想は古くから存在する。たとえば，米国においては，財政学者Adamsによって20世紀の初め頃に所得税のアンチ・テーゼとしての付加価値税の構想が提唱された[21]。

他方で，EUにおける付加価値税の源流として我々がイメージするのは，フランスのTaxe sur la valeur ajoutée, TVAであろう。単に付加価値を課税ベースとするだけではなく，売上税型の形式をとり，かつ前段階の税額が控除される仕組みによって，課税ベースが付加価値になるという特徴を有する租税である[22][23]。フランスは，「課税における革新者（innovator in taxation）」であるとCarl Shoupをして言わしめたが，その例の一つが付加価値税である[24]。

フランスの場合，第一次世界大戦での戦時債務返済の必要性から1920年頃に売上や取引高を課税ベースとする租税が導入されている[25]が，これは当然のことながら税の累積効果（カスケード効果）が高い。その後，1936年に生産税（taxe à la production）が導入される。生産税は，製品が生産段階から流通段階に移転するタイミングで丁度一回課税するものである（taxe unique）。生産税は，いくつかの点ですでにTVAと共通したものを持っていた[26]。たとえば，生産税は，一般従価税であり，企業に対して，生産過程で創出した価値に応じて課するものであった。さらに，1948年9月25日デクレによって，新たに分割納付制度（le system du fractionnement）が導入されると，生産者は，自らの売上にかかる生産税から，製品に物理的に組み込まれた仕入にかかる生産税負担分を控除できるようになった。しかし，これは裏を返せば，製品に物理的

20）水野（1989），4頁。

21）Adams（1921），p.527。水野（1989），17-23頁がその紹介である。

22）金子宏氏の整理によれば，売上税型の反対理念として，収益税型のものがあり，シャウプ使節団の第一次報告書がそれである（金子; 2010, 405頁〔初出は，1970年〕）。これらの理念型の区別に注意を払うことの必要性について，本稿の構想段階で神山弘行氏（東京大学教授）から示唆を得た。

23）日本の現行消費税も仕入税額控除を標準装備としている（消費税法第30条）。ただし，売上税に見られる税負担の累積効果が完全には排除されないケースがあることは最高裁も明言するところである。最判令和5年3月6日民集77巻3号440頁を参照のこと。なお，同判決について短い評釈を筆者は執筆した（藤原，2024）。

24）Shoup（1955），p.328.

25）Id.

26）以下の記述は，Bouchet, Habibou & Joseph（2014），'1. Rappel historique' に負うところが大きい。

に組み込まれていない仕入に関する生産税分は控除対象にならないということである。また，無形のサービスの提供者は，多段階のカスケード効果のある租税に服するという状況であったため，中立性の観点から難があったのである。Marice Lauré はこのようなフランスの生産税を土台にTVAを考案したとされる[27]。そうすると，TVAの優位性は経済活動への中立性の観点からアピールされることになる。

Ⅱ－3．欧州における拡大

欧州VATの成立過程については，Konishi (2018)[28] 及び小西（2020）などに全面的に譲るしかないが，それらをかいつまんでいえば，加盟国の政治的思惑（たとえば，フランスは仕向地主義を，西ドイツは原産地主義をそれぞれ主張した。国境税調整の是非をめぐって鋭い論争が繰り返された）や，このテーマについてイニシアティブを有することになった欧州委員会第四総局の権限問題など，多様な政治的事情の絡み合いのなかで，共同体レベルでの合意形成が模索された。歴史家ではない筆者がこの論点に入る資格を有しないが，フランス型VATが欧州VATとして採択されるにいたる経緯は決して単線的ではなく，法律研究者も歴史家から学ぶものは非常に多い。

Ⅲ．理念型としての仕向地課税

Ⅲ－1．一般論

国境を越えた取引について，VATの課税地をどこにするか，という論点は，仕向地課税と原産地課税という二つの理念型の対立という図式に変換されてきた。簡単にいえば，前者は当該サービスの需要先所在地で課税する考え方[29]，後者は当該サービスの供給元所在地で課税する考え方である。法人所得税については，後者にしたがって課税権を配分するという考え方が主流である[30]。

両者には各々利害得失があるが，仕向地主義の優位性を基礎づける大きな点として，課税のチェーンの修復機能がいわれている[31]。これによって，税の累積リスクが原産地課税と比べて削減できる。そもそも，フランスにおいてTVAが発達してきた経緯に鑑みても，理念と

27）Salo（2014），高尾（1979）。

28）なお，博士論文の要約版として，Anna Konishi, Why Did the European Community Adopt the Common VAT System? と題する Social Science History Association Annual Meeting 2021 のレジュメが同氏の researchmap 経由でアクセス可能であり，筆者も2023年12月14日に参照させていただいた。

29）取引の連鎖は，最終的に消費者まで商品が到達するとそこで終了する。その意味で消費とは需要の最終形態であるといえる。しかし，VATはその経済的な帰着は別として，法形式上は，個々の売上にかかる税であるので，ここでのサービスの受け手は消費者とは限らない。このような理由から，消費主体か否かを問わず，サービスの受け手を包含する概念として「需要」という単語を用いている。このような用語の使い方については，白石（1994），100頁及び白石（2023），38頁から着想を得た。

30）ただし，法人所得税の仕向地主義化という構想も確かに存在している。その概観と課題については，藤岡（2018）。

31）渡辺（2006），67-74頁。原産地主義の場合，VAT不存在国（たとえば米国）の企業が介在すると，あたかも免税事業者が介在しているかの如く，課税のチェーンが切断され，修復されない。渡辺（2015）は，さらに，仕向地主義VATを課税情報収集の連鎖という観点からその特徴を分析する。ただし，同論文は，リバースチャージ方式やインボイス方式の存在が前提としたうえでの連鎖であることにも注意を払う。なお，渡辺（2000）も併せて参照。

しては仕向地主義を選択するのが穏当なところであろう[32]。

また，移転価格との関係では次のことがいえる。移転価格とは，取引当事者間に支配・被支配関係があるために市場価格と異なる条件でなされた場合における取引価格のことであるが，原産地主義を採用すると，この問題はVATにおいても回避できないといわれる[33]。すなわち，原産地主義下においては，高税率国の親会社が低税率国の子会社に市場価格より安い価格で製品を販売（輸出）すれば，親子会社全体として税負担を圧縮できる。そこで，移転価格税制を置くか，両国の税率を近似化する必要が生じる。

他方で，仕向地主義のもとでは，そもそも課税ベースの国内消費であり，生産拠点のある国における課税ベースの流出はそもそも問題とならない。「移転価格に対する自動的調整機構が備わっている」[34] ともいわれる。

もちろん，課税ベースを生産から消費に移すというのは大きな決断である。各国の税率の相違を前提にするならば，課税ベースとして消費を押さえる方が効果的であるように思われるが，国家間の税収配分に関わるため，すぐれて実際的な論点であると同時に哲学的な問いである。

Ⅲ－2．国境税調整という方法

国際貿易にかかる商品に適用される租税調整を「国境税調整（tax adjustment）」と呼ぶこととする[35]と，仕向地主義を志向する限り，「輸出に際して仕入税額分を還付する＋輸入に際しては通常の課税を行う」というかたちの国境税調整をVATは行うこととなる。かかるメカニズムは，経済的には輸出を補助し，輸入を抑制するようにみえる[36]。しかるに，WTOの「補助金及び相殺措置に関する協定」[37] の附属書1によれば，間接税（「売上税，個別消費税，取引高税，付加価値税，フランチャイズ税，印紙税，流通税，事業資産税，国境税その他の税であって直接税及び輸入課徴金以外のもの」[38]）に関しては輸出補助金の範疇から除かれている。

そもそも，輸出に際してのVAT還付については，General Agreement on Tariff and Trade（GATT）の時代から，Article XVIで禁止される補助金とはみなされていない[39]。このような間接税に依拠した国を相対的に有利にする取極に対しては，米国から批判が向けられていた[40]。GATTの作業部会は，1970年12月に国境税調整についての報告書を提出している[41]。それによれば，GATTの各条項は，草案当時に現に存在した慣行を明文化したものとされているが，他方で，国境税調整についてそのような

32）わが国においても，課税の累積排除による中立性の確保が消費税の目指すべき姿とされている（税制改革法第10条第2項）。なお，本文において「理念としては」と断ったのは，執行上の便宜を無視しているからである。域外事業者からの役務提供にかかるVATをどう徴収するかは問題となる。特に役務の場合，税関の機能に頼ることに限界がある（渡辺，2006，66頁）。

33）水野（1989），174頁，増井（2005），83頁。

34）増井（2005），84頁。

35）GATT（1970），特にそのpara.4に基づく。ただし，「国境税調整」という語は，ミスリーディングな響きを有するとの指摘もある（Rosendahl, 1970, pp.89-90（=fn.11））。

36）岡村（2017），特に77頁以下を参考にした。なお，筆者は経済学については門外漢であるため，為替レートの影響を含めて正確な理解を示せる用意がない。とはいえ，多かれ少なかれ，税制が貿易収支に影響することは直接税・間接税を問わず言えることであり，であるからこそ，以下で見るようにGATTにおいて論争を惹起したのである。

37）外務省HP（https://www.mofa.go.jp/mofaj/ecm/it/page25_000424.html）の和文を参照した（閲覧日2023年12月14日）。

38）同協定附属書1（注2）。

39）Annex 1（ad Article XVI）。ただし，仕入にかかる税額を超える額の還付については禁止されている。

40）宮崎（2012），612頁以下。

41）GATT（1970）のことである。

慣行が果たして普遍的に受容されていたか疑問視する国もあった，という[42]。多くの国は，間接税の国境税調整は貿易の中立性に即したものであり，国内産品と輸入産品との同等の取扱いを志向するものである，という見解であったが，対立見解を完全に論駁したとは到底評価できない状態であった[43]。

なお，EECにおいて，1963年に「税制調和に関する報告書」が出されているが，売上税について原産地課税の可能性が検討されている。もちろん，グロスの売上税が廃止され，かつ，税率・非課税項目等について加盟国の完全な合致が達成された先の長期的目標としての原産地主義である。ただし，原産地主義の達成は，tax frontierの廃止という副産物をもたらすという点への期待はあった[44]。

Ⅲ－３．place of taxationルール

OECDにおいては，1998年のOECDオタワ会議以来の議論の蓄積がある[45]。そこでは，消費課税においては，消費が行われる地において課税がなされることが共通了解となり，如何にしてそれを実現するかがその後のアジェンダとされた[46]。この考え方は，OECDのVATガイドラインにおいて，課税の中立性という観点から，現在も維持されている[47]。

ここで考える必要があるのは，理念型としての仕向地主義とplace of taxationルール（課税地を判定するためのルール）の関係である。OECDのVATガイドラインにおいては，place of taxationルールは，なるほど仕向地原則を具現化するためのものであるが，他方で，国際的な中立性の確保，簡素な納税協力，明確性及び確実性，執行コストの低減，並びに脱税及び課税逃れの防止，という要請にも応えるものである[48]。さて，国境税調整は国境管理（border control）と関わっていた。国境管理に服さない商品（サービスや無形資産）の取引については，国境を越えて商品が移転するというのは，（デジタル技術の発展をも視野に入れれば，ますますのこと）フィクションである。取引に渉外的要素があるというに過ぎず，その取引のパターンも様々である。もっといえば，供給（者）も需要（者）も多分に観念的なものであり，特定の法域と一義的な関係を結ぶわけではない。したがって，ここでの仕向地原則は，需要者が所在していると擬制される法域が課税権を最終的に獲得するということを意味しているのである。結局は，どの国が当該取引に対して課税権を行使するのかという問題は，法的にどの国が需要（消費）の所在地としてみなされるか，ということになる。これを担うのが，place of taxationルールやplace of supplyルールである[49]。

Ⅲ－４．次節への橋渡し

原産地主義と仕向地主義という対立軸においては，理論的にも実際的にも仕向地主義が圧倒的趨勢である。今後，原産地主義が復権するとも思えない。しかし，国境税調整をするにせよ，しないにせよ，まずは，ある取引がどの課税管轄の法によって規律されるのかを特定しなければならない。VATが取引を対象とした課税であるからである。

とりわけ，単一の法人格を有する企業が国境を越えて活動しているとき，それが供給者である場合にせよ，需要者である場合にせよ，問題

42）Id, para.8.
43）宮崎（2012）は，こうした経緯が，その後の米国のDISC税制及びその後のFSC税制をめぐる通商上の紛争につながっていくと分析している。
44）EEC（1963），pp.123-126. *Also See*, Easson（1980），pp.100-111.
45）その成果がOECD（1998）である。
46）OECD（1998），pp.5-6.
47）OECD（2017）（hereinafter ‘VAT Guideline’），Guideline 3.1.
48）OECD, VAT Guideline, para.3.3.
49）Thang & Shatalow（2021），p.445.

は，本店の VAT 法を適用するのか，現地（支店）の VAT 法を適用するのかである。また，本店と支店との間で何らかの調整が必要なのかも問題となる[50)]。

Ⅳ．EU-VAT の place of supply ルールの構造とその具体化

Ⅳ－1．VAT Directive[51)]

Ⅳ－1－1．現在の法規整

まずは，現在（2023 年 12 月末）における place of supply ルールの概要を確認しておく。専ら整理のためであり，ここに特段の新規性は存在しない。

まず，現在のデフォルト・ルールの大枠は以下の通りである。

VAT は，加盟国内において対価を得てなされるサービスの提供（the supply of services）に対して課される（Art.2（c））。そうすると，その場所が所在する地の課税管轄が課税権を有するということになる。そして，「サービスの提供」の場所の判断についての一般ルールは次の通りである。

（1）Taxable person to taxable person の取引（BtoB 取引）（Art.44）
  ①サービスの受け手の事業所在地（the place where that person has established his business）
  ②サービスの受け手の事業所在地以外の場所にある Fixed Establishment（以下では，FE）に向けてサービスが提供されている場合には，当該 FE の場所
  ③それらがないときは，受け手の住所若しくは居所
（2）Taxable person to non-taxable person の取引（BtoC 取引）（Art.45）
  ①サービスの供給者の事業所在地
  ②当該サービスが，供給者の事業所在地以外の場所にある FE から供給されている場合には，当該 FE の場所
  ③それらがないときは，供給者の住所若しくは居所

BtoB 取引については，役務の需要者がメルクマールとなり place of supply が確定する。つまり，供給者ではなく需要者の所在地が課税権をとる。

電子的役務（electronic service）について，「サービスの提供」の場所に関して，上記デフォルト・ルールの特則が設けられている。まず，非事業者（non-taxable）に対する通信，放送及び電子提供役務については，受領者の所在地を基準とする（Article 58）。これは，Article 45 の考え方と異なるが，インバウンド供給について，域内事業者と域外事業者の競争格差を是正する[52)]。域内消費者向けのサービス提供については，事業者の所在地を問わないことにするわけである。

また，域内事業者から域外の消費者に役務提供がなされる場合についても特則がある。Article 45 に従えば，VAT は事業者の所在地で課されるように見える。しかし，Article 59 によって，多種多様な役務提供について，消費

50）重要な先行研究として，小川（2016）がある。本稿は，結果として，それに EU 法の観点から若干の補足を施すに過ぎなかったともいえるが，その「若干の補足」にも研究上の意義が含まれていると考える。

51）COUNCIL DIRECTIVE 2006/112/EC of 28 November 2006 on the common system of value added tax, OJ L347, 11.12.2006. を基本形とし，度々改正が施されてきた。

52）Lamensch（2012），p.79.

者所在地基準で判断される。つまり，域外への提供の多くが，EU各国においてVATの対象とならない。仕向地原則の制度化であるが，これによって，EU事業者にとってのVATに伴う競争上の不利が除去されている[53]。

以上の通り，現在のVAT Directiveの下では，これらの特別規定も踏まえると，かなりの程度，需要者をメルクマールとする方向で制度化されているといえよう[54]。

次に，事業所在地及びFEの意義については，VAT Directive の Implementing Regulation（2011）（実施規則）[55] を見ると了解できる。

①事業所在地については，同規則第10条が定義しているのでそのまま引用する。

> 1. For the application of Articles 44 and 45 of Directive 2006/112/EC, the place where the business of a taxable person is established shall be the place where the functions of the business's central administration are carried out.
>
> 2. In order to determine the place referred to in paragraph 1, account shall be taken of the place where essential decisions concerning the general management of the business are taken, the place where the registered office of the business is located and the place where management meets. Where these criteria do not allow the place of establishment of a business to be determined with certainty, the place where essential decisions concerning the general management of the business are taken shall take precedence.
>
> 3. The mere presence of a postal address may not be taken to be the place of establishment of a business of a taxable person.
>
> （筆者訳）
>
> 1. VAT Directive 第44条及び第45条の適用にあたっては，納税義務者の事業本拠地は，当該事業者の中心的経営機能が担われる場所とする。
>
> 2. 前項にいう場所を決定するにあたっては，当該事業者の一般的経営にかかる基本的な意思決定がなされる場所，登録された営業所が所在する場所，及び経営陣が会する場所を基準とする。これらの基準によって，事業本拠地を一義的に確定できない場合には，第一の基準による場所を優先する。
>
> 3. 郵便上の住所があるということのみでは，当該場所が事業本拠地であるということはできない。

以下では，事業所在地を，さらなる明確化を志向して，「事業本拠地」と呼称する。事業者にとっての意思決定の中枢の所在地を指示するためである。事業の意思決定機能が分散している場合など，事業本拠地の特定が一義的になしえないケースもありうる[56]。

② Fixed Establishment については，同規則第11条が定義しているのでそのまま引用する。

> 1. For the application of Article 44 of Directive 2006/112/EC, a 'fixed establishment' shall be any establishment,

53）Id.

54）ただし，二重課税，二重非課税若しくは競争の攪乱を防止するために，「役務の実効的な利用及び享受（the effective use and enjoyment of the service）」を基準として柔軟な対応をとることが加盟国に認められている（Article 59a）。

55）COUNCIL IMPLEMENTING REGULATION（EU）No 282/2011 of 15 March 2011 laying down implementing measures for Directive 2006/112/EC on the common system of value added tax, OJ, L77, 23.3.2011.

56）Doesum et al.（2020），p.194.

other than the place of establishment of a business referred to in Article 10 of this Regulation, characterised by a sufficient degree of permanence and a suitable structure in terms of human and technical resources to enable it to receive and use the services supplied to it for its own needs.

2. For the application of the following Articles, a 'fixed establishment' shall be any establishment, other than the place of establishment of a business referred to in Article 10 of this Regulation, characterised by a sufficient degree of permanence and a suitable structure in terms of human and technical resources to enable it to provide the services which it supplies: (a) Article 45 of Directive 2006/112/EC; (b) from 1 January 2013, the second subparagraph of Article 56 (2) of Directive 2006/112/EC; (c) until 31 December 2014, Article 58 of Directive 2006/112/EC; (d) Article 192a of Directive 2006/112/EC.

3. The fact of having a VAT identification number shall not in itself be sufficient to consider that a taxable person has a fixed establishment.

(筆者訳)

1. VAT Directive 第 44 条の適用にあたって，FE は，この規則第 10 条にいう事業本拠地以外の establishment であり，自らのために当該役務を受領及び使用できるようにするべく，人的・技術的資源という観点からみて，十分な恒久性と安定的な構造性を有するという特徴を備えているものとする。

2. 次の各号の適用にあたって，FE は，この規則第 10 条にいう事業本拠地以外の establishment であり，自らが供給する役務を提供できるようにするべく，人的・技術的資源という観点において，十分な恒久性と安定的な構造性を有するという特徴を備えているものとする。

(a) VAT Directive 第 45 条
(b) 2013 年 1 月 1 日以降における VAT Directive 第 56 条 2 項後段
(c) 2014 年 12 月 31 日以前における VAT Directive 第 58 条
(d) VAT Directive 第 192a 条

3. VAT 登録番号を有しているという事実は，それ自体としては，納税義務者が FE を有しているとすることの十分条件とはならない。

簡単にまとめると，FE は，事業本拠地以外の establishment であり，それなりの恒久性があり，かつ，人的及び技術的資源という観点[57]からしてサービスの受領に相応した構造を兼ね備えたもの，ということになる。

この FE という概念は，place of supply ルールの一構成要素をなすのみならず，執行面においてリバース・チャージ（reverse charge）方式の実施に際しても言及される。リバース・チャージ方式とは，役務提供者ではなく受領者が VAT の納税義務者になる仕組みである[58]。たとえば，BtoB 取引においては役務受領者の所在地が VAT の課税場所になる（Article 44）が，ある加盟国の領域外に所在する納税義務者からの役務提供については，役務受領者側で VAT を納付するということである（Article 196）。このリバース・チャージ方式の適用にあたって，事業本拠地と FE のどちらをメルクマールとするかという問題が発生するので

57）判例法理を分析する際にも言及するが，人的資源と技術的資源の「双方」が要件とされている。人的設備を必須の要素しない PE 概念との差分の一つはここにある。Spies（2017），p.710.

58）Doesum et al.（2020），p.512.

ある。これについて，Article 192a[59]によれば，ある加盟国の領域内にFEを有する納税義務者は，当該FEがその役務提供に介入（intervene）していないという条件下において，当該加盟国外に所在する納税義務者とみなされる。FEが役務提供に介入していなければ，BtoBの越境取引について役務受領者がリバース・チャージ方式により納税する。他方で，FEが介入しているのであれば，FEがVATを納税することになり，リバース・チャージ方式は作動しない[60]。Article 192aの趣旨は，FEが取引に関与していないにもかかわらず，FEが自国内にあるからという理由でもって，国外に本拠のある事業者を自国所在とみなしてしまうという考え方（the principle of force of attraction）に歯止めをかけることにあると指摘されている[61]。

Ⅳ－１－２．過去の法規整

本稿がむしろ着目するのは，過去の法規整である。いわば，現在の法規整に至る道程を辿るということである。そのためにも，Sixth Directive[62]の下での法状況を確認する。それは，FEを巡る法理が発展してきたのは，Sixth Directiveのもとであり，多くの判例を分析する前提となるからである[63]。

Sixth Directiveによれば，ある加盟国において対価を得てなされた役務提供は，当該加盟国において課税される（Article 2）。役務提供の場所は，供給者の所在地であるのが基本である（Article 9（1））。供給者の本拠地又はFE所在地である。

まずはこれに注意して，FEの意義についての判例を見ていくこととしたい。さらに，複数国にFEが存在する企業については，本店所在地と支店所在地との課税権の割当が問題となる。この二つのテーマについて重要判例を概観し，コメントを行う。この作業は，役務供給者が多国籍企業であることを前提としている。所得課税の世界でいわれる「arm's lengthによる課税権配分」という看板に下に議論されてきた問題と類似の構造を有する問題を，VATにおいても析出することになる。

Ⅳ－２．欧州司法裁判所による介入

Ⅳ－２－１．テーマ①：Fixed Establishment

FEは，EU-VAT法において，役務提供地の判定，リバース・チャージ方式における納税義務主体の確定，及びVAT還付の判定において決定的な機能を有するにもかかわらず，Sixth Directive以来，長らくDirectiveレベルでその定義が明示されてこなかった。むしろ，CJEUの判例法理が，その概念理解に寄与したのである[64]。ここでは，Implementing Regulation（2011）において明文化される以前の判例を紹介分析することとする。なお，以下はBal（2021）を水先案内人として用いつつ，同論文との重複を回避するべく，CJEUが如何なる価値を重視して事件処理を行ったのかと

59）Inserted by Council Directive 2008/8/EC of 12 February 2008 amending Directive 2006/112/EC as regards the place of supply of services.

60）Doesum et al.（2020），pp.520-522.

61）Bal（2021），p.360.

62）SIXTH COUNCIL DIRECTIVE of 17 May 1977 on the harmonization of the laws of the Member States relating to turnover taxes — Common system of value added tax: uniform basis of assessment（77/388/EEC），OJ. L145, hereinafter 'Sixth Directive'.

63）また，経済のデジタル化の進展によって，EU-VATをめぐる法の状況は急激な変革を受けている。これらも視野に入れるのは，現状，紙幅的にも能力的にも困難であると判断した。その意味でも，本稿はさしあたり，Sixth Directive時代に焦点を限定せざるをえなかった。EU-VATの未来については，さしあたり，近似の研究としてTumpel（2023）の存在を言及するにとどめる。

64）Bal（2021），pp.360-370．Scalia（2023）も参照。本稿は，これらに依拠するところが大きい。

いう観点を追加する[65]。

Ⅳ－２－１－１．Berkholz Case [1985][66]

FEの意義とその重みについて，Sixth Directive時代の重要判例として，まず，Berkholz Caseが存在する。Sixth DirectiveのArticle 9 (1) によれば，役務の提供地点とは，提供者の事業の本拠を構えた地または当該役務の供給元となるFEが所在する地とされていた。ここで論点となるのは，FEとは如何なる要素を備える必要があるのかであるが，同時に，かかる要素を要求することによって如何なる価値を実現しようとしているのかが問われている。

< Berkholz Caseの概要>

〔事実関係〕

Berkholz社は，ハンブルグに事務所を構えてゲーム機器の設置管理を行っていた。そして，自動販売機をプットガルテンとロービュ（デンマーク）を往復するフェリー上に設置した。なお，これらのフェリーはDeutsche Bundesbahnによって所有されている。それら自動販売機からの総売上の10パーセントがドイツの港に停泊時のもの，25パーセントがドイツ領海内のもの，残りがデンマーク領海内のものである。ドイツの課税当局は，これら売上の全てについて売上税を課したのである (paras.1- 2)。

課税当局の言い分は，これらの売上は，ハンブルグの事業拠点で生じたものとみなせるからだ，というものである。これに対して，納税者は，売上は，フェリーに設置されたFEから生じたものであるから，10パーセントか，せいぜいプラス25パーセント（計35パーセント）のみがドイツの課税に服すると主張した[67]。付託事項は，フェリー上に設置された設備がFEを構成するのかどうかである。

〔裁判所の判断〕

CJEUは，Sixth DirectiveのArticle 9の目的として，役務提供の場所を画一的に決めることによって，各国VATの地理的適用範囲についての「合理的な腑分け (rational delimitation)」を確保する，ということを挙げた。具体的には，二重課税や二重非課税を惹起するような課税管轄の牴触 (conflict) の防止を企図するのである (para.14)。そして，Article 9 (1) の解釈として，事業本拠地を一次的な参照点 (primary point of reference) であり，他のestablishmentは，前者が合理的な帰結をもたらさない場合や他の加盟国との間で抵触をもたらす場合にのみ参照点になる，という理解を示した (para.17)。

特に，本拠地以外のestablishmentについては，ミニマムな規模として，役務提供に必要な人的・物的資源の双方（両方の要素が必要）が恒久的に備えているとはいえない限り，同地をもって役務提供の場所とみなすことはできないとした (para.18)。

ここで着目したいのは，FEの構成要素（役務提供に必要な人的・技術的資源の恒久的な存在）は何かということよりも，むしろ，それが課税管轄の牴触防止という観点から構想されたという点である。このようなVATにおける合理的な課税権配分の追求活動は，後続する判例にもみられるが，Berkholz Caseが発端である。

65) 小川 (2016)，523頁以下でも，本文で取り扱う諸判例が紹介されている。ただし，本稿は，FEの概念理解を言語化することよりもその背景にあるCJEUが追求する理念の析出（課税権の割り振りの合理性について）に力点を置くので，その点において本稿の新規性は保たれていると考える。

66) Judgement of the Court (Second Chamber) of 4 July 1985, Case 168/84, Gunter Berkholz v. Finanzamt Hamburg-Mitte-Alstadt, ECLI:EU:C:1985:299.

67) 残りの部分は，デンマークの課税権であるということを意味する。

Ⅳ－２－１－２．DFDS Case [1997][68]—FEの具体例

DFDS Caseは，Sixth DirectiveのArticle 26の解釈についての先決裁定である[69]。Berkholz Caseでいう抽象的に表明されたところの「合理的な帰結」というのが具体的に何を意味するのかについて見解を表明した裁判例である。

＜DFDS Caseの概要＞

〔事実関係〕

DFDS A/Sは，海運・旅客・一般輸送を担うデンマーク設立の会社である。英国子会社としてDFDS Ltd.があり，英国においては同社がagentとして動く。英国子会社が代理して販売されたパッケージツアーについてDFDS（親会社）は英国のVATに服するかが問題となった。具体的な付託事項は，加盟国Aに本拠を有する旅行会社が，加盟国Bにおいて代理人（会社）を通じて旅行客にパッケージツアーというかたちでサービスを提供している場合に，(a) 如何なる条件下において旅行会社によるサービス提供は加盟国Bにおいて課税対象となるか，そして (b) 如何なる条件下において旅行会社は，加盟国Bにおいて事業を行っている，又は加盟国Bにおけるサービスの提供元となるFEを有する，といえるのか，である（para.8）。端的に言ってしまえば，英国子会社がDFDSのFEたりうるかという論点である[70]。

〔裁判所の判断〕

結論としてCJEUは，代理会社の所在地国がVATを課税できるのは，当該代理会社が旅行会社（親）の単なる補助的な機関（a mere auxiliary organ）として，FEの要素である人的・技術的資源を有する場合である，とした（para.29）。問題は，この結論に至る推論過程である。

まず，共通付加価値税の適用にとって，実際の経済的状況への考慮が極めて重要であるとする（para.23）。Sixth DirectiveのArticle 26にいうFE基準は，旅行代理店の活動が地理的に分散することを想定して設けられたものであり，「事業の本拠地」基準を機械的に適用することが，むしろ，VAT逃れ，ひいては競争が攪乱されるという事態になりうるとも指摘する（para.23）。このような状況においては，むしろ，事業本拠地よりもFE所在地で課税する方がよいという思想である（para.24）。

そのうえで，第一に，英国子会社を取り巻く事情を勘案すると，同社はDFDSの補助的機関に該当すると判断した。これは，法人格の別という法的関係よりも，活動実態に着目した判断によるものである（para.26）。そして，第二に，英国子会社は，FEの特徴たる人的・技術的資源を兼ね備えているとした（para.28）。具体的には，英国子会社の従業員の数と，同社が顧客に提供する役務の条件（terms）に着目して，上記の特徴を具備していると判断したのである。

このDFDS Caseは，あくまでもSixth DirectiveのArticle 26の解釈論として展開されていることは注意する必要がある。取引の種別（この事例では，旅行会社の事業が地理的に分散しているという特殊性が判断に作用し

68) Judgement of the Court (Fifth Chamber) of 20 February 1997, Case C-260/95, Commissioners of Customs and Excise v, DFDS A/S, ECLI:EU:C:1997:77.

69)「旅行に関して旅行代理店によってなされるあらゆる取引は，当該代理店から旅行客に対して提供される単一のサービスと取り扱われる。それは，当該代理店の事業本拠地若しくは，サービス提供元となるFEの地の属する加盟国において課税される。（以下略）」（筆者訳）

70) DFDSサイドは，自社の事業本拠地において課税すべきと主張し（para.10），他方で，英国政府は，英国内にFEが所在するから自国が役務提供地になると主張した（para.11）。

た。）に応じて，「合理的な腑分け」についての具体的な見解表明に差分が生じることが示唆されていた。換言すれば，提供される役務の特徴を Sixth Directive の解釈に読み込みつつ，かつ企業の活動実態を勘案して VAT 課税権の所在を決定するというアプローチである。また，Berkholz Case が示していた事業本拠地基準が不合理な帰結をもたらす状況についての例示も行っている。たとえば，DFDS Case がいうのは，VAT 逃れを狙った，取引が非課税になるような加盟国での事業設立を，税制が促進させてしまうおそれである（para.23）。

Ⅳ－２－１－３．ARO Lease Case [1997][71)]
―FE の具体例その二

＜ ARO Lease Case の概要＞

〔事実関係〕

ARO はオランダの会社で，顧客に車をリースする事業をベルギーにおいて行っていた。ベルギーの課税当局は，1993 年以来，ベルギー国内において ARO 所有の車が多数存在していることから，同国内にベルギーの FE が認定できるという立場に立っており，ARO もそれに基づき，リース取引にかかる VAT をベルギーに納めていた。ところが，オランダ課税当局は，このリース取引をベルギーで行うにあたって ARO を彼の地に人的・物的設備を置いていないことを理由として，Sixth Directive の Article 9 (1) の下では，サービスの提供の場所はオランダにあると考えた（以上，para.7）。

〔裁判所の判断〕

CJEU は，一般論として，Berkholz Case の枠組みを引用して，事業の本拠地以外の establishment においてサービスが提供されたとみなされるのは，当該 establishment が人的及び技術的資源が恒久的に存在していることで最低限の安定性を兼ね備えている場合に限られるとした（para.15）[72)]。

では，本拠地以外の地でサービスが適用されたと認められるのはどのようなケースなのか。それはすなわち，本拠地以外の establishment が人的・技術的資源という観点から，独立して当該サービスを提供するに足りるたけの十分な恒久性と構造性を有している場合ということになる（para.16）[73)]。

この問題は，オランダという供給者本拠地サイドの国とベルギーという顧客所在地サイドの国とのあいだでどちらが VAT をとるか，という話である。事実関係は，Berkholz Case とよく似ているので同様の枠組みがとられたことは不思議ではない。他方で，顧客所在地基準を採用した DFDS Case とは分断される。輸送手段の貸出しという取引形態に着目して，そのような取引については供給者本拠地を第一基準とするべきとしたのである[74)]。輸送手段は容易に国境を越えてしまうので，その使用地基準で判断するのは不可能であり，実践的見地からして供給者本拠地とするのがよいという価値判断を示したのである（para.14）。Sixth Directive が取引の種別に応じて place of supply ルールを細分化させていることもあり，CJEU は取引の種別ごとに合理的な帰結のあり方を模索してきたとまとめることができよう。このような営みは，単純に供給者基準とか顧客基準という図式で割り切れるものではなかった。

71）Judgement of the Court (Sixth Chamber) of 17 July 1997, Case C-190/95, ARO Lease BV v. Inspecteur der Belastingdienst Grote Ondernemingen, Amsterdam, ECLI:EU:C:1997:374.

72）ここにおいても，CJEU は課税上の合理的帰結を導けるか，加盟国間で牴触を生まないか，という観点を重視している。

73）本件の事実関係においては，そのような十分性要件を満たしていないと判断された。para.27 などを参照。

74）ここには，補助線として Tenth Council Directive (84/386/EEC, OJ L208) の存在も挙げている（para.12）。

Ⅳ－２－２．テーマ②：企業内部の取引

課税権配分を考えるうえで，place of supply ルールに加えて，法人格内部での「取引」も重要なテーマとなる。所得課税においては，法人格内部を分節し，それら分節された単位の間での正常（arm's length）取引を擬制する。とりわけ，複数国において事業展開している法人についてかかるオペレーションを行うと，つまるところ，国家間での課税権配分が決定する[75]。VATについても同じ問題は生じる可能性がある。たとえば，本店とFEとの間でなされた財産の移転はそもそもVATの対象にならないのか。もし，なるとすれば，如何なる内容の取引であると擬制するのか。日本の消費税法は，納税義務者を事業者とし（消費税法第5条第1項），かつ，事業者を「個人事業者及び法人をいう。」と定義している（同第2条第1項第4号）。仮に，法人格内部での財産移転をVATの課税対象とするのであれば，VATの納税義務者たる法人は，私法上の法人とは異なる概念であると考える必要があるが，そのようには考えられていない[76]。つまり，本店とFEとの間でなされた財産移転は無視して，愚直にplace of supplyルールで判断し，それにて了とする。しかし，そのような法規整は必然のものといえるのか。

結論からいうと，EUにおいては，本店と支店とを独立した法人であるとみなすか否かは単純には言い切れない。むしろ，問題状況に応じて柔軟な対応をしている。

Ⅳ－２－２－１．FCE Bank Case [2006][77]

本店支店間取引についてのSixth Directive時代の有名判例がこのFCE Bank Caseである。

事実関係は，以下の通り。FCE Bankは英国会社であり，その事業にはVAT非課税の金融サービスの提供が含まれていた。FCE ITは，FCE Bankのイタリア支店であり，FCE Bankからコンサルタント業務をはじめとして様々な役務の供給を受けていた。FCE ITは，これらの役務供給にかかる1996年から1999年分のVATについて，セルフ・インボイス（self-invoice）に基づいて還付するように求めた事案である（paras.14-15）。

付託事項は三点あり，それらについてのCJEUの判断は以下の通りであった。

〔付託事項〕

付託事項1　Sixth DirectiveのArticle 2（1）及び9（1）について，一個の生産単位である支店（branch）は，独立の主体であり，VATに関する限りで本店支店間に法的関係（legal relationship）があるとみなすことはできるか，そして，その法的関係を定義するのにarm's length基準が使えるか。また，支店への役務供給にあたって，コストシェアリングの合意がある場合には，法的関係があるといえるか，もしいえるとするならば，どのような条件充足が必要なのか。最後に，法的関係の観念は，国内法又は共同体法のどちらで判断されねばならないか。

付託事項2　本件での役務提供において費用を支店に帰属させることは，その費用分担の割合や最終利益にかかわらず，Sixth DirectiveのArticle 2の適用上，役務の対価とみることができるか。もし可であれば，如何なる程度においてか。

付託事項3　本店支店間の役務提供がについて，その受領者が独立の主体でなく，それゆえに法的関係を結べないという理由で，当該役務提供が理論的にはVATの対象とならない，というのであれば，かかる事案において，一国の課税実務として当該役務提供を課税対象としてしまうのは，EC設立条約第43条の開業の自由に牴触するこ

75）所得課税について，本店支店間取引をテーマとした比較法研究として，渕（2016）がある。
76）小川（2016），541頁。
77）Judgement of the Court (Second Chamber) of 23 March 2006, Case C-210/04, Ministero dell'Economia e delle Finanze and Agenzia delle Entrate v. FCE Bank plc, ECLI:EU:C:2006:196.

とになるのか。

〔裁判所の判断〕

第一点について。まず，判例法では，役務提供は，提供者と受領者の間に，互酬的な履行（reciprocal performance）からなる法的関係がある場合に限って課税対象になるという前提を確認する（para.34）。かかる法的関係の樹立には，FCE ITが独立した経済活動を担っているかについての判断が必要で，とりわけ，FCE ITがその事業から生じるリスクを負担しているかが指標となるとした（para.35）。結論として，このようなリスクを負っているのは全てFCE Bankなので，FCE ITは独立した存在ではなく，単一の納税義務者を構成するにすぎないとされた（para.37）[78]。

第二点について。FCE ITはそもそも独立した会社でないことが第一点の判断において結論づけられているので，答える必要はない，とした（para.43）。

第三点について，イタリアの課税実務はSixth Directiveに反しているので，わざわざEC設立条約第43条の牴触問題については言及する必要なしとした（para.52）。

この判例については，すでに日本においても詳細な研究[79]がなされており，新たに付加することがあまりない。つまるところ，本店支店間取引をVATの観点から認識するための要件について判示したものである。この事件においては，結論として本店支店間取引を認識しないという結論に達したわけであるが，その後，以下でみるSkandia Caseによって，ある意味では，FCE Bank Caseの射程が限定されることになる。

（補論）Skandia Case [2014][80]

これは，Sixth Directive時代のものではなく，VAT Directiveにしたがって処理されたものであるが，FCE Bank Caseの射程との関係限りで言及したい。

〔事実関係〕

SkandiaグループのITサービス購入部門であるSAC（米国会社）は，スウェーデンでの事業活動を支店（branch）であるSkandia Sverige（以下SS）を通じて行っていた。SSは，SACから供給を受けたITサービスを最終製品へと仕上げて，同グループに属する各法人に供給していた。なお，SACからSSへの役務提供及びSSから同グループ法人の役務提供については，ともに5パーセントの利掛けがチャージされていた。

スウェーデンの課税当局SACからSSへの役務提供について課税取引にあたると考え，2007-2008年分のVATを課すことを決定した。本来は，供給者であるSACが納税義務者になるところ，SSはSACの支店であるから，当局は，SSについてVATの納税義務者として当該役務提供にかかる税額を賦課したのである。

FCE Bank Caseとの違いは，スウェーデン法において，VATグループの仕組み

78) なお，OECDモデル条約は直接税に関するもので，間接税であるVATには関係ないこと，コストシェアリングの合意についても，そもそも独立した主体によってなされたものではないから顧慮する必要はない，と切り捨てた（paras.39-40）。

79) 小川（2016），530頁以下。

80) Judgement of the Court（Second Chamber）of 17 September 2014, Case C-7/13, Skandia America Corp.（USA），filial Sverige v. Skatteverket, ECLI:EU:C:2014:2225。なお，この判例については，邦語の先行研究として，松原（2006），87-110頁が存在する。

が導入されていた点である。これは，VAT Directive の Article 11[81] によって各国にその採用が許されているものである。そしてスウェーデン法では，FE もまた VAT グループの一員になることができ，実際にも SS はスウェーデンで VAT グループに入っていた。

付託事項1：第三国である会社本拠地から加盟国内の支店向けになされた役務提供は，当該支店がその加盟国における VAT グループの一員である場合に，当該支店への購入費用の割り当てをもって課税取引を構成するか？

付託事項2：付託事項1の回答が YES の場合，第三国にある会社本拠は，VAT Directive の Article 196 の文脈において，加盟国において設立されていない納税義務者とみなされるべきか，そしてその結果として役務購入者は上記取引について課税されることになるのか[82]？

〔裁判所の判断〕

付託事項1について。まず，FCE Bank Case の枠組みに従って，SS は独立して操業しておらず，かつ事業活動からの経済的リスクを自ら負うものではないから，VAT Directive の Article 9の意味において納税義務者ではない，とする（paras.21-27）。しかし，SS は VAT Directive の Article 11 にいう VAT グループの一員であり，第三者から VAT グループの一員たる法人向けになされる役務提供は，VAT の課税上は，当該一法人に対するものではなく，当該グループに対するものとみなされる。したがって，SAC から SS になされる役務提供は，SS が一員となっている VAT グループに対するものとみなされ，SAC と SS は単一の納税義務者とみることができなくなるから，VAT Directive の Article 2（1）（c）にいう課税取引に該当する（paras.28-32）。

付託事項2について。上述の通り，VAT の課税上は，SAC（第三国所在）から加盟国（スウェーデン）の VAT グループに対してなされたとみなされるので，例外規定である VAT Directive の Article 196 により，役務の購入者として当該 VAT グループが納税義務者となる（paras.33-38）。

このように，VAT のグループ申告がなされている場合，法人格の単一性の考え方が後退している[83]。

さらに，FCE Bank Case の射程を考えていく場合に，仕入税額控除における控除可能割合の算定についての後述の Le Crédit Lyonnais Case が興味深い。そもそも，課税取引と非課税取引の双方を行っている納税義務者は，前者に

81）加盟国に EU の VAT 委員会に諮ったうえで，連結納税制度（VAT グループ制度）を設けることを認める規定である。さらに必要に応じて，同制度を用いた課税逃れ防止措置を講ずることの選択権も加盟国に付与している。溝口（2020），46頁を参照のこと。条文を原文のまま抜粋すると以下の通り。
"After consulting the advisory committee on value added tax (hereafter, the 'VAT Committee'), each Member State may regard as a single taxable person any persons established in the territory of that Member State who, while legally independent, are closely bound to one another by financial, economic and organizational links.
A Member State exercising the option provided for in the first paragraph, may adopt any measures needed to prevent tax evasion or avoidance through the use of this provision."
（筆者訳）
各加盟国は，VAT 委員会に諮問したうえで，法的には独立しているが，財政的，金融的及び組織的に密接な結びつきを有する，自国領域内に所在する法人格群をもって，単一の納税義務者と取扱うことができる。
前項によって許容された取扱いを実施する加盟国は，同項の利用によって生じる脱税又は租税回避を防止するために必要な措置を講ずることができる。
82）リバース・チャージ方式による課税のことである。
83）なお，Skandia Case 以降の CJEU の判例動向については，Scalia（2023），pp.740-742 を参照。

対応する部分のみを控除対象とするべく，Sixth Directive の Article 19 にしたがって控除可能割合を算出する必要がある。したがって，控除可能割合の算定にあたっては，その分母・分子に如何なる範囲の売上を盛り込むかが決定的に重要である。納税者は，この際，国外支店の売上げを算定項目に盛り込もうとしたのである。

Ⅳ－２－２－２．Le Crédit Lyonnais（LCL）Case [2013][84)]

LCL 社はフランスに本店を構え，EU 加盟国及び第三国に支店を有している。

LCL 社サイドの主張として，FCE Bank Case の枠組みにおいては，本店支店は全体として単一の納税義務者であるのだから，フランスにおける控除可能割合の算定にあたっては，他の加盟国及び第三国に所在する支店の所得も考慮要素に盛り込むべきであるというのである（para.17）。この処理の可否が付託されたのである。

これに対して，CJEU は他の加盟国に所在する支店に関しても，第三国に所在する支店に関しても，本拠地（フランス）における控除可能割合を算定するにあたって，それらの売上を計算項目に盛り込むことに否の結論を出した。たとえば，以下のような言い回しである。

> 「控除可能割合の算定が控除制度の一要素である以上，控除制度そのものがそうであるように，経済活動や取引について課税根拠となる国内法としての VAT 立法の定めるところの方法にしたがうものである。」[85)]（para.30）
>
> 「当裁判所は，Sixth Directive の意味するところとして，ある加盟国に所在する FE と別の加盟国に所在する本店とは単一の納税義務者であると判断するので，納税者は，本店所在地国において適用される制度にくわえて，FE が所在する加盟国すべての国内制度に服することになる。」（para.34）
>
> 「控除割合の計算方法は，控除制度の基礎的部分を構成するので，ある加盟国で設立された本店について適用される割合を算定するにあたって，他の加盟国に所在するすべての FE の売上を考慮にいれることは，VAT に関する国内法律の適用範囲についての合理的配分及び上記の控除割合そのものの合理性を深刻に害するおそれを伴う。」（para.35）

LCL Case では一転，法人格の単一性にもかかわらず，むしろ，本店所在地における VAT の税額控除額の算定にあたって，他の加盟国や第三国所在の FE についての勘定項目を盛り込むことを遮断されているのである。税額控除については，各 FE 所在地国が第一次的に管轄するため，法人全体が個別単位に分節されたかの状態になるのである。

Ⅳ－２－２－３．Morgan Stanley（MS）Case [2019][86)]

今度は，逆に英国本拠の法人 MS 社のフランス（＝パリ）支店についての仕入税額控除が問題となった。パリ支店は，FE としてフランス VAT の課税対象となっている。パリ支店は，現地顧客向けの銀行・金融取引を行っており，これらは VAT の課税対象であったが，同時に本店向けに役務提供を行っていた。後者におい

84）Judgement of the Court（First Chamber），12 September 2013, Case C-388/11, Le Crédit Lyonnais v Ministre du Budget, des Comptes publics et de la Réforme de l'État, ECLI:EU:C:2013:541.

85）なお，Ⅳ-2-2-3 との関係で必要であるから，仕入税額控除の意義について述べた部分（paras.26-29）を簡単にまとめると，次のようになる。すなわち，仕入税額控除は事業者を VAT の税負担から解放して，課税の中立性を担保するためのものである。

86）Judgement of the Court（Fourth Chamber）of 24 January 2019, Case C-165/17, Morgan Stanley & Co International plc v Ministre de l'Économie et des Finances, ECLI:EU:C:2019:58.

て提供された役務は，本店において課税取引と非課税取引の両方のために用いられていた。パリ支店は，それら両方の役務に係る仕入に課されたVAT全てを控除する処理を行っていた（para.17）。

パリ支店が現地で行った顧客への売上について満額の仕入税額控除が認められることは問題ない。むしろ，MS Caseにおいて問題となったのは，パリ支店を通じて行われた仕入が英国本店に回って，同地で課税取引及び非課税取引の両方に用いられた点である。つまり，仕入の一部が非課税売上に対応しているので，少なくとも全額控除はおかしいのではないか，というのがフランス課税当局の態度であった（para.18）。フランスにおいて，パリ支店に適用される控除可能割合を算出するのに，如何なる項目を盛り込んでよいのかということである。

結論だけ述べれば，CJEUは，本件において控除可能割合の算定について分母・分子に盛り込む要素を次のように設定した（para.60）。

分母：（パリ支店についての現地での売上高）
＋（英国本店の売上高）
分子：（パリ支店における課税売上高）
＋（英国本店の課税売上高のうち，フランス国内で当該売上がなされたとしても控除可能であるもの）

つまり，フランスにおけるVATの控除額算定においてはフランス法が適用されるのであるが，控除可能割合を算定するにあたっては，仕入に対応する売上は，本店支店間取引ではなく，あくまで英国本店の売上である。だから事実上，フランス法のみならず，英国法の適用関係も見なければならないことになる。そうすると，LCL Caseにおいて，本店所在地におけるVAT控除可能割合算定にあたって，各国FEの売上を計算項目に盛り込まなかったこととの関係が気になる。しかし，LCL CaseではFEの売上を盛り込むことによって，控除可能額が増大してしまう事案であり，その点では本件と一応区別できる。実際，CJEUも本件で，LCL Caseにおいて外国所在のFEの売上を項目に入れなかった理由を，支店の売上の一部は本店における仕入と無関係である，という点にあったと理解しており，したがって，ある国のFEについて控除可能額を算定するにあたって，別の国のFEによってなされた直接かつ即時の結びつき（a direct and immediate link）を有する取引を考慮要素に盛り込むことを否定する趣旨ではない，としている（para.52）。つまり，課税売上とぴったり対応する仕入について税額控除が与えられるべきだという仕入税額控除の特徴を重視している。

Ⅳ－３．小括

以上でFEについて見てきたことは，多国籍企業の本店所在地以外の国が課税権を発動するための閾値の問題であるともいえる。源泉地課税を基本理念とする法人所得税において議論されているネクサス（Nexus）に類似するものがVATにおいても構想されているのである。法人所得税においてはPEと呼ばれ，EU-VATにおいてはFEと呼ばれた。確かに，FEは厳密にはplace of supplyのルールの構成要素に過ぎないし[87]，FEとPEの概念理解が同一である確証もない[88]が，しかし両者の背景には，各国において課税権をどのように割り振るのかという問題意識が垣間見えた。PEの概念の構想の仕方が，いわば源泉地国の課税権の増減に直結するように，FEの構成要素如何は，役務提供先のVAT課税権に作用する。CJEUの判例法は基本的にFE認定のためには，それなりの人的・技術的資源の装備を求めていたが，一つのありうる均衡点である。しかし，それは選択

87）西山（2021），49頁。
88）伝統的なPE理解については，Skaar（2020）に筆者が付け加えることを持たない。

肢の一つであって，必然のものではない。米国各州の小売売上税のように，売上高のような量的な閾値をもって代替する例もある[89]。

また，本店支店間の内部取引についてどのようにVATを課すべきかは，支店所在地国の課税権確保という要請ゆえに論点となる。その際，本店と支店とを分節された個別単位として可能性がFCE Bank Caseで示唆されており[90]，また，仕入税額控除の局面においては本店支店の独立性が強調されたり（LCL Case），逆に一体化の方向を志向したりする（MS Case）。CJEUの一連の態度を合理的に説明するための理論仮説を筆者は，現状持ち合わせていない[91]。とはいえ，仕入税額控除がEU法においてどのように位置づけられるのか，という点と大いに関係することはCJEUの説示から窺える[92]。

先に，完全仕向地主義VATの世界では，移転価格税制が必要ではないとしたが，現状においては，国境を越えた経済活動について，企業本拠地とFE所在地とでの課税権配分をどのように決めていくのかは重要な課題である。place of supplyルールにどこまでの負荷をかけるのか，あるいは，所得課税でいうarm's length的構想の可能性を模索するのか，多様な選択肢が考えられる[93][94][95]。

V．結語

本稿自体は，即効性のある提言を行うものではないが，以上の背景的事情を踏まえた議論が日本のVATを構想するうえでも有益なものとなるだろう。また，国家間の課税権配分という観点からも研究の土台を構成するだろう。日本においても，国内取引と国外取引の区分―これは，ひいてはVATの課税権の範囲を決める―をどうしていくかは大きな課題であろうが，かかる課題を研究するにあたっても知るべきものは多い。

本稿は，むしろ，研究上の課題を多く残してしまった。多国籍企業についての課税権配分と

---

89) Thang & Shatalow (2022), p.428.

90) たしかに，FCE Bank Caseにおいては結論として，本店と支店の独立性を認めなかったが，同時に，経済的リスクの所在によっては，両者の独立性が認められた可能性もあったわけである。

91) Bal (2021), p.378は，仕入税額についての控除可能範囲についての判例状況は，MS Caseを経てかなり複雑になっていると指摘している。

92) 仕入税額控除は，Sixth Directiveにおいてはthe right to deduct (Article 17)，また，現行のVAT Directiveにおいては，a right of deductionと位置づけている（Article 167)。EU-VATにおいては，仕入税額控除は納税義務者の権利であると解説されることもある（西山，2017, 25頁)。ただし，仮に仕入税額控除は権利であると位置づけたにせよ，その権利はどの範囲で行使できるのかという問題は残り，むしろ，この点が研究課題である。

93) この点，EU-VATとOECDのVAT Guidelineの比較を行う，Kristoffersson (2023) が示唆に富む。

94) 現行のVAT DirectiveのArticle 80の存在にも注意しなければならない。企業グループ内部の取引による課税逃れを防止するという観点から，VATにおいても取引価格に介入することがありうることを示す規定である。ここでは，「公開市場価値（open market value)」という概念が用いられている。取引価格に介入して課税権配分を匡正するという意味で，移転価格税制と近似した発想を見て取ることができる。

95) OECDのVAT Guidelineでも，複数国で事業展開する企業に対する役務提供については，当該役務が使用される場所をメルクマールとした課税権配分を志向する（Guideline 3.4)。その実現手法の一つとしてリチャージ法(recharge method)が提案されている(para.3.71)。VATの世界でも内部取引を認識していく可能性という意味で，法人所得税研究とVAT研究は相互横断的に実施していく必要が感じられる。

いう問題について，法人所得税の観点からのみではなく，VATの観点からも一層の研究が必要であることがわかる。完全な仕向地課税が理想であるとしても，それが理想である限りは，法律家としてはそれを括弧に入れたうえで，ひとまずは現行の枠組みを前提に議論をしなければならない。FEの認定基準や本店支店間取引の処理といった，所得課税の世界でPEやarm's lengthなどという概念で議論してきた問題と相応する課題にCJEUは取り組んできた。何が合理的な課税権配分なのかを問い続けたといえよう。

このような問いは，二国間租税条約というかたちで所得課税が模索してきたテーマでもある。その意味で，法人所得税の研究によって得られた知見がVAT研究にも活かせるし，逆もまた然りである。Pillar Oneをして需要地課税の拡大の系と見ること[96]が許されるとするならば，原産地課税vs仕向地課税という理念モデルは流動的になるかもしれない。合理的な課税権配分という問題について答えを出すことは益々困難となる状況であるが，所得課税の世界に没入することなく，VATが有する装備の一々を再検討していき，何が必要で何が不要なのかの研究は地道に行っていきたいと思う[97]。かかる研究課題の提示をもって，本稿を閉じることとしたい[98]。

参考文献

今村隆（2008）「租税回避とは何か」，税大論叢40周年記念論文集，13-60頁

江川英文（1970）『国際私法（改訂版）』，有斐閣

岡村忠生（2017）「仕向地基準課税再考」，『税・財政及び国際課税を巡る現状と課題』，日本租税研究協会第69回租税研究大会記録，74-107頁

小川廣明（2016）「OECD　VATガイドラインの課題等―本支店間取引を中心に―」，税大論叢，87号，482-558頁

金子宏（2010）「附加価値税の採用の是非をめぐって」，『租税法理論の形成と解明（下巻）』，有斐閣，403-413頁〔初出は，1970年〕

小西杏奈（2020）「欧州共通付加価値税創設の歴史分析（1958-1959年）―欧州委員会第四総局のイニシアティブと加盟国の抵抗―」，日本EU学会年報，40号，109-129頁

白石忠志（1994）『技術と競争の法的構造』，有斐閣

白石忠志（2023）『独禁法講義〔第10版〕』，有斐閣

関口智（2015）『現代アメリカ連邦税制　付加価値税なき国家の租税構造』，東京大学出版会

高尾裕二（1979）「ロウレによる『付加価値単一税』の提唱」，関西大学商学論集，24巻，3号，196-215頁

西山由美（2017）「消費課税におけるインボイスの機能と課題：EU域内の共通ルールと欧州司法裁判所判例を素材として」，法学新報，123巻，11・12号，119-150頁

西山由美（2021）「越境取引と消費税」，租税法研究，49号，41-60頁

林幸一（2020）『EU付加価値税の研究―わが国，消費税との比較の観点から―』，広島大学出

96）藤原（2020-2021）はその方向性で分析している。

97）連邦レベルにおいて付加価値税を有していない米国において，近年，学界レベルでは，所得課税と消費課税の併存を意識した議論が増していると指摘されている。参照，関口（2015），298頁以下。課税権配分の世界でも，租税の種別それぞれの利害得失を総合的に勘案した結果として，何が「合理的」なありかたなのかを模索していく試みが重要になるのだろう。

98）この点で，Hammerl & Zechner (2022) が近時の興味深い研究の一つである。

版会
藤岡祐治（2018）「法人所得税における仕向地原則の採用とその実現可能性」，法律時報，90巻，2号，15-20頁
渕圭吾（2016）『所得課税の国際的側面』，有斐閣
藤原健太郎（2020-2021）「課税権配分の法的分析―仕向地課税と「価値創造」（一）～（四・完）」，国家学会雑誌，133巻，11・12号，773頁，134巻，3・4号，197頁，5・6号，461頁，7・8号，581頁
藤原健太郎（2024）「消費税法における「課税対応課税仕入れ」と「共通対応課税仕入れ」の区分」，法学セミナー，830号，114-115頁
本部勝大（2020）『租税回避と法―GAARの限界と解釈統制―』，名古屋大学出版会
増井良啓（2005）「移転価格税制の長期的展望」，水野忠恒編著『国際課税の理論と課題〔二訂版〕』，税務経理協会，2005年，81-97頁
増井良啓（2017）「日本の消費税はどこへいくか―国際比較からの展望」，日税研論集，70号，515-580頁
松田直樹（2007）「実質主義と法の濫用の法理―租税回避行為の否認手段としての潜在的有用性と限界―」，税大論叢，55号
松原有里（2006）「親子会社間IT（情報通信）サービス取引をめぐるクロスボーダーな消費課税と欧州VAT指令（2006/112/EC）の関係―Skandia America（USA）事件（Case C-7/13）を中心として―」，EU法研究，2号，87-110頁
水野忠恒（1989）『消費税の制度と理論』，弘文堂
溝口史子（2020）『EU付加価値税の実務〔第2版〕』，中央経済社
宮崎綾望（2012）「国際通商と租税制度の検討―WTOにおける補助金禁止規定と税制に関する規定を中心に―」，一橋法学，11巻，2号，557-622頁
森信茂樹（2016）「BEPSと租税回避への対応――般的否認規定（GAAR）の整備を―」，フィナンシャル・レビュー，126号，5-16頁
渡辺智之（2006）「国際的サービス取引と消費課税」，租税法研究，34号，62-80頁
渡辺智之（2000）「クロスボーダー取引と消費課税―電子商取引への対応―」，一橋大学経済研究所，Discussion Paper Series A，No.392.
渡辺智之（2015）「クロス・ボーダー取引と付加価値税―電子商取引に係る消費税法改正とOECDガイドライン―」，日本機械輸出組合，国際税務研究会研究論文（平成27年3月）
Thomas S. Adams（1921），"Fundamental Problems of Federal Income Taxation," *Quarterly Journal of Economics*, Vol. 35, No. 4, pp. 527-556.
K. V. Antal（1963），"Harmonisation of Turnover Taxes in the Common Market," *Common Market Law Review*, Vol.1, Issue 1, 1963, pp.41-57.
Aleksandra Bal（2021），"The Evolving Concept of Fixed Establishment in EU VAT Law," in Robert F. van Brederode（ed.），*Virtues and Fallacies of VAT: An Evaluation after 50 Years*, Kluwer Law International, 2021, pp.355-380.
Delphine Bouchet, Céline Morel & Elise Lumbroso（2014），"TVA, soixante ans, soixante questions-clés（1er volet）," *Revue de Droit Fiscal*, n° 45, 6 Novembre 2014, étude 599.
Ad van Doesum, Herman van Kesteren, Simon Cornielje & Frank Nellen（2020），*Fundamentals of EU VAT Law*, Second Edition, Kluwer Law International, 2020.
Alexander James Easson（1980），*Tax Law and Policy in the EEC*, Sweet & Maxwell, 1980.
EEC（1963），"The EEC Reports on Tax Harmonisation: The Report of The Fiscal and Financial Committee and The Reports of The Sub-Groups A, B and C," International Bureau of Fiscal Documentation 1963.
Peter Essers（2022），"History and Future of EU Taxation according to Frans Vanis-

tendaeal: Inspiration for a Constructive and Critical Dialogue," *World Tax Journal*, Vol.14, No.3, 2022, pp.377-405.

Rita de la Feria (2010), "VAT and the EC Internal Market: The Shortcomings of Harmonisation," in D. Weber (ed.), *Traditional and Alternative Routes to European Tax Integration*, IBFD, 2010, pp.267-308, Available at SSRN: https://ssrn.com/abstract=2293448 or http://dx.doi.org/10.2139/ssrn.2293448

GATT (1970), "Report by the Working Party on Border Tax Adjustments," GATT documents L/3464.

Stefan C. Hammerl & Lily T. Zechner (2022), "Administering Profit and Consumption Taxation in Market Jurisdictions: Selected Similarities in the Digital Era," *Bulletin for International Taxation*, Vol.76, No.1, 2022, pp.2-12.

Anna Konishi (2018), "Construire l'Europe par la fiscalite: l'harmonisation fiscal européenne 1950-1967," Decembre 2018, Thèse de doctorat, l'Univeristé Paris 1 Panthéon-Sorbonne, (https://theses.fr/2018PA01H111)

Eleonor Kristoffersson (2023), "A Comparison between EU VAT Law and the OECD International VAT/GST Guidelines," in Florian Haase & Georg Kofler (eds.), *The Oxford Handbook of International Tax Law*, Oxford University Press, 2023, pp.785-796.

Marie Lamensch (2012), "Unsuitable EU VAT Place of Supply Rules for Electronic Services- Proposal for an Alternative Approach," *World Tax Journal*, Vol.4, No.1, 2012, pp.77-91.

Marie Lamensch (2016), "Soft Law and EU VAT: From Informal to Inclusive Governance," *World Journal of VAT/GST Law*, Vol.5, No.1, 2016, pp.9-31.

OECD (1998), "Electronic Commerce: Taxation Framework Conditions," A Report by the Committee on Fiscal Affairs.

OECD (2017), "International VAT/GST Guidelines," OECD Publishing, Paris.

OECD (2022), "Consumption Tax Trends 2022: VAT/GST and Excise, Core Design Features and Trends."

Roger W. Rosendahl (1970), "Border Tax Adjustments: Problems and Proposals," *Law and Policy in International Business*, Vol.2, No.1, 1970, pp.85-146.

Mirja Salo (2014), "The ideas of Maurice Lauré on VAT in the 1950s," *World Journal of VAT/GST Law*, Vol. 3, No. 2, pp.130-140.

Roberto Scalia (2023), "Aspects of Cross-Border VAT: The EU Approach and Evolving Trends," in Florian Haase & Georg Kofler (eds.), *The Oxford Handbook of International Tax Law*, Oxford University Press, 2023, pp.731-746.

Alan Schenk, Victor Thuronyi & Wei Cui (2015), *Value Added Tax: A Comparative Approach*, Second Edition, Cambridge University Press, 2015.

Carl S. Shoup (1955), "Taxation in France," *National Tax Journal*, Vol.8, No.4 ,1955, pp.325-344.

Arvid Aage Skaar (2020), *Permanent Establishment: Erosion of a Tax Treaty Principle*, Second Edition, Kluwer Law International, 2020.

Karoline Spies (2017), "Permanent Establishment versus Fixed Establishment: The Same or Different?," *Bulletin for International Taxation*, Vol.71, No.12, pp.705-718.

Simon Thang & Nicholas Shatalow (2021), "Digital Cross-Border Supplies," in Robert F. van Brederode (ed.), *Virtues and Fallacies of VAT: An Evaluation after 50 Years*, Kluwer Law International, 2021, pp.419-451.

Michael Tumpel (2023), "Digitalization and

the Future of VAT in the European Union," in Florian Haase & Georg Kofler (eds.), *The Oxford Handbook of International Tax Law*, Oxford University Press, 2023, pp.1041-1058.

BEPS 2.0の紛争解決
―グローバルな課税の枠組みにおける実効的な紛争予防／解決の必要性―

中村　真由子[*1]

要　約

OECD/G20の「BEPS包摂的枠組み」において議論されていた経済のデジタル化に伴う国際課税上の課題への対応については，第１の柱（市場国への新たな課税権の配分）と第２の柱（グローバル・ミニマム課税）の２つの柱による解決策が合意された。第２の柱については各国で法制化が進み，我が国においても，2024年４月１日以後に開始する事業年度から国際最低課税額に対する法人税制度の適用が開始する。しかし，新しい国際課税に対応する紛争解決の枠組みについては未だ十分な整備がなされていないように見受けられる。すなわち，第１の柱の利益Ａに関する多国間条約には画期的な多国間紛争予防／解決の仕組みが規定されているが，発効の見通しが不透明であり，利益Ｂについてはこれに対応する新たな紛争予防／解決の取組みは想定されておらず，第２の柱のグローバル・ミニマム課税については，解釈・適用の不一致が生じた場合の紛争解決メカニズムの整備が十分でないように思われる。現状の相互協議の改善の取組みやICAPの仕組みも踏まえ，施行までの間にこの点に関する議論が進展することが期待される。

キーワード：国際課税，BEPS包摂的枠組み，経済のデジタル化に伴う課税上の課題，税の安定性，紛争解決，相互協議，ICAP
JEL Classification：H25，K34

Ⅰ．はじめに

OECD/G20を中心として進められたデジタル経済に対応するための国際的な課税ルールの見直しは，2021年11月に約140か国・地域が参加するBEPS包摂的枠組み（Inclusive Framework）において２つの柱による解決策の合意という形で結実した。うちグローバル・ミニマム課税を実現する第２の柱については各国の国内法制化が進み，我が国においても令和５年度税制改正により所得合算ルール（IIR）に対応する国際最低課税額に対する法人税制度が創設され，2024年４月１日以後に開始する事業年度から適用することとされている。市場国に新たな課税権を与える第１の柱についても，進捗が遅れているように見受けられたが，利益Ａ

＊１　西村あさひ法律事務所・外国法共同事業パートナー弁護士

に関する多国間条約は，2023年内の署名，2025年までの発効を目指すこととされ[1]，2023年10月には多国間条約のテキストも公表された（その後，署名式の予定は2024年6月末までに延期されている）。

一方で，かかる新しい国際課税に対応する紛争解決の枠組みについては未だ十分な整備がなされていないのではないかというのが本稿の問題意識である。Inclusive Frameworkで合意された2つの柱による解決策は，国際的な合意内容に従った立法が各国で行われ，または条約の締結手続が行われることとなるが，この内容に各国の立法府が修正を加えることは想定されていない[2]。納税者の意見は，通常の民主主義のプロセスにより立法府を通じて反映させることは不可能ということになり（納税者の意見は，パブリック・コンサルテーションを通じてOECDに直接インプットすることが期待されている[3]），また，デジタルサービス税（DST）の廃止や実効税率を押し下げるインセンティブ税制，重複するCFC税制[4]の見直しなど，各国独自の政策に基づく国内税制は削ぎ落とされることとなる。これらのルールは，いったん国内法制化されれば，各国の税務当局により執行されることとなるが，特に各国の国内法により実施されることが想定されている第2の柱のグローバル・ミニマム課税については，各国の税務当局でこれらの解釈の相違が生じた場合にこれを是正・統一する仕組みは必ずしも十分に担保されていないように見受けられる。

税制の安定的な運用のためには，税務当局・納税者双方にとって予測可能性が確保され，納税者に対する不当な課税が行われた場合には権利救済の手段が確保されていることが必要であり，適正な課税を行いつつグローバルな経済活動を萎縮させず投資交流を促進することが求められる国際課税の分野においては，二重課税の排除の確保が不可欠である。しかし，租税条約における仲裁条項の導入国が限られているように，義務的・拘束的な紛争解決手段は途上国・新興国を中心に消極的な国も多く，国際課税の世界で「法の支配」を貫徹し，各国の執行/紛争解決のレベルまで統一しようとすることは，必ずしも容易ではない[5]。このような制約の中で，グローバルな課税の枠組みにおける納税者の二重課税のリスク等に対してどのように実効的な紛争予防/解決が可能かという点を検討していきたい[6]。

1）OECD（2023a），2023年7月11日公表。

2）なお，条約については国会の修正権はないものとして運用されており，租税条約の民主的統制のあり方に既に課題があるとも考えられる。増井（2017），同（2020）参照。

3）経団連など日本の経済界からも各パブリック・コンサルテーションで積極的に意見提出・申述がなされている。

4）2023年7月開催のOECD Tax Talksにおいて2つの柱と同様のリスクに対処する既存の税制の整理“Decluttering Corporate Income Tax”がOECDにおける今後のアジェンダとなり得ることが示されている。OECD租税政策・税務行政センター局長のManal Corwin氏によれば，GloBEルールにより現在のCFC税制を継続するのか，変える必要があるのかは各国の判断次第としつつ，このプロジェクトにより，国際課税のルールについて重複がないか，GloBEルールを踏まえた簡素化の検討がされるようである（T&A master 1005号4頁参照）。我が国の外国子会社合算税制見直しとの関係に触れるものとして，Masuda（2023）。

5）主権国家の集合体に過ぎない国際社会において，国家管轄権の制約を伴う紛争解決手段の統一は，必ずしも当然に望ましいとされる前提ではなく，現実的とも言えないが，本稿は，グローバルな経済活動に対して国家間の合意により国際的な課税権の拡張を行うのであれば，国際課税紛争に対する納税者の権利救済手続の整備を行うべきであり（谷口（2022），991頁），かかる権利救済手続も含めた納税者の手続保障があってこそ，税務行政への信頼確保に繋がるものと考えるものである（増井（2016），214頁参照）。

6）なお，本稿は，2024年3月31日までに公表された情報に基づき執筆したものである（校正の過程で接したアップデートは可能な範囲で反映した。）。2つの柱による新たな国際課税の枠組みに関する動向は今後も進展していくことが予測されるが，今後の展開を踏まえた分析については別の機会に譲ることと致したい。

Ⅱ．2つの柱による解決策における税の安定性への取組み

新たな国際課税の枠組みは，適用対象となる多国籍企業・納税者のコンプライアンス負担を増すものであり，予測可能性・法的安定性が確保され，二重課税のリスクが排除されたものである必要があることは，特に納税者側からの重要な関心事項となっている。2つの柱の実施により，各国の税務当局，特に市場国・新興国はこれらの点についても積極的な税務調査の対象にすることが考えられ，仮に否認しようとする場合の税務紛争は，1か国の枠内にとどまるものではなく，多国間の税務当局を巻き込む紛争に発展することが想定されるため，対応する場合の納税者たる多国籍企業の負担はこれまでの税務紛争よりも大きくなることが予想される[7)]。第1の柱においても，第2の柱においても，その実施を納税者への過剰な負担なく実現するため，税の安定性（Tax Certainty）への取組みが重要な目的の一つとされているところ，本節では，まず2つの柱において現状議論されている紛争予防ないし紛争解決策を概観したい。

Ⅱ－1．第1の柱における紛争予防／解決策

Ⅱ－1－1．利益Aに関する税の安定性の枠組み

利益Aについては，市場国に新たな課税権を与えるものであり，複数の市場国で同一の課税対象を切り分けるものであるため，二重課税を排除するために法的拘束力を有する紛争解決メカニズムを設置する必要性が高いものと考えられる。

利益Aに関する税の安定性の枠組みは，2023年10月に公表された多国間条約（MLC），及び税の安定性の適用に関する合意（Understanding on the Application of Certainty for Amount A of Pillar One）に盛り込まれている。これらのテキストには一部の論点に関して少数の国の反対意見が付されており，最終化されたものではないが，Inclusive Frameworkのこれまでの合意内容を示すものであり，以下その内容を記載する。

（1）利益Aに関する安定性の枠組み

利益Aに関しては，以下の3つのパネルによる確認制度及びこれらの手続において生じた見解の不一致を解決するための拘束力のある決定パネルが用意されている（MLC Part V, Section 2）。

① 対象範囲についての安定性レビュー（Scope Certainty Review）：多国籍企業が特定の期間において利益Aの対象範囲に含まれるか否かを確認する制度

② 事前の安定性レビュー（Advance Certainty Review）：事前確認（APA）と同じく，一定期間の利益Aの適用方法に関して事前に確認する制度

③ 包括的な安定性レビュー（Comprehensive Certainty Review）：利益Aに関する適用全般について事後的に確認する制度。確認結果は全ての締約国を拘束する。

多国籍企業が最終親会社所在地国の税務当局（lead tax administration：LTA）に申請すると，(a) 初回の申請である場合等の一定の要件を満たす場合はレビューパネルが設置され，LTAが取りまとめ役となり一定の影響を受ける締約国の税務当局が参加したレビューパネルにより，(b) その他の場合にはLTAにより，レビューが進められる。レビューパネルが合意に達し，リストされた締約国（listed parties）又は影響を

7）荒木（2023）。

受ける締結国（affected parties）が合意する場合は手続が終了するが，合意に至らない場合は，決定パネルに送付され，解決されることとなる。

決定パネルは，利益 A に関する紛争を，税務調査や相互協議によることなくパネル内で完全に解決することとされており，レビューにおいて見解の不一致が生じた事案は決定パネルに付託される。決定パネルは，独立した専門家 3 名，締約国の政府職員から 3 名，その 6 名の合意により選定された議長 1 名の合計 7 名のメンバーで構成され[8)]，レビューに参加した当事者から提示された複数の解決案の中から事案を解決することとなる。かかる解決案についてパネル構成員全員の合意が得られない場合は，過半数の構成員が最も適切と考える解決案が採択され，過半数が支持する解決策が存在しない場合は，各構成員が最も適切と考える解決策に順位を付け，過半数が選好する解決策が現れた場合はその解決策を，現れない場合は支持が少ない解決策を排除するプロセスを続け，最後に残った解決策が採択されることとなる（MLC27 条 6 項，附属書 F Section 2）。

これらの手続は，いずれも MLC 及び税の安定性の適用に関する合意において明確なタイムラインが設定されているため，仮に決定パネルに進んだ場合においても，レビュー開始から安定性確保までの標準的な期間は，対象範囲についての安定性レビューについて約 18-21 か月，事前の安定性レビューについて約 21-24 か月，包括的な安定性レビューについて約 24-27 か月となることが想定されている[9)]。

なお，これらの確認制度の利用はいずれも多国籍企業による利用手数料（tax certainty user fee）の支払いが必要とされている（MLC22 条 1 項，23 条 1 項及び 2 項）。

（2）利益 A に関連する論点についての紛争解決の仕組み

利益 A は，既存の国際課税の制度と共存するため，利益 A の計算に影響を与える移転価格や恒久的施設（PE）帰属利益の配賦などに関する紛争についても税の安定性の枠組みが用意されており，対象となる「関連する論点」に該当する場合は，相互協議により解決出来ない場合には義務的・拘束的な紛争解決手続により解決することが可能とされている（MLC Part V，Section 3）。

「関連する論点」とは，OECD モデル又は国連モデル租税条約 5 条（恒久的施設），7 条（事業利得）又は 9 条（関連企業）に基づく租税条約の条項に関する論点（すなわち，移転価格課税や恒久的施設への利益の帰属，又はこれらの適用に関する論点）であって，(a) 利益 A に関する二重課税の排除に影響を与えるもの，(b) 対象国における利益 A の計算に重大な影響（発効後 3 年間は 300 万ユーロ，その後は 150 万ユーロ）を与えるものが対象とされている（MLC34 条 1 項乃至 3 項）。

これらに該当する場合，MLC に基づく相互協議のプロセスにより権限ある当局間で協議され，2 年以内に相互協議により紛争解決に合意できない場合に，（義務的・拘束的な紛争解決が別途既存の租税条約又は EU の制度により可能である場合を除き，）MLC に基づく義務的・拘束的な紛争解決パネルへの付託を申し立てることができる。紛争解決パネルは，各税務当局が選任する自らの職員 1 名，独立専門家 1 名の合計 4 名に加え，当該 4 名が選任する議長となる独立専門家の合計 5 名で構成され，明確なタイムラインに従い各税務当局から提出された解決策の中から 1 つの解決策を多数決により採択することとなる（MLC 附属書 G）。

8）合意に至らない場合は，候補者の中からランダムに選ばれた独立専門家が議長となる。MLC28 条 1 項。
9）但し，初回の申請の場合の審査期間は 90 日増加する等，一定の要素により期間は変動し得る。 OECD “The Multilateral Convention to Implement Amount A of Pillar One- Factsheets, October 2023,”page 15 参照。

なお，相互協議が存在しない，又は実質的に機能しないことが想定される一定の途上国[10]については，選択的な拘束力のある紛争解決パネルの手続が用意されており，この場合，対象グループが申請し，権限ある当局が相互に合意した場合にのみ，紛争解決パネルへの付託が可能とされている（MLC36条）。

（3）小括

利益Aに関する税の安定性の枠組みは，多国間が参加するプロセスで拘束力ある紛争予防・紛争解決手続が用意されている点において画期的であり，明確なタイムラインにより迅速かつ効率的な紛争予防/解決を可能とし，納税者に予測可能性を与え，確実な二重課税の排除を保証する点で，評価できるものと考えられる。

もっとも，2023年10月に公開されたMLCのテキストは，主にブラジル，コロンビア，インドによる反対意見が付された脚注が複数残されており，2023年中に予定されていた署名のための開放も未だ行われていない（その後，2024年3月末までのテキスト最終化，2024年6月末までに署名式の予定に変更されている[11]）。また，MLCの発効要件は，30か国以上，かつ，合計600ポイント以上の国が締結することが必要とされており，このポイントは，合計999ポイント中，米国に486ポイント，残りの国・地域に合計513ポイント（日本は47ポイント）が割り当てられているため，米国が締結しなければ発効しないことが前提とされている（MLC48条，附属書I）。米国財務省はこの多国間条約のテキストに関して12月11日までにパブリックコメントの募集を行ったが，現在の米国議会の状況から米国においてMLC締結の承認（上院議会における2/3以上の承認）が得られる可能性がなく，この観点からMLCの発効の見通しは不透明と考えられている[12]。

また，国連において包括的・実効的な国際租税協力の促進に関する決議がナイジェリアが代表するアフリカ諸国により提案され，2023年11月の国連総会で途上国を中心に125か国の賛成多数により可決された（日本を含む48か国が反対）[13]。これらの動きは，OECDの場で議論された第1の柱が途上国にとって必ずしも満足する解決策でないことを示しており，この観点からもMLCの署名・発効の行く末は不安定なものとなっている。

Ⅱ－1－2．利益Bに関する税の安定性の枠組み

利益Aとは異なり，利益Bについては移転価格の枠組みを簡素化することにより，対象となる基礎的な販売活動に関する取引について税の安定性を高め紛争を減少させることが期待されており，利益Bの仕組みそれ自体が税の安定性に資するものと考えられ，紛争予防/紛争解

10）この対象となるのは，(a) 世界銀行により低所得，低位中所得，上位中所得と分類されている，(b) OECD又はG20の参加国でない，(c) BEPS14のピアレビューにおいて相互協議手続について他のメンバーから改善を必要とする旨のフィードバックを受けていない，及び (d) 相互協議に係る紛争処理が全く，又はほとんど行われていない（相互協議に関する年末の在庫事案が発効日直前の過去3年間の平均で10件未満）の4つの要件全てを満たすことが必要とされている。

11）2023年12月18日付 OECD/G20 Base Erosion and Profit Shifting Project “Update to Pillar One timeline by the OECD/G20 Inclusive Framework on BEPS”。但し，2024年5月30日現在，最終版テキストは未だ公表されていない。同日，6月末までの公開に向けた最終合意が目指されていることが公表された。

12）山川（2023）参照。このような状況の中で，我が国においてMLCを署名・締結するためには相応の事務コスト（署名・国会提出のための和訳作成と内閣法制局審査や締結のための国内法の整備及び国会での承認プロセス等）がかかることを念頭に，我が国のMLCの署名・締結がどの段階で行われるのか，注目される。この点につき，令和6年度税制改正大綱では，MLCの早期署名に向けて国際的な議論に積極参加することの重要性とともに，MLCに対応する国内法につき国・地方の法人課税制度を念頭に置いて検討することが示されている（令和5年12月14日付自由民主党・公明党「令和6年度税制改正大綱」16頁）。

13）国連における動向の紹介として，増田（2023）。

決については，既存の移転価格税制の紛争予防 / 紛争解決の枠組みで対応することが想定されている[14]。すなわち，APA，相互協議手続，（既存の租税条約の枠組みで導入されている場合には）仲裁により解決されることとなる。

この点に関しては，税務当局側は利益Bにより移転価格課税が容易になり課税リスクが増えるところ，納税者側で利用可能な紛争予防・解決手段が既存の APA や相互協議手続のみでは有効な解決策とならない可能性があり，また，租税条約が結ばれていない国で利益Bが適用された場合は救済策が存在しないことから，利益Bにも，利益Aにおける紛争解決パネルのような追加的な安定性確保プロセスの導入を検討すべきである旨の納税者側からの意見が出されていた[15]。

2024 年 2 月 19 日に公表された Inclusive Framework による利益Bに関する報告書[16] においては，利益Bの簡素化・合理化されたアプローチは各国の選択制とされ，各国は，(a) 簡素化・合理化されたアプローチの適用を選択しないか，簡素化・合理化されたアプローチの適用を選択する場合も，(b) 納税者がその選択により簡素化・合理化されたアプローチを適用することを認めるか，(c) 納税者に簡素化・合理化されたアプローチの適用を義務付けるか，選ぶことができるものとされた。簡素化・合理化されたアプローチによる算定は，それを選択しない国を拘束するものではなく，税の安定性・二重課税の排除に関してもそのような方針で解決することとされている。すなわち，簡素化・合理化されたアプローチを選択していない国と二重課税排除のために相互協議又は仲裁手続を行う場合は，OECD 移転価格ガイドラインに規定されるその他の方法により自らの立場を正当化する必要があることとされている。但し，簡素化・合理化されたアプローチを選択していない場合であっても，個々の事案に応じて応諾可能な結果をもたらす場合は簡素化・合理化されたアプローチを反映した対応的調整を行うこともできる。

また，Inclusive Framework は（OECD のウェブサイトにおいて公表される）低キャパシティ国による簡素化・合理化されたアプローチに基づく算定結果を尊重することとされており，二国間租税条約が有効である場合には二重課税排除のための合理的措置を実施するものとされている。

利益Bの簡素化・合理化されたアプローチは，OECD 移転価格ガイドラインの附属書に組み込まれ，各国は 2025 年 1 月 1 日から開始する事業年度から適用開始を選択することが可能とされており，また，これに伴い OECD モデル租税条約 25 条及びそのコメンタリーも改正することが見込まれている。なお，簡素化・合理化されたアプローチの対象取引について，各国が選択できる追加的な定性的基準に関するオプションについての作業を 2024 年 3 月 31 日までに完了させることとされている[17]。

以上のとおり，利益Bにおける簡素化・合理化されたアプローチが各国の選択制とされ，相手国を拘束しないものとされたことから，簡素化・合理化されたアプローチの選択国が十分に増えない限りにおいては（また，選択国であったとしても対象取引についての基準が同じでなければ），必ずしも利益Bの仕組みそれ自体が税の安定性を高める結果をもたらすわけではないことが明らかとなった。現時点で各国の動向は明らかではないものの，利益Bの報告書にインドが多くの留保を付しているほか，ニュージーランドも利益Bを採用しないことを明らかにしており，今後の動向が注目される。

いずれにせよ，利益Bに関しては特段新しい税の安定性の枠組みは導入されず，実効的な二重課税の排除に資するようなガイダンスも現状なされていないことから，既存の枠組みのみで

14）OECD（2022b），2022 年 12 月 8 日公表。
15）日本経済団体連合会（2023a, 2023c）。
16）OECD（2024）.
17）2024 年 5 月 30 日現在，定性的基準に関する追加的なオプションについては未だ公表されていないようである。

実効的な紛争解決の枠組みとして十分かという点が懸念される。この点については，BEPS行動計画14を踏まえた相互協議手続の改善状況を踏まえて評価すべきであると思われるため，節を改めて論じることとしたい。

Ⅱ－2．第2の柱における紛争予防／解決策

第2の柱のグローバル・ミニマム課税（GloBE）は，第1の柱と異なり，多国間条約によることなく，各国の国内法制によりそれぞれ実施されることが想定されており，統一的な紛争解決の枠組みは用意されていない。Inclusive Framework において合意されたモデルルールに従い，ルール適用の順序とトップアップ課税の配賦が正しく行われることで，各国において一致した課税が行われることが想定されている。しかし，第2の柱に関して解釈適用の相違による二重課税が生じるおそれは排除されておらず，例えば，以下のような事項に関して紛争が生じ得ることも考えられる[18]。

・他国の所得合算ルール（IIR：Income Inclusion Rule）の適格性を認めないことにより軽課税所得ルール（UTPR：Undertaxed Profits Rule）で否認
・他国の国内ミニマム課税（DMTT：Domestic Minimum Top-up Tax）の適格性を認めないことによりIIRで合算
・国別実効税率（ETR）の計算の相違による合算／否認
・UTPR発動時の対象国の計算額／配賦額
・IIRの最終親会社所在国と被部分保有会社の所在国の配賦額

これに対して，第2の柱のGloBEルールに関する税の安定性（tax certainty）の枠組みに関して，OECD事務局案としてパブリック・コンサルテーション文書に盛り込まれた内容は以下のとおりである[19]。

（1）紛争予防の仕組み

まず，以下の方法により，各国の国内法制の解釈・適用を統一させることが目指されている。

① Inclusive Frameworkで合意されたモデル規則，コメンタリー，執行ガイダンスへの依拠
② IIR，UTPR，DMTTの適格性に関するレビュープロセス
③ Inclusive Frameworkへの照会

しかし，これらの手法は，個別の事案に関する解決を保証するものではないため，個別の事案の安定性に関しては，④OECDの国際的コンプライアンス確認プログラム（ICAP）と類似する，複数の国・地域の税務当局が協調して事前にリスク評価を行う仕組みをGloBEルールのために創設することや，⑤拘束力ある安定性の仕組みとして，APAと類似する仕組みを活用することも検討されている。

これらの案に対して，主に適用対象となる企業側からは，執行ガイダンスの不断のアップデート，ピアレビュープロセスの強化や適格ルールや対象租税等のリストの公表による安定性の提供のほか，ICAP類似の紛争予防メカニズムについては，適時に拘束力ある結論を出せる仕組みとすべきである旨の意見などが提出されている[20]。

（2）紛争解決の仕組み

紛争解決の枠組みは，既存の租税条約に基づく相互協議の枠組みを活用することが想定されている。紛争解決メカニズムの基本的な要素として，①GloBEルールに反する結果となる課

18）日本経済団体連合会（2023b）及び日本貿易会（2023）を参照。このほか，会計基準をベースとすることによる計算額の紛争，さらには，外国子会社合算税制（CFC税制）との二重適用の問題や，UTPRの租税条約適合性などの論点についての紛争も予想される。
19）OECD（2022a），2022年12月20日公表。
20）OECD（2023b）を参照。

税が行われた場合の多国籍企業の権限ある当局に対する申立権，②関連する税務当局間での共通した基準に基づく事案解決，③国内法の期間制限にかかわらず合意内容を実施することが挙げられているところ，これらのルールを規定したGloBEルールに関する紛争解決のための多国間条約を新たに作成することが確実であるものの，多国間条約には各国の締結手続に時間を要することから，必ずしも現実的な方法とはされていない。

もっとも，必ずしも租税条約において，GloBEルールに関する紛争が相互協議の対象とされているわけではない。OECDモデル租税条約25条3項第2文の「両締約国の権限のある当局は，また，この条約に定めのない場合における二重課税を除去するため，相互に協議することができる。」（立法的解決協議）に依拠する見解もあるが[21]，納税者からの申立権がなく，二国間租税条約がない場合の取り扱い等の限界があるため，併せて税務行政執行共助条約に基づく当局間合意や，国内法において納税者の申立権や相互協議の実施，合意内容の国内実施を規定することが検討されている。

しかし，多国間条約が作成されない場合，かかる国内法を制定することや相互協議の対象として税務当局が取り上げるか否かは必ずしも保証されているものではなく，更には相互協議を通じて協議したとしても合意に至るとは限らないことから，結果として二重課税が排除される状況が確保されているものではない。

このような点は，パブリック・コンサルテーションに提出された納税者側の意見においても強く懸念されており，相互協議の納税者による申立権の確保や義務的・拘束的な紛争解決手段の必要性並びにこれらを規定する多国間条約の作成が求められているほか，このような手段が整備されるまでの移行期間の罰則や延滞金の救済を求める意見も提出されている。

（3）OECD/G20 Inclusive Framework による解釈の拘束力

各国で法制化されたGloBEルールの解釈・適用が統一的になされるため，モデル規則の8.3.1条において，各国の税務当局は，国内法の要請に従い，合意された執行ガイダンスに従いGloBEルールを適用することとされている。国内法がかかる解釈適用を許容しない場合は，執行ガイダンスの内容そのものを自国の行政ガイダンスに規定したり，議会の承認を得たりすることが想定されている[22]。また，ある税務当局のGloBEルールに係る更正処分が他国で対応する帰結をもたらす場合，Inclusive Frameworkを通じて協調した解決策が合意できるか議論され，かかる議論の内容を踏まえて執行ガイダンスをアップデートしていくことも想定されているようであるが，事前の協議の実施や，協調した解決策の合意が義務づけられているわけでもないようである。

そうすると，個別の事案の解釈・適用に関して各国の税務当局が一致した結論に至る保証はなく，実効的な権利救済（法の支配）を求める納税者は国内の司法制度に頼らざるを得ないこととなる。しかし，グローバル・ミニマム課税の実施が多国間条約でなく国内法に拠っており，OECD/ G20 Inclusive Frameworkによるコメンタリー，執行ガイダンスが国内法上の位置付けを与えられているわけではないため，各国の国内裁判所の判断を担保するものがあるわけではない[23]。立法者意思としてこれに従うことが明らかであったとしても，法令の文言や各国固有の解釈原則による制約があり得るからである。

この点，Robert J. Danon教授ら国際租税学

21）Danon, Robert, Gutmann, Daniel, Maisto, Guglielmo and Martin Jimenez, Adolfo（2022a）.

22）OECD（2022c），Article 8.3, para. 41. 我が国においては，通達において規定することで税務当局が執行ガイダンスを参照した解釈を行うことは担保されると思われる。

23）Inclusive Frameworkで承認されたOECDが作成したガイダンスが我が国でそのまま法的規範（特に裁判規範）となりうるかという点について，租税法律主義との関係で疑問を呈するものとして，岡（2024），22頁。

者がGloBEルールを国内法化することによる解釈の相違や立法の相違による問題を解決するための解釈原則を提案している点が注目される[24]。すなわち，①解釈の相違については，国内法の解釈原則ではなくウィーン条約法条約31条及び32条により解釈されるべきであること（sui generis interpretative rule：独自の解釈原則），②立法の相違については，国内法の文言とGloBEモデル規則に相違がある場合に，二重課税を排除する限度でGloBEモデル規則が優先すべきであること（Lex Specialis：特別法は一般法に優先する）をモデル規則に規定することで解決できるのではないかというのである。もっとも，EU指令により加盟国がEU指令に従った国内法の制定を求めることによりルールの調和が行われ，EU法が国内法を優越することが当然に受け止められるEU加盟国であれば格別，国際条約がない中で国内法に独自の解釈原則を持ち込むことに親和性のない法域の国には馴染みにくい考えであるように思われる[25]。我が国においても，裁判官が立法趣旨の内容として考慮することはあっても，ウィーン条約法条約や一般国際法に根拠を置いて国内法の解釈を行うことは考え難いであろう。

また，各国のGloBEルールに係る国内法の適格性のピアレビューについて，解釈・適用の統一ためには不可欠であるように思われるものの，そのレビューの中身が問題となる。特に，欧米圏とは異なる言語体系の国については翻訳による調整が必要になり，また，各国固有の法体系に合うように一定の調整がなされることは避けられないと思われるところ，こうした形式的な差異ではなく，納税者によるインプットも踏まえ実際の税務当局による解釈・適用も含めた審査がなされることが望ましい。また，これまで実施されてきた情報交換や相互協議に係るピアレビューと異なり，各国の立法府での承認手続を経た国内法を審査することとなるため，「非適格」と判断するためには，プロセスと正統性が重要になると考えられる。いずれにせよ，このようなピアレビューの結果が出そろうには相応の時間を要することとなると思われるため，移行期間の適格認定メカニズムが機能しなければ，混乱は避けがたいものと思われる。

（4）小括

上記のとおり，第2の柱のグローバル・ミニマム課税に関して，各国で統一的・相互依存的な適用・執行が想定されているにもかかわらず，各国の国内法で導入されるため，各国の適用・執行の不一致について必ずしも十分な解決策が国際的な枠組みで用意されているものではない。第2の柱における紛争解決手段のための多国間条約の要否は今後検討される予定ではあるようだが，GloBEルールに関しては，各国の国内法により実施できる迅速性が重要であったのか，モデル規則やコメンタリー，執行ガイダンスが整備されており，解釈・適用が統一的になされることが期待されること，また，最終親会社における合算課税（IIR）を基本としている（又は適格国内ミニマム課税（QDMTT）の導入により構成事業体所在地国において課税が完結することが想定されている）ことから，解釈・適用の相違による紛争が生じにくく，各国国内法により導入されることで施行できる迅速性を犠牲にしてまでも，多国間条約の整備や義務的・拘束的な紛争解決を導入する必要性が乏しいと考えられたのかもしれない。

この点，第1の柱のような義務的・拘束的な紛争解決手段が整備されることが少なくとも二重課税の排除・紛争の防止・早期解決を求める納税者の視点からは望ましく，企業側からも同様の意見が多く出されているものの，現実的には容易ではない。当面は既存の相互協議等の枠組みによらざるを得ないとしても，今後増加するおそれの高いGloBEルールに係る紛争につい

24）Danon, Robert, Gutmann, Daniel, Maisto, Guglielmo and Martin Jimenez, Adolfo (2022b).
25）条約法条約による解釈を示すことによる欧州のルール形成の思惑を指摘するものとして，髙橋（2023）参照。

て，何らかの実効的な解決メカニズムを措置する必要があるように思われる。

また，第2の柱については，いったん紛争に発展すると多国間の税務当局を巻き込む納税者に負担の大きい紛争となることが予想されることから，紛争予防の仕組みをこれまで以上に強化することが望ましい。解釈適用を一致させるためのInclusive Frameworkでの調整やピアレビュー，第1の柱で予定されているような多国間パネルによる事前の紛争予防の仕組みのほか，納税者からの相談・照会窓口の設置，さらには納税者からのInclusive Frameworkへの照会を許容するなど，特に制度が安定的に運用されるまでの間は協力的な枠組みで積極的なガイダンスが行われることが望まれる。

Ⅲ．既存の国際的な紛争予防 / 紛争解決の枠組み

2つの柱の紛争予防・紛争解決の枠組みには，既存の枠組みの活用が想定されていることから，本節では，BEPS行動計画14を踏まえた相互協議の状況について確認するとともに，多国間が参加する税の安定性の枠組みとして期待されるICAPの状況について検討を加えることとしたい。

Ⅲ－1．相互協議

（1）相互協議の状況

相互協議の状況は，毎年国税庁が公表しており[26]，令和4事務年度（2022年7月1日～2023年6月30日）に発生した相互協議事案は301件（うち，事前確認に係る事案が243件，移転価格課税その他に係る事案が58件）であり，令和2事務年度の185件，令和3事務年度の246件から増加して過去最多となっている[27]。これに対して，令和4事務年度の処理件数は191件（事前確認が146件，移転価格その他が45件）であり，発生件数が処理件数を上回っているため，繰越件数は742件に増加しており，繰越件数は増加の一途を辿っている（令和2事務年度572件，令和3事務年度632件）。いずれも，事前確認（APA）が全体の件数の約8割程度を占めており，事前確認の件数の増加が要因となっていることが窺われる。

これらの相互協議事案の1件あたりに要した平均処理期間（表1）は，30.2か月（事前確認が30.5か月，移転価格課税等に係る事案が29.2か月）となっており，令和3事務年度の平均処理期間31.6か月から若干短縮している。もっとも，OECD非加盟国・地域との相互協議事案についての平均処理期間は，51.3か月（事前確認が58.2か月，移転価格課税その他が40.4か月）となっており，長期化が進んでいることが窺われるほか，OECD非加盟国・地域との相互協議事案の令和4事務年度の発生件数は101件（全体の33.6％），処理件数は39件（全体の20.4％），繰越件数は335件（全体の45.1％）であり，相互協議事案の処理期間の長さ及び繰越件数の多さにはOECD非加盟国・地域との事案が影響を与えているものと考えられる。なお，繰越事案の国別件数は，米国（23％），インド（15％），中国（14％），韓国（8％），ドイツ（6％）の順で多いものとされており，OECD非加盟国の中でも中国・インドを中心とするアジアの国々との事案が多いようである。

BEPS行動計画14のミニマムスタンダードでは，相互協議事案を平均24か月以内に解決することが目標とすることとされており，上記の平均処理期間はこれを上回っている。もっと

26）国税庁（2023）。
27）連結納税制度の廃止に伴い，2022年2月以降，相互協議の申し立てが連結単位から各法人単位に変更されており，2022年2月以降の発生件数の増加にはこのような申し立て単位の変更による影響が含まれているとされている。

表１　相互協議事案の平均処理期間

（単位：月）

	全ての国・地域			OECD 非加盟国・地域		
	全事案	事前確認	移転価格課税その他	全事案	事前確認	移転価格課税その他
2015/7-2016/6	26.0	25.7	27.2	33.3	41.4	26.0
2016/7-2017/6	29.1	28.9	30.2	36.9	37.3	35.9
2017/7-2018/6	29.9	30.7	27.7	40.1	52.0	31.1
2018/7-2019/6	34.1	34.5	32.7	37.1	43.6	29.9
2019/7-2020/6	29.4	30.7	24.9	32.9	43.2	22.2
2020/7-2021/6	30.3	29.2	34.4	43.2	42.8	43.5
2021/7-2022/6	31.6	31.6	31.5	44.0	43.5	44.6
2022/7-2023/6	30.2	30.5	29.2	51.3	58.2	40.4

（出典）国税庁ウェブサイト記載の各事務年度の「相互協議の状況」から作成

も，国税庁が発表する相互協議事案の平均処理期間は，OECD で公表されている統計と算定方法が異なっており，OECD の統計は暦年ベース，かつ事前確認（APA）が含まれていない。我が国における相互協議事案は事前確認（APA）の割合が多く占めており，OECD が公表する 2022 年に開始した新規の相互協議事案（APA を除く）のうち，我が国は全体の 23 番目であり，他の先進国と比べると少ない水準であることが指摘されている[28]。

OECD が公表した 2022 年の統計によれば，日本の相互協議事案（APA を除く）の 2022 年の平均処理期間は，28.56 か月（移転価格事案[29]で 30.63 か月，その他事案で 18.44 か月）[30]，BEPS 行動計画 14 にコミットした 2016 年以降に開始した事案に限ると，25.89 か月（移転価格事案について 27.5 か月，その他の事案で 18.44 か月）となっている[31]。2016 年以降に開始し 2022 年に終了した移転価格事案の平均処理期間を国別に見ていくと，中国 62.63 か月（二重課税の部分的排除等に合意：1 件），インド 45.13 か月（二重課税の完全排除等に合意：6 件，不合意：5 件），ドイツ 34.22 か月（二重課税の完全排除等に合意：4 件），イタリア 19.64 か月（二重課税の完全排除等に合意:5 件，不合意:1 件），ベルギー 17.37 か月(二重課税の完全排除等に合意:3 件)，韓国 12.22 か月（二重課税の完全排除等に合意：6 件）であり，処理期間や結果も国ごとに状況が異なること，特に，中国・インドについては期間の長期化や合意の困難さの様相も窺われる。

各国の税務当局との相互協議の具体的な状況は，毎年の国税庁相互協議室長らによる講演から窺い知ることができる。例えば，OECD 加盟国である欧米諸国との相互協議については，順調に処理できている一方，アジアの OECD 非加盟国・地域との相互協議事案については，その発生件数や繰越件数が増加傾向にあり，その処理に苦労している状況であることが述べられ，その原因として，相手国の相互協議部局の人的資源の不十分さや経験不足，各国固有の執行実務等により迅速な事案の処理や合意のハードルが高くなっていることが挙げられている[32]。その中で，国税庁の相互協議事案の処理促進の取組みとして，相互協議室の人員増強による体制の

28）OECD Tax Certainty Day 2023 におけるプレゼンテーション参照。

29）PE 帰属利益に関する事案及び移転価格課税に関する事案（attribution/allocation MAP case）をいう。以下同じ。

30）“Mutual Agreement Procedure Statistics per jurisdiction for 2022,” https://www.oecd.org/tax/dispute/mutual-agreement-procedure-statistics-2022-per-jurisdiction.htm.

31）“Mutual Agreement Procedure Statistics per jurisdiction Japan,” https://www.oecd.org/tax/dispute/map-statistics-japan.pdf.

32）田畑・中山（2022），123 頁。

充実，各国の税務当局との機動的かつ円滑な協議の実施，BEPS 行動計画 14 の最終報告書におけるミニマムスタンダードの実施に係るピアレビューへの積極的な参加による相互協議の効果的・効率的な実施の働きかけが挙げられている。

このような取組みの中で，OECD の BEPS 行動計画 14 に基づくピアレビューの実施により，各国もミニマムスタンダードの遵守を意識し，相互協議の対応に一定の改善が見受けられる場合もあるようであり，我が国も OECD の新たなピアレビューの枠組みなどを通じて各国の相互協議の実務の改善を働きかけていく意向が示されている [33]。

（2）OECD の取組み

BEPS プロジェクトの行動 14 の最終報告書において，租税条約に関する紛争を解決するための相互協議手続をより効果的・実効的とするため，各国が最低限遵守すべきミニマムスタンダードと実施することが望ましいベストプラクティスが示された。ミニマムスタンダードの 1 つに「各国は平均 24 か月以内に相互協議事案を解決するよう努めることにコミットする。」ことが挙げられており，この期限の設定が，結果として相互協議部局間でこれまで以上に迅速に事案を解決しなければならないというプレッシャーを意識させているようである [34]。上記で述べたとおり，OECD において毎年，相互協議事案に係る統計が公表されており，繰越件数は年々増加しているものの，2022 年に終了した事案では全体の平均処理期間が 25.3 か月（2021 年は 26 か月），移転価格事案で 28.9 か月（2021 年は 32.3 か月）となり，有意な改善が見られたことが評価されている（その他事案については 22.2 か月（2021 年は 20.7 か月））[35]。

かかるミニマムスタンダードの実施状況は，OECD 税務長官会議（Forum on Tax Administration）に設けられた相互協議フォーラム（MAP Forum）により参加国が相互にモニタリングすることとされており，かかる相互協議のピアレビューは，82 の国・地域を対象として 2016 年末より実施され，第 1 段階でミニマムスタンダードが実施されているかが評価され，第 2 段階で勧告のフォローアップがなされた。(a) 紛争の未然防止，(b) 相互協議の利便性・アクセス，(c) 相互協議事案の解決，(d) 相互協議の合意内容の 4 分野 21 項目で審査がなされ，1,750 を超える勧告がなされた中で，その 66％が租税条約における相互協議条項の不備に関するもの，34％がミニマムスタンダードに沿わない相互協議の実務やポリシーに関するものとされている [36]。

さらに，2023 年 1 月には，Inclusive Framework の参加国を対象とする継続的なモニタリングプロセスを開始することが明らかにされた。この新たなピアレビューにおいては，(a) 相互協議の経験の少ない国については簡素化されたピアレビューを，(b) その他の国については，4 年に 1 回ミニマムスタンダードを満たしているか否かを評価するフルレビューを，2024 年から実施することとされている。

ピアレビューの具体的な内容としては，実際にどのような点が指摘されているのだろうか。我が国については，最新の OECD モデル租税条約 25 条の条項を反映していない古い租税条約について改正が必要であると勧告されているものの，相互協議の実務に関してはミニマムスタンダードを満たしていると評価されているようである [37]。具体的には，2016 ～ 2018 年の期間の相互協議の平均処理期間が 27.02 か月（移転価格 / PE 帰属利益に係る事案が 27.95 か月，その他の事案が 17.27 か月）であり，目標とされる 24 か月以内に処理できていないことが指摘されてい

33）磯見（2023），222 頁。
34）前田（2021），30 頁参照。
35）https://www.oecd.org/tax/beps/oecd-releases-information-and-statistics-on-mutual-agreement-procedures.htm.
36）OECD ウェブサイト（https://www.oecd.org/tax/beps/beps-actions/action14/）。
37）磯見（2023），221 頁参照。

るものの，2016年1月1日の相互協議の繰越事案よりも2018年12月末の繰越事案が14%減少していることも指摘され，追加人員の手当[38)]や処理件数を増やし平均処理時間を減らすための組織的な手段がとられていること，一定の事案には追加の時間を要する旨の説明が十分になされていることから，「相互協議関連の業務に十分なリソースを確保する」の項目については，人員の追加及び講じられた組織的な手段が適時かつ効率的及び効果的な相互協議の解決に貢献しているか継続的に監視すべきであると評価されている[39)]。

参加国（peer）の個別のインプットとしては，例えば，頻繁な担当官の人事異動や，電子メールや電話会議による意見交換が制限され，事案の適時解決が対面会議の場に限られていることが相互協議事案の早期解決に影響を与えているといった点が指摘されており，これに対して円滑な引継ぎや効率的なコミュニケーション方法の模索といった対応が報告されている。なお，第1段階のピアレビューでは，電子メールや電話会議等の対面会議以外での相互協議事案の対応が勧告されていたところ，これを受けて，電子的手段でのコミュニケーションをより頻繁に用いるなど相互協議の実務を改善したことが報告されている。

これに対して，例えば中国に対するピアレビューを見てみると，2016-2019年の平均処理期間が34.17か月であることが指摘されるとともに，特に適時のポジションペーパーの提出又は相手方のポジションペーパーへの反応や早期及び頻繁なコミュニケーション・会議に困難があることが他の参加国から指摘され，人的リソースの追加などの取組みは評価されつつも，適時かつ効率的及び効果的な相互協議の解決のために更なる措置が講じられるべきであることが勧告されている[40)]。

このように，OECDにおいて相互協議の平均処理期間や繰越事案の統計がとられ，これらを減少させるため，ピアレビューを通じて他の参加国からのインプットに基づき相互協議実務の具体的な改善の指摘がなされており，これらを踏まえて参加国が一定の対応を迫られることが窺われる。このようなピアレビューの仕組みは，各国の担当者に二重課税の排除の重要性を意識させるとともに，実際の相互協議の場面で二重課税排除に結果をできるだけ早期に出すよう協議する動機付けにもなっているようである[41)]。

（3）相互協議の改善に向けた議論

以上のとおり，OECDにおける相互協議の改善の取組みが一定の成果をあげているようであるものの，各税務当局において二重課税排除のための相互協議による合意が義務とされているわけではない。そもそも，相互協議手続は納税者の二重課税回避のために行われるものであるものの，納税者の参加や意見陳述といった手続上の権利が保障されているわけではなく，外交的紛争処理手段とも言いうる[42)]。相互協議事案の迅速な処理と我と国の課税権の確保はトレードオフの関係にあり[43)]，我が国の課税権を確保しつつ納税者により良い結果をもたらすためには時間をかけて協議する必要がある場合もある反面，相互協議の結果が必ずしも二重課税の排除という結論をもたらすものではなく，納税者にとって必ずしも適時かつ効果的な税の安定性をもたらすものではない。

したがって，相互協議により合意に至らない

38）2007年に19人であった相互協議の人員は2016年に43名，2017年に44名となり，2019-2020年に46名まで増加している。
39）OECD (2021c).
40）OECD (2021b).
41）中村（2023），17頁。
42）このような性質を踏まえつつ相互協議手続の改善に向けた議論につき，谷口（2022），991頁，増井（2022）参照。
43）田畑・中山（2022），22頁。

場合にこれを解決する義務的・拘束的な紛争解決手段として，仲裁手続の導入が望まれることとなる。我が国においても，仲裁手続は相互協議手続の円滑化・実効性の向上による納税者の負担軽減につながるものであり，投資環境の整備，国際的な投資交流の促進に資するものであるとして，二国間租税条約の新規締結・更新の際に盛り込まれ，更にBEPS防止措置実施条約を通じて仲裁条項を盛り込む租税条約が増えることとなり，2023年12月時点で29か国・地域との租税条約において仲裁手続が導入されている[44]。もっとも,我が国において実際に仲裁手続が実施された事例は公表されておらず，仲裁条項の役割は，現状，相互協議事案の最終的な解決手段というより，相互協議部局間で仲裁手続に移行する前の一定期間内に迅速に事案を解決しようとするインセンティブとしての意義が大きいように見受けられる[45]。

しかし，仲裁手続の導入には，特にOECD非加盟国を中心に国家主権に対する制約やリソース不足等を理由に消極的であり，特にアジアを中心とするOECD非加盟国においてビジネスを展開する我が国企業の相互協議事案の解決には現実的とは言えない[46]。これらの課題を踏まえ，ADRといった非拘束的な紛争解決手段の活用により専門家・調停人等の第三者を関与させて相互協議を円滑に進行し，複雑な論点について専門家からインプットを得るなど，第三者の関与により合意可能性を模索する解決方法[47]も検討していく必要があるものと考えられる。

（4）小括

以上のとおり，OECDのBEPSプロジェクトによる相互協議の改善の取組みが一定の成果をあげているようであるものの，新規の相互協議の申請件数が増えている中で，繰越件数は年々増加を続けている。我が国においても相互協議の繰越件数が積み上がり，平均処理期間も高止まる中で，新たな国際課税の下での紛争に対応するための体制が十分かが問われることとなる。

2つの柱の実施により，国際課税に関する紛争は増加することが見込まれる中で，特に先行して実施されることとなる第2の柱に関して，既存の相互協議の枠組みのみで税の安定性の確保が十分と言えるのか検討が必要であり，第1の柱の利益Aに係る紛争予防/解決の仕組みに関する議論が既存の相互協議手続の改善に関しても広がることが期待される。

III－2. ICAP

（1）ICAPの概要

OECDの国際的コンプライアンス確認プログラム（International Compliance Assurance Program：ICAP）は，多国籍企業グループの希望により，複数の国・地域の税務当局が，その国別報告書，マスターファイル及びローカルファイルといった移転価格文書に基づき，協調してハイレベルなリスク評価を行う取組みである[48]。

44）仲裁条項を含む発効済みの租税条約として，アイスランド，ウルグアイ，英国，エストニア，オーストリア，オランダ，ジャマイカ，スイス，スウェーデン，スペイン，スロベニア，チリ，デンマーク，ドイツ，ニュージーランド，ベルギー，ポルトガル，米国，香港，ラトビア，リトアニア，BEPS防止措置実施条約により仲裁条項が追加された租税条約として，アイルランド，オーストラリア，カナダ，シンガポール，ハンガリー，フィンランド，フランス，ルクセンブルク。ただし，この中で，仲裁手続に係る実施取決めまで合意されたのは，8か国・地域（オランダ，香港，ポルトガル，ニュージーランド，英国，スウェーデン，米国，シンガポール）にとどまっている。

45）磯見（2023），222頁。

46）納税者の権利救済的側面を一旦置くと，国家間の課税権の奪い合いである相互協議事案の解決は，個別案件の司法的解決よりも，複数案件を踏まえた外交的交渉の方が現実的な解決に資する面もあるであろう。

47）この点を指摘するものとして，前田（2021）。

48）国税庁HP「国際的コンプライアンス確認プログラムの新たなハンドブックの公表について」<https://www.nta.go.jp/taxes/shiraberu/kokusai/oecd/press-sonota/0021003-041.htm>。

ICAPは，APAのような法的確実性（Certainty）を付与するものではないが[49]，参加した税務当局が対象となるリスクを低いと考える場合に安心（Comfort）と保証を多国籍企業グループに与えるものとされている。2018年，2019年に行われた2つのパイロットプログラムを踏まえて2021年に全てのOECD税務長官会議（Forum on Tax Administration：FTA）メンバーに開かれた正式なプログラムとして公表され，現在において我が国を含む23の税務当局[50]が参加している。

ICAPのメリットとして，多国籍企業と税務当局の双方に，協力的な関係により効率的なリソースの活用を可能とする点が挙げられている[51]。すなわち，ICAPを通じて，多国籍企業グループは税務当局が保有する国別報告書等の情報やクロスボーダーの活動について説明することが可能となり，多国間で同様の取引に関する理解の一致が進むほか，税務当局も税務リスクを早期に決定することができる。多国籍企業グループは複数の税務当局と同時に議論することが可能となり，また明確な時間軸の中で実施されることから，リソースを効率的に使用して早期に多国間の税の安定性を確保することができる。透明かつ協調的に行われるICAPへの参加を通じて税務当局と多国籍企業グループの間に信頼関係が醸成され，協調的なリスク評価が早期の段階で行われることで，税務当局の取引に対する統一的な理解が高まり，結果として税務紛争や相互協議に発展する事案を減らすこととなる。

ICAPの対象は，移転価格リスク，PEリスク，その他の多国籍企業グループ及び税務当局が合意する国際課税リスク（ハイブリッドミスマッチ，源泉徴収税及び条約特典など）であり，手続は多国籍企業グループの最終親会社の所在地国の税務当局が原則として主導して行われ，以下のような明確なタイムラインが設定されて実施されることとなる。

第1段階：選定（4～8週）
－ 選定文書パッケージを提出，各税務当局が参加するか否かを検討。
第2段階：リスク評価（20週以内，延長の場合も36週を超えられない）
－ リスク評価の結果，1又は複数の税務当局が低リスクと結論付けられない場合は，選択的な問題解決手続に入ることも可能。
第3段階：結果（4～8週）
－ 各税務当局から結果通知を受領する。

49）但し，我が国においてAPAに相当する事前確認制度は法的拘束力を伴うものではなく，これと比較したICAPの法的位置づけも不明である。川端（2020）参照。
50）アルゼンチン，オーストラリア，オーストリア，ベルギー，カナダ，チリ，コロンビア，デンマーク，フィンランド，フランス，ドイツ，アイルランド，イタリア，日本，ルクセンブルク，オランダ，ノルウェー，ポーランド，ポルトガル（2024年1月に参加），シンガポール，スペイン，英国，米国（OECDのウェブサイト（https://www.oecd.org/tax/forum-on-tax-administration/international-compliance-assurance-programme.htm）において確認）。
51）OECD（2021a）.

図 1　ICAP の手続と想定タイムライン

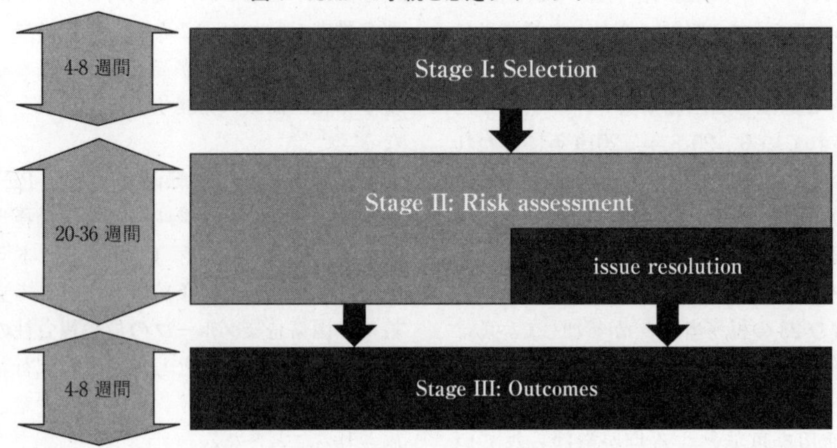

（出典）OECD "International Compliance Assurance Programme – Handbook for tax administrations and MNE groups" Annex A から作成

OECD が公表した統計[52]によれば，2023 年 10 月までに完了した ICAP の事案は 20 あり，3 ～ 9 の税務当局（平均して 5 つの税務当局）が参加し，無形資産と金融の分野は 75％程度，有形資産とサービスの分野は概ね 9 割程度，恒久的施設については 95％の事案について「リスクが低い」との結果が得られている。また，32％の事案で問題解決手続が使われており，事案によっては相互協議を行うことなく移転価格の調整や対応的調整について ICAP のプロセスの中で合意することも可能となることから，問題解決手続は ICAP の大きなメリットとなる旨指摘されている。

平均所要期間は，「第 1 段階：選定」で 10.4 週，「第 2 段階：リスク評価」（問題解決手続を含む）で 42.4 週，「第 3 段階：結果」で 8.3 週となっており，（コロナ期間中で対面の議論が制限された等の要因で）上記のタイムラインを超えているものの，それでも APA や相互協議と比べると所要期間が短く，多国間の調整を円滑に行う税の安定性の仕組みとして有用であることが指摘されている。参加した多国籍企業からも，「法的確実性（legal certainty）」ではないが「現実的な確実性（practical certainty）」が得られた，ICAP と重複する部分の税務調査を避けることができた，協力的な雰囲気で税務当局とオープンなコミュニケーションが可能であった等，ICAP の手続に対するポジティブな評価がなされ，透明性と税務当局との協力が複雑さを増す国際課税の紛争予防 / 解決に重要であることが述べられている[53]。

このように，ICAP は，APA / 相互協議を通じた事前確認と異なり，明確・迅速なタイムフレームや多国間の枠組みで利用できる点にメリットがあるように思われる。我が国においては必ずしも認知度の高い仕組みとは言えないが，実務家により，リスクの低い関連者取引については ICAP を利用することで，特に ICAP 参加国が多い欧州を中心としてバリューチェーンが形成されている多国籍企業にとっては，税務リスクに係るリソース軽減の有効な手段になる点が指摘されている[54]。また，発生コストや処理期間，事務負担の点で納税者にとって APA よりも有力な選択肢となり得，ICAP 参

52）2024年1月29日付 "International Compliance Assurance Programme: Aggregated results and statistics." (https://www.oecd.org/tax/administration/icap-statistics-january-2024.pdf)
53）前掲注 45 における多国籍企業のプレゼンテーション参照。
54）城地・大和（2021）。

加国がOECD非加盟国に広がれば，これらの国との繰越事案を多く抱える税務当局にとってもメリットがあるものと指摘されている[55]。

（2）小括

ICAPについては，日本において徐々にその取組みが取り上げられてきているものの，必ずしもその経験・成果が広く認知されているわけではない[56]。経団連はICAPの取組みの日本としての積極的な関与や取組みの進化・広がりを期待する旨の要望を出しているが[57]，現状において参加税務当局が欧米を中心とする23か国に限られており，日本企業が多くビジネスを行っているアジア諸国を含む非OECD加盟国が参加していないため活用の場面が限定的であることが影響していると思われる。

もっとも，このような多国間の税の安定性の枠組みは，2つの柱における紛争予防の仕組みに活用できるものとして，今後の広がりに期待できる取組みと考えられる。すなわち，第1の柱の税の安定性の枠組みは，最終親会社の所在地税務当局か主導し，明確な時間軸が設定される点でICAPの仕組みがベースとされているものと考えられる。これに対して第2の柱については，個別の事案についての税の安定性は，ICAP類似の枠組みの活用が想定されているものの，具体的にどのような仕組みとなる想定なのかは定かではない。第2の柱のGloBEルールについては，解釈・適用の相違による紛争リスクを低減するため早期の紛争予防が望ましく，GloBEルール導入国が参加する明確なタイムライン，かつ一定の拘束性のある多国間の仕組みの創設が望まれると同時に，これらの経験を通じてICAP自体の参加国が広がることも期待される。

Ⅳ．結語

以上，2つの柱において現状議論されている紛争予防・解決メカニズムの内容を概観するとともに，特に各国国内法による実施に向けた第2の柱のグローバルミニマム課税については，解釈・適用の不一致が生じた場合の紛争解決メカニズムの整備が十分でないように思われること，現状の相互協議の改善の取組み，特にピアレビューが持つ一定の意義やICAPの仕組みの広がりが今後の紛争予防の受皿として期待できることを述べた。特に第2の柱のグローバルミニマム課税については，各国国内法の適用・執行の連携が十分でないまま施行が急がれ，結果として納税者の負担の大きい紛争の増加を招かないかとの懸念は拭えない。過度なタックスプランニングを行わず適正な納税を行っている我が国企業がコンプライアンス負担や税務紛争対応に苦しまないよう[58]，OECDによる積極的なガイダンスや税務当局間の協調が望まれる。例えば仮に非拘束的であったとしても，ICAPや第1の柱で予定されているパネルのような多国間のフォーラムや専門家も含めた中立的なパネルといった場の設定は，紛争予防・紛争解決の双方の場面で有用とも考えられ，施行までの間にこの点の改善に向けた議論が引き続き進展することを期待したい。

55）朝倉・ラップ・渡辺・倉本（2023）。
56）この点につき指摘するものとして，川端（2020），270頁。
57）日本経済団体連合会（2019）。
58）我が国企業のコンプライアンス・コストや国税庁の事務コストが，競争条件の面で問題となる可能性を指摘するものとして，岡（2023）。

参考文献

朝倉克彦・スティーブンラップ・渡辺久美子・倉本正丈（2023）「APAとICAPの比較：多国籍企業の移転価格リスク管理支援を目的とした新しい選択肢」,『国際税務』, 43巻, 7号, 36-43頁

荒木知（2023）「BEPS2.0の実施により日本企業が直面する新たな世界（第4回）BEPS2.0と税務係争」,『国際税務』, 43巻, 1号, 64-69頁

磯見竜太（2023）「最近の相互協議の状況について」,『租税研究』, 2023年5月号, 208-236頁

岡直樹（2023）「OECD"2本の柱"による国際課税改革の実施」, <https://www.tkfd.or.jp/research/detail.php?id=4370>

岡直樹（2024）「BEPS2.0の光と影」,『デジタル経済と国際課税 具体化する国際課税改革の展望・提言』, 東京財団政策研究所, 第3章

川端康之（2020）「我が国国際租税法における法令遵守確保策：OECD/ICAPプログラムを展望して」,『早稲田法学』, 95巻, 3号, 269-289頁

国税庁（2023）「令和4事務年度の「相互協議の状況」について」, <https://www.nta.go.jp/information/release/kokuzeicho/2023/sogo_kyogi/sogo_kyogi.pdf>

城地徳政・大和順子（2021）「国際的コンプライアンス確認プログラム（ICAP）の概要について」,『国際税務』, 41巻, 10号, 86-90頁

髙橋麻莉（2023）「国際課税の紛争解決手続に関する戦略的考察－囚人のジレンマとWTO酒税格差事件の教訓－」,『税大ジャーナル』, 35号, 79-110頁

谷口勢津夫（2022）『税法創造論－税法における法創造と創造的研究－』, 清文社

田畑健隆・中山覚（2022）「最近の相互協議の状況について」,『租税研究』, 2022年5月号, 121-157頁

中村稔（2023）「国際課税を巡る最近の動きについて」,『租税研究』, 2023年6月号, 5-36頁

日本経済団体連合会（2019）「令和2年度税制改正に関する提言」, <https://www.keidanren.or.jp/policy/2019/074_honbun.html>

日本経済団体連合会（2023a）「デジタル課税 第1の柱 利益B公開諮問文書への意見」, <https://www.keidanren.or.jp/policy/2023/005.html>

日本経済団体連合会（2023b）「公開市中協議「第2の柱 GloBEルールの税の安定性」に対する意見」, <https://www.keidanren.or.jp/policy/2023/006.html>

日本経済団体連合会（2023c）「第1の柱 利益B 公開諮問文書への意見」, <https://www.keidanren.or.jp/policy/2023/060.html>

日本貿易会（2023）「OECDパブリックコンサルテーション文書「第2の柱 GloBEルールに係る税の安定性」への意見」, <http://www.jftc.or.jp/proposals/assets/pdf/20230203_2.pdf>

前田章秀（2021）「我が国の相互協議におけるＡＤＲの活用－仲裁手続以外の補完的紛争解決手段の検討－」,『税務大学校論叢』, 第104号, <https://www.nta.go.jp/about/organization/ntc/kenkyu/ronsou/104/01/01.pdf>

増井良啓（2016）「租税手続法の国際的側面」, 宇賀克也・交告尚史編『小早川光郎先生古稀記念・現代行政法の構造と展開』, 有斐閣

増井良啓（2017）「租税条約の締結に対する国会の関与」,『フィナンシャル・レビュー』, 129号, 44-65頁

増井良啓（2020）「第9章　憲法と租税条約」,『憲法と租税法』, 日税研論集, 77号, 333-368頁

増井良啓（2022）「国際課税の変化と紛争処理のあり方」,『自由と正義』, 73巻, 10号, 8-13頁

増田貴都（2023）「国際租税分野の規範形成とOECD・途上国・国連－国連事務総長レポート「Promotion of inclusive and effective international tax cooperation at the United Nations」を読む」,『租税研究』, 2023年10月号, 298-321頁

山川博樹（2023）「BEPS2.0の最新動向」,『国際税務』, 43巻, 12号, 32頁

Masuda, Takato (2023), "Japan Steadily Adopts Global Minimum Tax but Still Has Work to Do." <https://news.bloombergtax.com/daily-tax-report-international/japan-steadilyadopts-global-minimum-tax-but-still-haswork-to-do>

OECD (2021a), "International Compliance Assurance Programme – Handbook for tax administrations and MNE groups."

OECD (2021b), "Making Dispute Resolution More Effective – MAP Peer Review Report, People's Republic of China (Stage 2) : Inclusive Framework on BEPS: Action 14," OECD/G20 Base Erosion and Profit Shifting Project.

OECD (2021c), "Making Dispute Resolution More Effective – MAP Peer Review Report, Japan (Stage 2) : Inclusive Framework on BEPS: Action 14," OECD/G20 Base Erosion and Profit Shifting Project.

OECD (2022a), "Public Consultation Document – Tax Certainty for the GloBE Rules."

OECD (2022b), "Public Consultation Document Pillar One – Amount B."

OECD (2022c), "Tax Challenges Arising from the Digitalisation of the Economy – Commentary to the Global Anti-Base Erosion Model Rules (Pillar Two)."

OECD (2023a), "Outcome Statement on the Two-Pillar Solution to Address the Tax Challenges Arising from the Digitalisation of the Economy."

OECD (2023b), "Public Consultation Overview of Comments: Tax Certainty for Globe Rules."

OECD (2024), "Pillar One - Amount B: Inclusive Framework on BEPS, OECD/G20 Base Erosion and Profit Shifting Project."

Danon, Robert, Gutmann, Daniel, Maisto, Guglielmo and Martin Jimenez, Adolfo (2022a), "The OECD/G20 Global Minimum Tax and Dispute Resolution: A Workable Solution Based on Article 25 (3) of the OECD Model, the Principle of Reciprocity and the Globe Model Rules," *World Tax Journal*, Vol. 14, No. 3, pp. 489-515.

Danon, Robert, Gutmann, Daniel, Maisto, Guglielmo and Martin Jimenez, Adolfo (2022b), "Pillar Two – Tax Certainty for the GloBE Rules Submission to the OECD Public Consultation."

マネー・ロンダリング対策と税務の交錯
—迷走する議論の整理と将来的課題—[*1]

野田　恒平[*2]

要　約

マネロン対策と税務の間には，深い関係性と，双方の当局間の共働に対する政策的要請があることが広く認識されつつも，その議論はこれまで未整理の状態であった。本稿においては，そこに今後の検討の深化を図る上で土台となる基本的視座と，議論の枠組みを設定することを試みる。

具体的には，まずかかる議論の迷走の原因を，(1) 共働の異なる諸段階に係る議論が未分化であること，(2) それらのあるべき態様を巡る議論における，「連結性の捻れ」が存在すること，(3) 特に当局間の情報共有について様々な内容等が混在すること，に求める。

その上で，想定される共働関係を，①リスクの分析・評価（準備），②情報の共有（実働），③犯罪収益の剥奪（事後）の各段階に分解し，更に，このうちで最も中核的論点となる②については，収集時の主観的目的及び提供先の客観的用途によって論点が分岐し，それぞれにつき，関係法令・判例等を踏まえた個別の検討が必要である旨を明らかにする。

最後に，補足的な項目として，マネロンにおける税犯罪の「前提犯罪化」と，没収（犯罪収益の剥奪）に関する議論の整理を行う。

キーワード：マネー・ロンダリング（マネロン），AML，犯罪収益，組織犯罪，地下資金，国際租税，情報交換（共有），没収，FATF，OECD
JEL Classification：K14，K22，K33，K34，K42

Ⅰ．はじめに

マネー・ロンダリング（マネロン）対策と税務の間の関係性は，今なお，極めて未整理のまま残されている論点の一つである。多くの有識者がその関係の深さを指摘し，金融活動作業部会（FATF：Financial Action Task Force）やOECDを始めとした国際場裡においても，これ

＊1　本稿作成に当たり，責任編集の増井良啓教授（東京大学）は言うに及ばず，同じく租税法ご専攻の吉村政穂教授（一橋大学），刑事訴訟法ご専攻の堀田周吾教授（東京都立大学），商事法ご専攻の加藤貴仁教授（東京大学）等，多くの方々の貴重なご助言を頂いた。この場を借りて，篤く御礼を申し上げる。
＊2　内閣法制局参事官。なお，本稿において法解釈等に関わる部分は筆者個人のものであり，現在の所属組織及び出向元の財務省，また，以前所属した国際通貨基金（IMF）の見解を反映したものではない旨，厳にお断りしておく。

ら2つの政策課題が一連の繋がりをもって意識されるべきものとして取り上げられているものの，こと各論に立ち入ったが最後，既存の研究はその関係につき，明確な示唆を与えてはいない[1)]。そして，特に税当局の，伝統的な情報保秘に対する厳格な対応とあいまって，実際のところ現状においてどこまでの共働が可能であり，どこからが困難であるのか（そして，その困難性は法制的なものなのか実務上の要請なのか），更に，それを克服するとしたらどのような方途を取り得るのか，といった緻密な検討は置き去りになり，未達成のスローガンだけが掲げられ続けているのが，偽らざる現状と言えよう。かかる状況を踏まえ，本稿においては，この両者の関係性について議論の再構成を試みるとともに，我が国，そして更にはそれを起点として，国際社会全般にも敷衍し得る政策提言を試みたい。

まず，なぜこの点の議論についてここまでの混乱が生じているのか，原因を特定する意味も含め，分析に当たっての大きな視座を提供したい（図1）。

第一に，税当局[2)]と他機関の共働に係る，異なる諸段階が渾然一体として論じられていることに問題がある（図2）。特に，マネロン罪と関連して税当局が果たすことができるとされる役割として，主要なものとしては他機関との情報共有と犯罪収益の剥奪があるところ，ともすればその二つが，無自覚に一つの土俵で論じられている。前者の情報共有は，この2つの関係性の中核とも言える論点である。他方で後者の，犯罪収益剥奪を税当局に行わせようということの意味は，具体的には，特に犯罪組織に対して課税を強化することによって，実質的に犯罪収益がまた新たな犯罪行為に再投資することを防ごう，という発想である。この点，後述のとおり確かにマネロン罪自体が，最終的にその対象となった収益の剥奪までを伴って，初めて刑事政策上，完結するということを踏まえれば，その部分を強化しようという着想そのものは是とすべきである。しかし，これと情報共有を比較した場合には，そもそも問題となる場面が全く異なる。収益剥奪は，犯罪による違法収益（あるいはその疑いが極めて強いもの）が既にそこに捕捉されていることを前提に，それをどのように剥奪するかという段階での話であるが，情報共有は，そのような犯罪収益をどのようにあぶり出すかという，前段階の話である。かつ，税当局の観点から見た場合，情報共有は，自らの権限外

図1　税務とマネロンの関係性を巡る混乱

（1）共働の異なる諸段階に係る議論が未分化 → リスク分析等・情報共有・犯罪収益剥奪、の各段階に分けて議論
（2）税務・マネロンの間の「連結性の捻れ」 → 刑事政策と税務の共働と法的制約を巡る、一般的な問題として認識
（3）情報共有に関し様々な内容・態様が混在 → 情報の内容及び共有の態様を類型化して、各々の法的制約を議論

（出所）筆者作成

1）一例として，Kemsley et al. (2020)，Mathias & Wardzynski (2023)。
また，各国当局事例のストック・テーキングや実務担当者へのマニュアル的なものとして，OECD (2017)，APG (2023)，EAG (2022)，Egmont Group IEWG (2020)。

2）税の徴収を行う公的機関としては，国税当局のほか税関，また，地方税の徴収を担う地方公共団体があるが，本稿においては，このテーマにおいて第一義的に想定される国税当局を指すこととする。

図２　税当局と刑事司法の共働

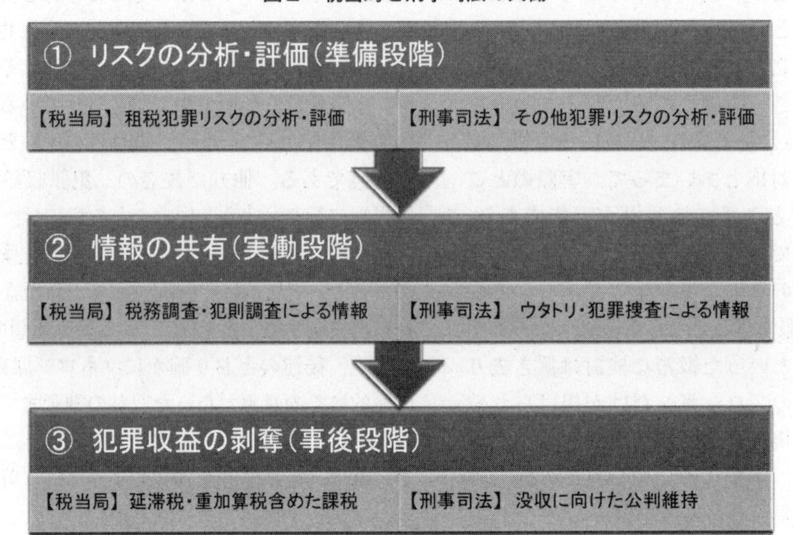

（出所）筆者作成

である政策目的，ここではマネロン罪の捜査に関連して，それに資するような情報をどこまで提供できるかという問題であって，最終的な行為主体は外部に観念されている。他方で後者については，課税権という税当局自身の権限行使によってストーリーが完結している。したがって，この両者では議論の展開が全く異なってきて当然であり，これらを同一平面で取り上げること自体，ほとんど意味をなさないと言って良い。

第二に，税務とマネロンを巡る，言うなれば「連結性の捻れ」とでも言うべき現象がある。マネロン罪自体，その淵源は，米国で始まった金融捜査に求められるのであり，更にその中核は元来脱税の捜査であった。また，現在においても，脱税に係る所得とマネロンの対象となる違法収益にはかなりの重なりがあり，その担い手も，ある組織が合法・違法双方の収益を有している場合には，脱税とマネロンが恒常的・並行的に発生していると言える。したがって，この2つの間には，歴史的にも理論的にも，必然と言うべき深い関連性がある。他方で，情報共有の問題にせよ収益剥奪の問題にせよ，一度，そのあるべき態様を求めて具体論に立ち入ると，マネロンに固有の論点というものは実はほとんど存在せず，総じて，およそ刑事政策目的において税当局が果たし得る役割の限界論，という，極めて一般的・普遍的な問建てに解消されてしまう。このような「捻れ」に更に拍車をかけているのが近年の『税犯罪のマネロン前提犯罪化』という事象である。かかる前提犯罪化は，鳴り物入りで導入されたもののその法制度上の意義はほとんど正確に理解されておらず，かえって議論の混乱を惹起しているようにすら思われる。端的に述べれば，前提犯罪化によっても，クリアすべき論点に本質的な意味で何らかの変化がもたらされることは皆無である。その意味するところは後述するが，いずれにせよ「税とマネロン」という議論のフレーミングを所与とすると，この事実は若干の肩透かしの感もある反面，マネロンと税務との関係性に正面からスポットライトを当てる，キャッチーなフレーズが登場したことそのものは，従来あまり深められてこなかった議論の端緒としての役割を果たしたという，積極的な評価もできよう。

第三に，特に中核的なテーマである税当局と他機関との情報共有の議論に焦点を絞った場合に，多種多様な性質の情報，及びその対象主体と方向性が，あまり類型化されない形で論じられてきたという点も，大きな問題である。この点，まず情報共有の主体としては，税当局のほか，その相手方として警察及びその他の機関（登記所等）が考えられ，共有の方向性としては，税当局が受け手になる場合と，税当局が送り手になる場合，の2つが考えられる。また，情報の性質としては，刑事捜査目的で収集されたもの，そのような目的で収集されたものではないが，結果的に刑事捜査の端緒になり得るもの，そのどちらでもなく，少なくとも提供時には一般的な情報に留まるもの，が観念され得る。そして，それらの類型ごとに，問題となる法的制約等は全く異なるものとなる。従来の概括的議論の枠内では，全てがグレーゾーンの中に収まるか，または，それをグレーゾーンとすることを良しとしないのであれば，広範に共有を禁止と解するほかなくなってしまうところ，それでは過度に自己制約的な解釈・運用となりかねない。

以上の視座を踏まえ，以下議論を進めていくが，結論を先取りする意味で言えば，各論点に係る議論の延長上に出てくる政策課題は，必ずしも現行法制の枠内に留まるものではない。特に，行政的犯罪収益剥奪（いわゆる「有罪判決なき没収（NCBC：Non Conviction Based Confiscations）」）と，実質的支配者（BO：Beneficial Ownership）を巡る一連の議論は，今後，十分に立法的議論に展開させるに値する論点であると考えられる。

Ⅱ．マネロン罪の概説

Ⅱ－1．歴史と国際基準（FATF）

マネロンについては，税務と比べても社会の認知度がまだまだ低く，したがって，本稿の読者の中にも，必ずしもその内容に土地勘がない方がおられることも想定せざるを得ない。逆に，マネロンの分野に精通している人が，税務にも専門性を有しているということは少ないように思われる。このように，政策課題としての相互近接性にかかわらず，この2つの分野について官民，そして国の内外を問わず，エキスパティーズが二分されてしまっている現状は，それ自体が大きな問題の所在の一つでもある。いずれにせよ，本稿ではマネロン及び税務双方に関し，その法制度や国際的な枠組みにつき，ある程度基礎的な部分から書き起こすこととしたい。

さて，およそ制度を十分に理解するに当たっては，その歴史的な成立過程にまで遡ることが有用であることが多い。本稿の主題であるマネロンと税務の関係性についても同様である。そして，歴史を紐解くことで明らかになるのは，この両者の「近接性」をこと改めて指摘すること自体，若干の失当と言える，ということである。というのも，この両者は歴史的には同一の淵源に遡れるからだ。より正確に言えば，マネロン罪の創設を含む金融捜査の手法開拓自体が，元来，税務調査の中から派生していったものなのである。その序章は，禁酒法時代の米国で，アル・カポネの率いたマフィアを摘発する試みから始まった。ヒト，すなわち組織の構成員に着目した捜査では「トカゲの尻尾切り」にあってしまい，刑事政策としての実効性を確保することができない。そこで，当時の米国財務省が，税務調査の切り口からマフィアの資金の動きそのものに着目し，アル・カポネを脱税の罪によって逮捕・訴追し，有罪判決の獲得を経て，収監へと漕ぎ着けた。そこで築かれた金融捜査の原型は，同国が中南米のカルテルの暗躍による麻薬犯罪に頭を悩ますようになってから，その対策として更に強化されていき，1970～80年代までを通じて，マネロン規制として確立した（図3）[3)]。

3）野田（2023）

図３　マネロン罪の成立

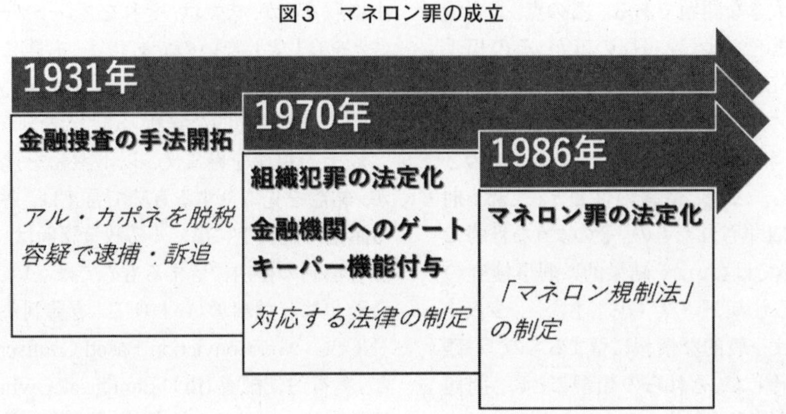

（出所）野田（2023）

現在では「マネロン」という言葉がかなり通用力を持つようになり，あたかもそれが犯罪であることが当然のようなイメージを無意識に持たれている節があるが，殺人や窃盗等，人間社会において伝統的に明らかに「悪い」とされている犯罪類型とは異なり，犯罪収益の扱いという二次的な行為を可罰的な違法行為の類型とみなし，刑事法上で構成要件化するということは，理論的に決して自明という訳ではなく，歴史的にもたかだかここ数十年の話である。そして，それは組織犯罪への対処という，極めて刑事政策的な目的をもって創設された制度であって，単にその犯罪をもって特定の人物を有罪にするというのみならず，その捜査の過程を通じて犯罪組織の資金構造を明らかにし，また，その収益を剥奪するというところまでを伴い，初めてその初期の成果が全うされるものであるということが，銘記されなければならない。

そして，米国において始まったマネロン規制は，その後，国際社会全体へと拡大していくことになる。そもそもカネは瞬時に国境を越えて動くものであり，それに関わったヒトについては，カネ程は自由に動けないとしても，法制や捜査・訴追体制が不備の国に逃げ込まれてしまった場合，処罰の対象とすることが難しい。一方で，麻薬犯罪を始めとして，組織犯罪は広域化し，その防圧は，もはや米国だけの関心ではなくなった。このような中で，G7の国々を中心に，1989年に設立された，世界的なマネロン規制推進を目的とする国際組織が，FATFである。ここにおいては，各国が遵守すべきマネロン規制に係る法制度の体系やその実施体制が議論され，基準としてまとめられている。そして，参加国間の相互審査という形で，その遵守状況をチェックし合うという仕組みが設けられ，ここでの評価が思わしくない場合には，各種の制裁的措置が取られる可能性がある。この措置には様々なものがあり，また，その中でも明らかな厳しい措置が取られるケースは比較的稀であるが，究極的には，国際的金融ネットワークからの締出し（コルレス関係の遮断）の呼掛けといった場合も想定される。このため，FATF自体はあくまで自発的な組織であって，厳密な意味での法定強制力はないが，実質的にはそれに近い力を有するに至っている。

なお，本稿のテーマとは必ずしも直接には関連しないが，このFATFのマンデートは，当初のマネロン規制だけに留まらず，現在ではテロ資金の供与や，国連安保理制裁委員会の決議に反しての，核兵器等の大量破壊兵器の開発資金の供与等の防圧にまで拡大している。これについても，2001年の同時多発テロ事件以降の，これらの分野への米国の取組強化と，その世界的レベルへの敷衍という経緯が，色濃く反映されたものである。これらの資金は，そもそもの性質としては全く異なるものであるが，テロ組織

図４　FATFのマンデートの拡大

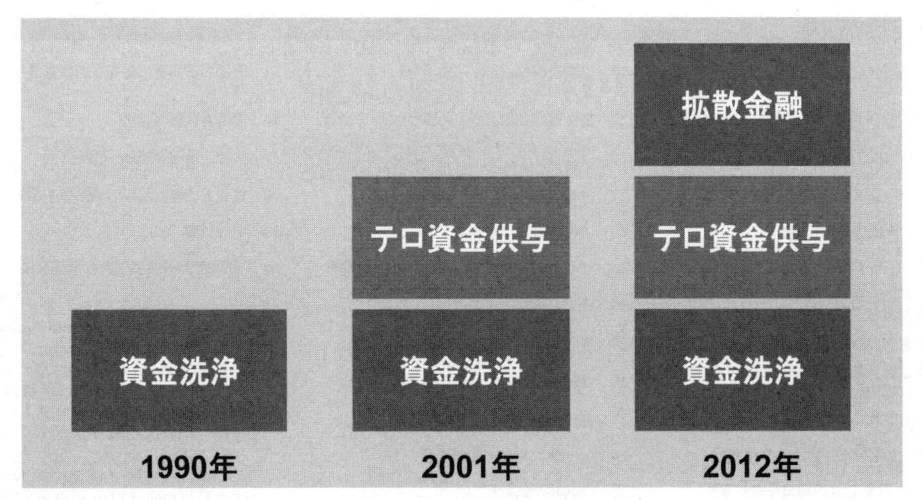

（出所）財務省作成資料

が犯罪で得た収益を活動資金とし，また特定の国については，国家ぐるみの違法な資金獲得活動を行って，その収益を大量破壊兵器の開発資金にしていることが強く推認される等，相互に重なり合う部分も大きく，これらを一体のものとして規制の対象にすることは，単に沿革上の産物というのみならず，実体としての必然性と意義も大きいものである（図４）。

FATFにおいて，国際社会が遵守すべき基準を策定していると述べたが，その主要なものは，法制度に関する40の勧告（Recommendations）と，その各国での実施・運用に係る11の有効性指標（Immediate Outcomes）である[4)]。これらは，各施策の大前提となる国レベルでの各分野のリスク評価，マネロン等の犯罪化といった基礎的事項に始まり，金融機関を始めとした民間事業者が取るべき措置（本人確認や「疑わしい取引」の報告等，マネロン規制という言葉から多くの人が想起する領域），適切な捜査・訴追の実施，更にはその延長としての，犯罪人引渡等の国家間の協力まで，多岐にわたるものである（図５・６）。特に，金融機関を始めとした民間事業者の複数の措置義務を通じ，日々のカネの流れのモニタリングという，当局だけの手にはとても負えないミッションを民間事業者にも広く負わせるという部分は，この枠組みの他に類を見ない特徴であり，それは，政府と民間セクターの協力という言葉を遥かに凌駕した，官民の巨大なバーデン・シェアリングと呼び得るものである。多くの人々が，日々のコンプラ業務として，また，金融機関等の利用者として，マネロン対策という言葉で想起するのも，この煩瑣な手続義務であろう。

さて，我が国においてもこれらの基準への適合性が保たれるよう，法制度を整備し，その実施・運用を改善してきており，その進捗状況は前述の相互審査のプロセスにおいて，確認・評価されることとなる。直近の審査結果は2021年８月に公表されたものであり，筆者もそのプロセスに携わった[5)]。

4）尾崎・野田・中崎（2022）
5）FATF（2021）

図５　FATF・40の勧告

勧告	内容	勧告	内容	勧告	内容
1	リスク評価とリスクベース・アプローチ	18	金融機関・グループにおける内部管理方針の整備義務、海外支店・現法への勧告の適用	35	義務の不履行に対する制裁措置
2	国内関係当局間の協力	19	勧告履行に問題がある国・地域への対応	36	国連諸文書の批准
3	資金洗浄の犯罪化	20	金融機関における資金洗浄、テロ資金供与に関する疑わしい取引の届出	37	法律上の相互援助、国際協力
4	犯罪収益の没収・保全措置	21	内報禁止及び届出者の保護義務	38	法律上の相互援助：凍結及び没収
5	テロ資金供与の犯罪化	22	DNFBPにおける顧客管理	39	犯人引渡
6	テロリストの資産凍結	23	DNFBPによる疑わしい取引の報告義務	40	国際協力（外国当局との情報交換）
7	大量破壊兵器の拡散に関与する者への金融制裁	24	法人の実質的支配者		
8	非営利団体（NPO）の悪用防止	25	法的取極の実質的支配者		
9	金融機関秘密法が勧告実施の障害となることの防止	26	金融機関に対する監督義務		
10	顧客管理	27	監督当局の権限の確保		
11	本人確認・取引記録の保存義務	28	DNFBPに対する監督義務		
12	PEP（重要な公的地位を有する者）	29	FIUの設置義務		
13	コルレス銀行業務	30	資金洗浄・テロ資金供与の捜査		
14	送金サービス提供者の規制	31	捜査関係等資料の入手義務		
15	新技術の悪用防止	32	キャッシュ・クーリエ（現金運搬者）への対応		
16	電信送金（送金人・受取人情報の通知義務）	33	包括的統計の整備		
17	顧客管理措置の第三者依存	34	ガイドラインの策定業務		

※1 DNFBP (Designated Non-Financial Businesses and Professions：指定非金融業者・職業専門家)とは、(a)カジノ、(b)不動産業者、(c)貴金属商、(d)宝石商、(e)弁護士、公証人その他の独立法律専門家及び会計士、(f)トラスト・アンド・カンパニー・サービスプロバイダー（その他の業種に含まれない、法人設立の仲介者として行動する業者等）のこと。

※2 FIU(Financial Intelligence Unit：資金情報機関)とは、資金洗浄やテロ資金に係る資金情報を一元的に受理・分析し、捜査機関等に提供する政府機関のこと。

（注）本稿に関係する部分につき，ハイライト。
（出所）財務省作成資料

図６　FATF・11の有効性指標

項目	概　要
1	資金洗浄/テロ資金供与リスクの認識・協調
2	国際協力
3	金融機関・DNFBPの監督
4	金融機関・DNFBPの予防措置
5	法人等の悪用防止
6	特定金融情報等の活用
7	資金洗浄の捜査・訴追・制裁
8	犯罪収益の没収
9	テロ資金の捜査・訴追・制裁
10	テロ資金の凍結・NPO
11	大量破壊兵器に関与する者への金融制裁

（注）本稿に関係する部分につき，ハイライト。
（出所）財務省作成資料

Ⅱ－２．国内法におけるマネロン罪

他国と並び，以上見てきたFATF基準に可及的に準拠する形で，日本の国内法制は整備されている。そして，改めてとはなるが，マネロン罪は，犯罪収益についてその「隠匿及び収受」を犯罪化したものであるところ，当該収益を生み出したそもそもの犯罪のことを，マネロン罪と区別して「前提犯罪」と呼ぶ。これはpredicate offencesという英語の訳であり，必ずしもこなれてはいないものの，既に定訳化しているため，本稿においてもこの例に倣うこととする。

さて，この前提犯罪であるが，我が国の国内法においては，麻薬特例法（国際的な協力の下に規制薬物に係る不正行為を助長する行為等の防止を図るための麻薬及び向精神薬取締法等の特例等に関する法律（平成３年法律第94号）及び組織的犯罪処罰法（組織的な犯罪の処罰及び犯罪収益の規制等に関する法律（平成11年法律第136号））に列挙されている（図７）。一覧性の観点からは，このように前提犯罪が二法に分かれて提示されていることは望ましくないが，これは，歴史的経緯に由来するものである。つまり，世界的に見ても我が国においても，マネロンの犯罪化は麻薬犯罪への取組みをその淵源とするものであったがゆえに，まずは麻薬犯罪においてその前提犯罪化が行われ，その射程の拡大という形で，他の犯罪も前提犯罪化されたところ，そのプラットフォームとしては，組織的犯罪処罰法という別法が立てられた，という歴史である。よって，組織的犯罪処罰法の条文だけ見ると，あたかも麻薬犯罪が射程から意図的に外されているようにも読めるが，これは，専ら法制上の重複排除という技術的理由によるものである。

比較法的に見ると，前提犯罪の規定の仕方としては，①量刑等で一定の閾値を設け，それ以上のものを全て対象とする包括方式，②対象となる犯罪類型を個別に列挙する「リスト方式」の２つに大別されるところ，我が国はそれらのハイブリッド方式である。すなわち，組織的犯罪処罰法第２条第１号イは，「死刑又は無期若しくは長期四年以上の懲役若しくは禁錮の刑が定められている罪」として，包括的に重大犯罪を定めている一方で（後続する括弧書は，前述の重複排除），同号ロにおいては，パレルモ条約（国

図７　FATF勧告と国内法令の対応関係

勧告の概要	対応する主な法律
AML/CFTに関する政策・協力（勧告1、2）	犯罪収益移転防止法
資金洗浄の犯罪化と没収（勧告3、4）	**組織的犯罪処罰法** **麻薬特例法**
テロ資金供与・拡散金融対策（勧告5～8）	テロ資金提供処罰法 外為法 国際テロリスト財産凍結法 NPO関連法（特定非営利活動促進法 等）
金融機関等の予防措置（勧告9～23）	犯罪収益移転防止法
法人等の透明性（勧告24、25）	犯罪収益移転防止法 商業登記法 公証人法
当局の権限等（勧告26～35）	犯罪収益移転防止法 関連業法（金融商品取引法、保険業法 等） 関税法
国際協力（勧告36～40）	国際捜査共助法 逃亡犯罪人引渡法

（注）本稿に関係する部分につき，ハイライト。
（出所）財務省作成資料を一部加工

際的な組織犯罪の防止に関する国際連合条約）（人身取引議定書及び密入国議定書を含む）上，犯罪化が義務付けられている犯罪類型として同法別表1（テロ関連犯罪等）が，現実に暴力団等が多額の収益を獲得していると認められる資金源犯罪であって，法定刑の長期が4年未満の懲役又は禁錮である犯罪類型として同法別表2（金融関連犯罪等）が含まれることとされている。なお，2022年6月に成立した刑法改正により，ここで「懲役又は禁錮刑」等とあるのは，2025年6月16日までに「拘禁刑」として一本化される予定である（以下同じ）。

組織的犯罪処罰法
（定義）
第二条　（略）
2　この法律において「犯罪収益」とは，次に掲げる財産をいう。
一　財産上の不正な利益を得る目的で犯した次に掲げる罪の犯罪行為（日本国外でした行為であって，当該行為が日本国内において行われたとしたならばこれらの罪に当たり，かつ，当該行為地の法令により罪に当たるものを含む。）により生じ，若しくは当該犯罪行為により得た財産又は当該犯罪行為の報酬として得た財産
イ　死刑又は無期若しくは長期四年以上の懲役若しくは禁錮の刑が定められている罪（ロに掲げる罪及び国際的な協力の下に規制薬物に係る不正行為を助長する行為等の防止を図るための麻薬及び向精神薬取締法等の特例等に関する法律（平成三年法律第九十四号。以下「麻薬特例法」という。）第二条第二項各号に掲げる罪を除く。）
ロ　別表第一（第三号を除く。）又は別表第二に掲げる罪[6) 7)]

FATF基準との関係で言うと，前述のとおりこの部分は，マネロン行為を犯罪化するという，いわば礎石に当たる部分である。繰返しとはなるが，マネロンが麻薬犯罪（そして，組織犯罪からひいては重大犯罪一般）を防圧するための刑事政策的目的をもって，犯罪行為として位置付けられたのは，歴史的に見ても最近のことで

6）別表第一は，国際的な組織犯罪の防止に関する国際連合条約（通称「パレルモ条約」又は「TOC条約」）上，犯罪化が義務付けられている罪を，別表第二は，法定刑が長期4年未満の懲役・禁錮刑であっても，平成29年の本法改正以前から前提犯罪とされていたものを掲げている。

7）同条項の続きは，以下のとおり。
二　次に掲げる罪の犯罪行為（日本国外でした行為であって，当該行為が日本国内において行われたとしたならばイ，ロ又はニに掲げる罪に当たり，かつ，当該行為地の法令により罪に当たるものを含む。）により提供された資金
イ　覚醒剤取締法（昭和二十六年法律第二百五十二号）第四十一条の十（覚醒剤原料の輸入等に係る資金等の提供等）の罪
ロ　売春防止法（昭和三十一年法律第百十八号）第十三条（資金等の提供）の罪
ハ　銃砲刀剣類所持等取締法（昭和三十三年法律第六号）第三十一条の十三（資金等の提供）の罪
ニ　サリン等による人身被害の防止に関する法律（平成七年法律第七十八号）第七条（資金等の提供）の罪
三　次に掲げる罪の犯罪行為（日本国外でした行為であって，当該行為が日本国内において行われたとしたならばこれらの罪に当たり，かつ，当該行為地の法令により罪に当たるものを含む。）により供与された財産
イ　第七条の二（証人等買収）の罪
ロ　不正競争防止法（平成五年法律第四十七号）第十八条第一項の違反行為に係る同法第二十一条第二項第七号（外国公務員等に対する不正の利益の供与等）の罪
四　公衆等脅迫目的の犯罪行為等のための資金等の提供等の処罰に関する法律（平成十四年法律第六十七号）第三条第一項若しくは第二項前段，第四条第一項若しくは第五条第一項（資金等の提供）の罪又はこれらの罪の未遂罪の犯罪行為（日本国外でした行為であって，当該行為が日本国内において行われたとしたならばこれらの罪に当たり，かつ，当該行為地の法令により罪に当たるものを含む。）により提供され，又は提供しようとした財産
五　第六条の二第一項又は第二項（テロリズム集団その他の組織的犯罪集団による実行準備行為を伴う重大犯罪遂行の計画）の罪の犯罪行為である計画（日本国外でした行為であって，当該行為が日本国内において行われたとしたならば当該罪に当たり，かつ，当該行為地の法令により罪に当たるものを含む。）をした者が，計画をした犯罪の実行のための資金として使用する目的で取得した財産

あり，それが犯罪であることは，決して所与のことでも自明のことでもない。そして，それが犯罪類型として法定されていないことには，その予防措置，捜査・訴追，更には，国境をまたいだ当局同士の協力ということもあり得ない。したがって，基準においてもこのマネロンの犯罪化，具体的には勧告3に当たる部分が充足されていないことには，その他の基準を満たすための必要条件を欠いている，ということになる。さて，ある国の刑法体系の中に差し当たりマネロンが犯罪類型として置かれているとして，次に重要なのは，その前提犯罪の射程の広さである。当然のことながら，射程が狭過ぎる場合には，現実問題としてマネロン罪が適用される場面は限定されてしまう。そのような事情から，かかる前提犯罪の射程については十分に広く取られることが，FATF基準上の要請ともなっている。具体的には，勧告3において以下のように定められている[8]。

各国は，ウィーン条約及びパレルモ条約に基づき，マネロンを犯罪化すべきである。各国は，最も広範な範囲の前提犯罪を対象とする観点から，全ての重大犯罪にマネロン罪を適用すべきである。

これを受け，各国の審査の際にメルクマールとされるメソドロジー（methodology）においては，更に次のような記載がなされている[9]。

3.1 マネロンは，1988年ウィーン条約及び2000年パレルモ条約に則り犯罪化されなければならない（ウィーン条約3（1）（b）&（c）及びパレルモ条約6（1）参照）。

3.2 マネロンの前提犯罪は，可能な限り広範な前提犯罪を含む観点から，あらゆる重大犯罪を対象としなければならない。前提犯罪には，少なくとも指定された各犯罪類型に属する一連の犯罪を含まなければならない。

3.3 閾値方式又は閾値方式を含む組合せ方式を採用している場合，前提犯罪には少なくとも次の犯罪が含まれていなければならない。

(a) 国内法において重大犯罪の類型に該当する犯罪
(b) 最長1年又はそれ以上の拘禁刑に処される犯罪
(c) 法定刑に下限を設けている国に関し，6か月以上の拘禁刑に処される犯罪

かかる基準に照らせば，我が国の法制度も，マネロンの犯罪化に関しては基本的には広範性が確保されていると言え，実際，第4次対日相互審査における勧告3の評価は上から2番目の「概ね遵守（LC：Largely Compliant）」というものであった。

さて，組織的犯罪処罰法において定められた前提犯罪の類型の中で中核となるのは，言うまでもなく，「死刑又は無期若しくは長期四年以上の懲役若しくは禁錮の刑が定められている罪」という包括規定である（上記下線部分）。本稿の

8) Countries should criminalise money laundering on the basis of the Vienna Convention and the Palermo Convention. Countries should apply the crime of money laundering to all serious offences, with a view to including the widest range of predicate offences.

9) 3.1 ML should be criminalised on the basis of the Vienna Convention and the Palermo Convention (see Article 3 (1) (b) & (c) Vienna Convention and Article 6 (1) Palermo Convention).

3.2 The predicate offences for ML should cover all serious offences, with a view to including the widest range of predicate offences. At a minimum, predicate offences should include a range of offences in each of the designated categories of offences.

3.3 Where countries apply a threshold approach or a combined approach that includes a threshold approach, predicate offences should, at a minimum, comprise all offences that: (a) fall within the category of serious offences under their national law; or (b) are punishable by a maximum penalty of more than one year's imprisonment; or (c) are punished by a minimum penalty of more than six months' imprisonment (for countries that have a minimum threshold for offences in their legal system).

関心事項である税犯罪についても，ここに含まれることをもって，マネロンの前提犯罪の射程に収まっていると評価されることとなる。具体的には，所得税法の中で最も基本的な罰則規定である第238条は以下のように定めているところ，これは，上記の量刑閾値に基づく包括方式の下，マネロンの前提犯罪として含まれることとなる。

所得税法
第二百三十八条　偽りその他不正の行為により，…（中略）…所得税を免れ，又は…（中略）…所得税の還付を受けた者は，十年以下の懲役若しくは千万円以下の罰金に処し，又はこれを併科する。
２（略）
３　第一項に規定するもののほか，…（中略）…申告書をその提出期限までに提出しないことにより，…（中略）…所得税を免れた者は，五年以下の懲役若しくは五百万円以下の罰金に処し，又はこれを併科する。
４（略）

同様に法人税法においては，関連規定は以下のとおりとなっている。

法人税法
第百五十九条　偽りその他不正の行為により，…（中略）…法人税を免れ，又は…（中略）…法人税の還付を受けた場合には，法人の代表者…（中略）…，代理人，使用人その他の従業者…（中略）…でその違反行為をした者は，十年以下の懲役若しくは千万円以下の罰金に処し，又はこれを併科する。
２（略）
３　第一項に規定するもののほか，…（中略）…申告書をその提出期限までに提出しないことにより，…（中略）…法人税を免れた場合には，法人の代表者，代理人，使用人その他の従業者でその違反行為をした者は，五年以下の懲役若しくは五百万円以下の罰金に処し，又はこれを併科する。
４（略）

ここで付言しておくと，このように包括規定の下で税犯罪が読み込めてしまっていることは，ともすれば税犯罪がマネロンの前提犯罪であることが所与として受け止められ，その実質的意義の検討がなおざりになってきた遠因の一つのように思われる。この点確かに，税犯罪の前提犯罪化は国際的議論の帰結を経て，国内法に反映されたものであるが，とは言え現行法制だけを見た場合，税犯罪が特段強調されることもなく，ごく自然な形で射程に収まってしまっていることが仇となり，翻っての実務的検討の「よすが」が失われていることになっているのではないか，との印象を受ける。もっとも，そもそも国際場裡においても，税犯罪の前提犯罪化が法制的・実務的にどのように整理され，いかなる効果をもたらすかについて，どこまで詰めた議論がなされていたかと問われれば，そのこともまた疑わしい。世界的に前提犯罪化がスローガン化する中で各国においてなし崩し的に導入され，我が国の国内法では，幸か不幸か現行法制にひっそりと収まってしまったまま，その意義は明確化されずに現在に至っている，というのが，偽らざる事の推移であると思われる。この点については，後述する。

Ⅲ．リスクの分析・評価（準備段階）

さて，冒頭で示した，税当局と刑事司法の共働に係る各段階において，最初に位置付けられるのが，リスクの分析・評価である。本稿との関係では，税当局からは租税犯罪のリスクにつき，また，警察等からはその他の犯罪リスクに関して，それぞれ分析・評価が適切になされ，かつお互いに共有されなければならない，ということが要請される。そして結論から言ってしまえば，この段階における共働には特段の法的困難性といったものは存在せず，したがって，当局同士がより緊密に連携していくべし，という「実践あるのみ」の世界である。もっとも，「リスク」という言葉は日常用語としても登場するありふれたものでありながら，その正しい理解は意外と難しいことには，留意が必要だ。マネロン対策の文脈において，この言葉が用いられる時には，しばしば「リスクベース・アプローチ（Risk-Based Approach）」という塊として現れる。これは，「ルールベース・アプローチ（Rule-Based Approach）」と対置される概念であり，極論すれば，これと対になって初めて意味を持つものとすら言える。

後者は，法令遵守の要請と訳してしまえば当然の原則にしか響かないが，ルール，すなわち定められた規範に従っていれば事足れり，という，ややネガティブな含意をも持つ。これに対して，前者は，自らを取り巻くマネロン対策上のリスクを把握し，適切な人的・財政的資源配分の下で，メリハリの利いた対応を取るべし，という主体性を包摂する概念である。そして，これは現在の国際的なマネロン対策の，正に一丁目一番地というべき出発点であり，それを前提に，全てのピースが組み立てられていると言っても，全く過言ではない。そして，これはマネロン対策の様々なレイヤーについて適用される概念である。具体的には，FATF基準においてまず各国政府が，自国を取り巻くリスクについて適切に把握することが求められるのだが，これは，物理的にも40の勧告においても11の有効性指標においても，それぞれ筆頭項目として挙げられているものであり，それと不可分一体のコロラリーとして，国内関係機関は緊密に共働すべき旨が併せて謳われている（図５・６）[10]。そして，後続の基準を通じて，そのようなリスク分析・評価が，各業界セクター，そして，そこに属する個々の事業者等へと，連鎖的に具体

10）勧告１の関連主要部分は，以下のとおり。

1. Assessing risks and applying a risk-based approach

Countries should identify, assess, and understand the money laundering and terrorist financing risks for the country, and should take action, including designating an authority or mechanism to coordinate actions to assess risks, and apply resources, aimed at ensuring the risks are mitigated effectively. Based on that assessment, countries should apply a risk-based approach（RBA）to ensure that measures to prevent or mitigate money laundering and terrorist financing are commensurate with the risks identified. This approach should be an essential foundation to efficient allocation of resources across the anti-money laundering and countering the financing of terrorism（AML/CFT）regime and the implementation of risk-based measures throughout the FATF Recommendations. Where countries identify higher risks, they should ensure that their AML/CFT regime adequately addresses such risks. Where countries identify lower risks, they may decide to allow simplified measures for some of the FATF Recommendations under certain conditions.（中略）

2. National cooperation and coordination

Countries should have national AML/CFT/CPF policies, informed by the risks identified, which should be regularly reviewed, and should designate an authority or have a coordination or other mechanism that is responsible for such policies. Countries should ensure that policy-makers, the financial intelligence unit（FIU）, law enforcement authorities, supervisors and other relevant competent authorities, at the policymaking and operational levels, have effective mechanisms in place which enable them to cooperate, and, where appropriate, coordinate and exchange information domestically with each other concerning the development and implementation of policies and activities to combat money laundering, terrorist financing and the financing of proliferation of weapons of mass destruction. This should include cooperation and coordination between relevant authorities to ensure the compatibility of AML/CFT/CPF requirements with Data Protection and Privacy rules and other similar provisions（e.g. data security/localisation）.

化・詳細化を経ながら均霑していくプロセスが，あるべき姿として示されている。当然，そのような構造は我が国の国内法にも反映され，金融を始めとして，各業界・各社における適切なリスクの把握が求められている。

そのような訳で，国内におけるマネロン対策という意味では，まずはスタートラインとなる関係機関間協力であるが，我が国においては，正にFATF対日審査の前後をまたいでの準備・対応といった必要性もあって，近年，急速に緊密化しているものと評価できる。歴史的な経緯があり，対日審査の取りまとめは財務省とされており，ゆえに筆者も第4次審査の実務レベルの取りまとめを担った訳であるが，金融庁を始めとした各業界所管官庁に加え，法務省・警察庁・公安調査庁といった司法警察関係機関含め，関係機関の数は非常に多く，かつ，それらの間に本質的に上下関係があるものではないため，対応の全般的な指揮・監督機能は，内閣官房に置かれている。とは言え，これが将来的にもどこまで実質的かつ有効に機能していくかは，今後の各機関の取組みにかかっていると言えるだろう。冒頭で述べたとおり，本来，このフェーズでの共働に法的な制約はないはずであり，そこで仮に不十分さが生じているとすれば，それは漏れなく関係機関の懈怠，又は（積極的・消極的両面における）悪しき縄張り主義に，その要因を求めざるを得ない。法的論点が希薄である以上は本論稿でのテーマとして馴染むものではないため，この段階に係る議論はここで留めるが，リスク分析・評価における共働は次以降の段階での共働関係の基礎たるものであり，その重要性は強調してし過ぎるということはないのである。

Ⅳ．情報の共有（実働段階）

Ⅳ－1．提供の主体と方向性

以上を前提として，いよいよここから，関係機関間の情報共有に係る議論を進めていく。機関間の情報共有と言っても，一意に論じられるものではなく，どの機関の間のどちら方向の提供かによって，決定的に議論の前提に違いが生じる。そして，このような税務当局が保有する情報に係る機微は，何も我が国だけの問題ではなく，国際社会において多くの国が抱える事情である。この点に正面から触れずに，機関間の共働関係強化をスローガンとしてだけ掲げ続けるのでは，問題の本質に全く迫ることができない。

情報を有し，それを他機関と共有する主体としては，税当局のほか，マネロン罪を含む犯罪一般の捜査を一義的に担う警察，及びその他の機関がある。この点，従来議論の中心となってきたのは税当局と警察である。ここでは，警察から税当局，反対に税当局から警察，という2つのフローが存在し得る訳であるが，前者の警察から税当局への情報提供は，これまでも「課税通報」という名の下で恒常的に行われてきた。すなわち，警察が犯罪捜査の過程で収益を発見した場合には，それを税当局に通報し，課税を促すというものである。なお，後述のとおり所得に関してはその合法・違法を問わず課税対象となることは，学説的にもほぼ異論なく受け容れられてきているところである。他方で，税当局を送り元とする情報共有は，法制的に困難が伴うとされてきた。

ではそもそも，各機関間において，どのような方向性で，いかなる内容の情報が共有されるべきであろうか。実態は一旦置いておき，まず白紙からの「あるべき論」について考えてみたい。その議論に先立っては準備作業として，マネロンと脱税に係る行為の関係性を理解する必要があるが，この問に対しては比較的直截な答えを与えることが可能である。それは，マネロンに当たる行為が，脱税の中にすっぽり包含されているという関係である。すなわち，マネロンに当たる行為は全て脱税も構成する反面，その逆は必ずしも真ならず，であり，マネロンには該当しない脱税も存在する，ということである。結論だけ言ってしまえば非常に単純であるが，この点すら，従来明確な言及はなされてこなかったように思われる。

現行法制に基づき，税犯罪とマネロン罪の間の関係性を考えてみよう。これに当たっては，①対象となるカネの合法性，②行為態様，の2点から，税犯罪・マネロン罪双方の輪郭を画していく作業が必要となる。まず①に関して，前提として，マネロンの対象となる収益は，定義上全て違法収益である。構成要件上，合法な資金につきマネロン罪は成立しない。他方，税犯罪は当該所得が合法であれ違法であれ成立する。こちらについては，むしろ違法所得についても脱税が成立するという事実が意外感をもって受け止められるかも知れないが，この点に関しては，学説・実務双方において全く異論の余地がないと言って差支えない[11]。そうであるなら，犯罪の対象という意味において，自ずと税犯罪はマネロン罪より広いということになる。次に，差し当たり違法収益・所得を前提とするとして，②の行為態様であるが，今度はマネロン罪の側から考えた場合に，マネロンの対象となるような違法収益について，わざわざ税金を納めようなどという殊勝な犯罪者はいるはずがなく，結局のところ，マネロン罪の対象となった違法所得は，現実問題としてはその全てが脱税の対象である。

以上をまとめると，マネロン罪の対象となった（違法な）収益は，実質上自動的に税犯罪の対象となると言える反面，「逆は必ずしも真ならず」であり，脱税に係る所得が必然的にマネロン罪の対象でもある，という訳ではない（図8）。

この事実を，実務面に投影した場合，何が言えるであろうか。実務面への投影というのは，すなわち，関係機関間の情報共有が，具体的にどのように作用するか，ということである。仮にマネロン罪が成立する場合に，その情報を警

図8　対象となる所得・収益の範囲（概念図）

（出所）筆者作成

11）金子（2023）

察が税当局に提供することの政策的意義は，相対的に見れば低いと言わざるを得ない。もちろん，それをやらないよりはやった方が遥かに良いのであるが，同一の収益につきマネロン罪と税犯罪の両方で捜査したところで，結局のところ被疑者を捜査・訴追し，ひいては剥奪の対象とできる収益は一つであり，二重に剥奪ができる訳ではない。より正確に言えば，マネロン罪においては違法収益そのものが没収の対象となり得る一方，税犯罪の文脈では，理論的には重加算税を含めた税率を掛け目にして計算した，所得の一部が剥奪できるのみである。本稿執筆時に，ちょうどラグビーのワールドカップが開催されたところである。比喩的に表現するのであれば，ラグビーにおいて，トライを決めたチームにはコンバージョンキック（ゴールキック）が与えられ，更なる追加点が狙えるというルールがあるが，イメージとしてはそれに近いものがあろう。本体（言うなれば元本）としての犯罪収益がマネロン罪として没収の対象となった際に，それに付随するものとして脱税部分についても，あわせて徴収できるということである。この際，本体部分の方の没収が，刑事政策的にはより重要であることは言うまでもなく，かつ，犯罪者というヒトにも着目し，マネロン罪，更にはそれに先立つ前提犯罪を捜査した上で，訴追の対象とすることが主たる目的とされるべきであろう。

他方で，仮に税務当局がその調査の過程で，違法収益である疑いのある所得を検知し，それに係る脱税を税犯罪として立件する一方で，警察当局に情報を提供し，そもそもの資金の出所につき捜査を促すことができれば，より大きな刑事政策上の効果が期待できる。個人・法人問わず，国民の財務状況について質問検査の権限を有し，それを恒常的に実施している主体は，現時点では税務当局以外にはなく，そこで掴まれた金融犯罪の端緒は，マネロン捜査を担う警察当局にとって極めて有益な情報となり得るからである。では，次に税当局の有するそのような情報というものが，いかなる性質を有するものであるか，が論点となる。

Ⅳ－２．税当局が保有する情報提供の限界

税当局が保有する情報を提供するに当たっては，当該情報についての税当局の主観的な目的（収集時が基準），及び提供先である他機関（ここでは敢えて警察に限らないこととする）における客観的要素としての用途の二つを軸に，法的制約の態様が変わってくるものと考えられる。以後，この整理に従ってそれぞれの「象限」について検討していく（図9）。

Ⅳ－２－１．国税通則法第74条の8

まず明確にされるべきことは，税務調査における質問調査権の行使に当たり，既に犯罪捜査のための情報収集を目的として，これを行うことは許されない，ということである（図9【I】）。国税通則法においては，第74条の2から第74条の7の2まで，各種の質問調査検討に係る規定が置かれた後，以下の定めが置かれている。

国税通則法
（権限の解釈）
第七十四条の八　第七十四条の二から第七十四条の七まで（当該職員の質問検査権等）又は前条の規定による当該職員又は国税局長の権限は，犯罪捜査のために認められたものと解してはならない。

本規定は，国税通則法の制定前に，税法諸法にバラバラに規定されていたものを集約したものであり，かつ，国税の質問検査権等の趣旨からは当然に導出される，確認的規定と解されている。なぜなら，裁判所からの令状を取って行う犯則調査とは異なり，通常の税務調査は，令状捜査ではないながら，質問検査受忍義務と，その履行を確保するための間接強制である行政刑罰によって成り立った特殊なものであり，そこで得た情報が犯罪捜査に用いられることは，令状主義（憲法第35条）・黙秘権の保障（同第38条）といった，刑事司法手続における基本

図９　共有対象情報と法的制約の整理

		収集時の主観的目的	
		刑事捜査	税務本来の目的
提供先の客観的用途	刑事捜査	【Ⅰ】 • 通則法74条の8により不可 • 立法論としても困難	【Ⅱ】 • 守秘義務と告発義務の利益衡量 • 重大犯罪のみ可能と解する余地
	その他（BOの把握等）		【Ⅲ】 • 法律の根拠に基づいた守秘義務解除が必要 • 大前提として「法人等のプライバシー」の論点

（出所）筆者作成

的な人権の保障を侵害する恐れがあるからである[12)]。

したがって，いかに犯罪の取締りという公益的な目的があろうとも，犯罪捜査を正面から目的とし，換言すれば，警察への情報共有を前提として質問検査権を行使することは，国税通則法第 74 条の８に真正面から抵触するものであって，認められるものではない。すなわち，質問検査権の行使段階でそのような主観的意図が税当局にある場合は，そのような行使自体が違法であり，そこで話は終わりである。この点は，憲法が掲げた刑事手続上の人権規定に関連し，当局が明確にその潜脱の意思をもって質問検査権を行使することは，直接的にかかる規範と抵触を来すものである以上，立法論としても，例えば本条項に例外を設けることの可能性を議論することは，それ自体として困難と考えられる。

他方で，税務調査の過程で収集した情報が，結果として犯罪捜査の端緒となっている場合について，これを犯罪捜査目的で使用することはできるか，すなわち，マネロン罪の文脈であれば，警察にこれを捜査に供する目的で共有することができるか，が問題となる（図９【Ⅱ】）。結論から言うと，このような場合については，国税通則法第 74 条の８との抵触ではなく，専ら税当局の守秘義務と，犯罪告発義務との利益衡量の問題となる。

この点について転換点となったのが，平成 16 年１月 20 日最高裁第二小法廷決定である。本件事案の概要については，以下のとおりである[13)]。

＜事案概要＞

・本件は，被告人Ａ海運株式会社（以下「被告会社Ａ」という）の実質的経営者であり，被告人Ｂ海運株式会社（以下「被告会社Ｂ」という）の代表取締役である被告人Ｃが，被告会社２社の経理担当者Ｄと共謀の上，被告会社２社の業務に関し，所得を秘匿して，被告会社Ａについては，平成２年７月期から平成４年７月期までの間，法人税合計１億 7,641 万 6,200 円を免れ，被告会社Ｂについては，平成３年１月期から平成４年１月期までの間，

12）志場・新井・山下・茂串（2019）
13）最高裁調査官解説，川出（2005）

法人税合計1億1,632万5,300円を免れたという，法人税法違反の事案である。
- 被告人らは，捜査段階から，前記法人税逋脱の事実関係を認めていたが，一審以来，公訴事実を立証する証拠が，税務調査のための質問検査権を犯則調査の手段として行使し違法に収集されたものであるから，証拠能力を欠く旨主張していた。

本件に関して，最高裁は「取得収集される証拠資料が後に犯則事件の証拠として利用されることが想定できたとしても，そのことによって直ちに，上記質問又は検査の権限が同法156条（※筆者注：現行国税通則法第74条の8）に反して犯則事件の調査あるいは捜査の手段として行使されたことにはならない」旨，示した。つまり，調査のプロセスで取得した情報が，後に「結果として」犯則事件の証拠となったからといって，そのことによってかかる質問検査権の行使が違法となる訳ではない，ということである[14]。

本決定は，直接的には税務調査と犯則調査，税当局の組織的に呼称すれば，調査と査察の間の情報共有に係るものであるが，その趣旨は，他の政府機関との間にも妥当するものと解して差し支えないものと思料される。すなわち，例えそれが警察との間であっても，税当局が，当初より捜査目的に使用することを企図した質問検査権の行使により獲得した情報でない限りは，その情報を警察と共有するに当たっても，少なくとも国税通則法第74条の8との関係は問題にならないものと考えるのが妥当であろう。この点，あくまでこの最高裁決定の射程は，税務の適正な執行という目的を共有する，税当局の内部にしか及ばないという見方も存在するところであるが，一つの組織内部であっても，その業務の性質を異なるものとして税務調査と犯則調査の間に厳格なファイヤー・ウォールを設けているという出発点の発想とは，整合性を若干欠いた議論であり，過度に自己制約的な解釈と考えられる。

Ⅳ－２－２．二重の守秘義務と公務員の告発義務

（１）関係法令

とは言え，収集した情報を無制限に他機関に提供して良いかと言えば，もちろん，そうはならない。ここで考慮しなければならないのは，国税職員に課せられる，いわゆる「二重の守秘義務」である。

通常，国家公務員には一般的に以下の守秘義務がかかっている。

国家公務員法
（秘密を守る義務）
第百条　職員は，<u>職務上知ることのできた秘密を漏らしてはならない。</u>その職を退いた後といえども同様とする。
②　法令による証人，鑑定人等となり，職務上の秘密に属する事項を発表するには，所轄庁の長（退職者については，その退職した官職又はこれに相当する官職の所轄庁の長）の許可を要する。
（以下略）
第百九条　次の各号のいずれかに該当する者は，<u>一年以下の懲役又は五十万円以下の罰金に処する。</u>
（中略）
十二　第百条第一項若しくは第二項又は第百六条の十二第一項の規定に違反して秘密を漏らした者

これは，民主主義の下での行政は国民に対して公開で行われることが基本的な原則であるが，行政がその目的を適正に達成するためには，一定の秘密を厳正に守らなければならない場合があり，本条はこのような観点に立って，職員に対し服務義務の一つとして守秘義務を課してい

14）佐藤（2022）

るものである[15]。更に，一定の国税職員に対しては，以下のとおり国税通則法において固有の守秘義務が重畳的に課せられており，その罰則は２倍に加重されている。

国税通則法
第百二十七条　国税に関する調査（不服申立てに係る事件の審理のための調査及び第百三十一条第一項（質問，検査又は領置等）に規定する犯則事件の調査を含む。）若しくは外国居住者等の所得に対する相互主義による所得税等の非課税等に関する法律（昭和三十七年法律第百四十四号）若しくは租税条約等の実施に伴う所得税法，法人税法及び地方税法の特例等に関する法律の規定に基づいて行う情報の提供のための調査に関する事務又は国税の徴収若しくは同法の規定に基づいて行う相手国等の租税の徴収に関する事務に従事している者又は従事していた者が，これらの事務に関して知ることのできた秘密を漏らし，又は盗用したときは，<u>これを二年以下の懲役又は百万円以下の罰金に処する。</u>

国税職員にこのような重い守秘義務が課されている趣旨は，職務上，納税者の財務状況といった，秘匿性が高い情報を把握し得る立場にあることに加え，納税申告制度の下においては，納税者との信頼関係が極めて重要であり，これが失われることとなれば，納税者の協力の下で適切な情報提供を受けることができなくなるからである。この守秘義務の要請は根幹的なものであり，日本だけでなく各国においても，多かれ少なかれ，税務情報は特別の保秘性が付与されている。税当局からの情報共有を議論の対象とするに当たっては，この法的制約の重さを十分に認識しない訳にはいかない。

他方で，このような重い守秘義務といえども，絶対的なものと解されるべきかは別問題である。現に，刑事訴訟法上，公務員には犯罪の告発義務がある。

刑事訴訟法
第二百三十九条　何人でも，犯罪があると思料するときは，告発をすることができる。
②　<u>官吏又は公吏は，その職務を行うことにより犯罪があると思料するときは，告発をしなければならない。</u>

本規定は，「刑事司法の適正な運用を図るために，各種行政機関に対し，刑事司法の運営についての協力義務を課すとともに，告発に裏付けられた行政運営を行うことにより，その機能がより効果的に発揮されることを期待して設けられたものである」[16]であるとか，「行政が適正に行われるためには，各種行政機関が相互に協力して一体として行政機能を発揮することが重要であるところ，犯罪の捜査ないし公訴権の行使といった刑事に関する行政作用についても，その適正な運用を図るためには各種行政機関の協力が必要であることに加え，告発に裏付けられた行政運営を行うことにより，行政の機能がより効果的に発揮されることを期待する趣旨によるものである」[17]等と説明される。そしてこの規定は，歴史的には，訓示規定に過ぎずその違反が直ちに懲戒事由等にはならないとする見方もあったものの，現在では少数説に留まっている。実際にも，本規定に係る趣旨は極めて強い公益的要請に根差すものであって，その機能は十全に確保されるべきであろう。

ここで，公務員たる国税職員については，加重された守秘義務と犯罪告発義務という，場面によっては相反する要請が法的に課されていることになる。そして，そのような各場面においてどちらの義務を優先するかについては，法令は明文での回答を与えていない。よって，ここは少なくとも現時点において，解釈に委ねられ

15）森園・吉田・尾西（2015）
16）河上・中山・吉田・原田・河村・渡辺（2012）
17）松本・土本・池田・河村・酒巻（2022）

ている問題であって，判断も大きく分かれ得る部分である。

（2）学説の状況

この点については，伝統的に守秘義務の要請を非常に重く捉え，開示に対して極めて消極的に解するのが，通説的な見解であった[18)]。しかし，平成16年最高裁決定の趣旨を踏まえてなお，かかる見解が妥当するか，またより一般論としても，現に複数の法令上の義務が競合している場合に，対象の類型分けやそれに従った利益衡量を経ることなく，一方が他方に自動的に優先するという解釈が適切かは，議論の余地があるものと思われる[19)]。更に，実務上の観点からも，少なくとも重大犯罪について言えば，そのような犯罪に関与している可能性がある納税者はそもそも納税意識も薄いことが想定されるところ，そのような納税者との間の「信頼関係」について，政策的判断としてどこまで重きを置くべきかに関しても，再考の余地はあるだろう。

実際に，より最近になり，複数の研究においてこの点が検証の対象とされているところ，そこでは多くの場合，少なくとも画一的に守秘義務が優先されるべき，との結論は導かれていない。

具体的には，まず行政法側からのアプローチとして，大橋（2019）は税法上のそれには限定しない，より一般的な守秘義務との関係性の文脈においてではあるものの，「告発を認めることに対しては，行政調査を犯罪捜査目的で利用したという批判が考えられる。しかし，犯罪の証拠が発見された場合にまで，公務員の守秘義務を理由に告発を抑制する解釈は合理性を欠く。」とする。同様に，櫻井・橋本（2019）は，「行政調査が犯罪捜査の機縁となることは排除しきれるものではなく，実際上こうした可能性を完全に排除することが，必ずしも好ましいともいい難い面がある」とし，また，曽和（2011）は，二つの義務の競合について，「…これは一律に結論づけることができない問題である。ただ，原則論としていうならば，行政調査過程で犯則事実を発見した公務員がそれを告発した場合には，一般に正当行為として守秘義務違反にならないと解すべきであろう。」とする。

税法学者の立場からの議論においては，吉村（2010）は，「たとえ納税者の信頼という要素を，政策上衡量に値する利益として認めたとしても，その利益が一律に情報提供の禁止を導くものと考えることは難しい。内国歳入法典（※筆者注：米国法制）に見られたように，転用先の目的外利用が税務行政に関わるものか否か，また，その情報が納税者の申告に由来するものかといった要素を考慮し，適切な衡量点を立法によって明確化することが望ましいと考えられる。」とする。また笹倉（2007）は，「行政調査により得られた情報・資料を刑事手続において利用してはならないとする一般的な原理は存在しないと思われる。…個別具体的な根拠に基づき利用が禁

---

18)「また，納税者等の秘密は，申告書や調査書の随所に散在している可能性があるから，租税職員の守秘義務との関連で，これらの書類は，その職員の属する租税行政組織から原則として門外不出であると解するのが，法の趣旨に合致している。したがって，租税行政庁は，他の行政機関や国家機関から，これらの書類の提出・開示・閲覧等の要求があっても，これに応じてはならないと解すべきであろう。これを，『租税情報開示禁止原則』と呼ぶことができる。これに対する例外は，法令によって，その開示が要求されあるいは閲覧が認められている場合である。この場合には守秘義務が解除されるが，その場合も，必要以上に納税者等の秘密が漏れないように注意しなければならない。なお，租税の確定・徴収処分に対する審査請求がなされた場合に，原処分庁は，これらの書類を担当審判官に提出することができる（税通96条2項参照）。」（金子，2021）なお，ここでの「法令によって…認められている場合」の例としては，「恩給58条ノ4，生活保護29条，児童手当28条等」が挙げられており，刑訴法第239条のような一般規定は想定していないものと考えられる。

19)「これらの見解は，後述する判例と整合していないといわざるを得ないところ，両者の峻別を強調する余り，税務調査によって得られた資料を利用できず，査察部門が犯則調査に着手できないことにもなりかねず，ほ脱犯に対する適正な刑罰権の行使の観点からして問題があり，実務的にはこれを支持するのは困難との感を否めない。」（山田，2006）

じられ，あるいは制限される場合は確かに存在する。ただし，そのような制約の有無を考える際，単に行政調査と刑事手続の間の手続的な規律の相違に着目するだけでは不十分であり，その相違が何に由来しているのかによって，それが利用制限の根拠となることもあれば，ならないこともあるという点を明確に意識することが必要であろう。」とし，また同（2017）では，「例えば，課税調査の過程で判明することがそれなりにあると推測される企業犯罪や贈収賄等の犯罪も情報共有の対象としてよいという考え方もありえようし，あるいは，人の生命身体を害するような重大犯罪でも秘密保持を優先すべきかなども検討を要する。こうなると，前述のとおり，課税庁の判断に委ねることは適切でないし，情報取扱いの適正を外観上明らかにするという見地からも，法律上その限界を明示することが望ましい。」とも述べられている。

以上を総合すれば，アカデミアの領域においては，少なくとも一定の場合に関して，利益衡量の結果として，刑事訴訟法上の告発義務が国税職員としての守秘義務に優先し，よって警察に関連する情報を提供することも可能と解することが，現在においては自然な解釈と捉えられつつあることは間違いないであろう。この点，論者によっては前掲のとおり，立法の必要性を指摘するものもあるが，それが法制的に，情報提供のための絶対条件という趣旨は読み取れず，むしろ現行法制を前提に，基本的には利益衡量の問題であるものの，基準の明確化のために立法措置が望ましい，という論旨であることには注意が必要である。もっとも，いずれにせよ本稿はこの機微な論点について，一般的・普遍的な視点から，確固たる結論を出すことを企図するものではない。あくまでも，かかる情報提供が，現在の学説の潮流に沿って（それが仮に立法による要件明確化の要請を伴うものであったとしても，）一定程度認められることを前提とした場合に，それは具体的にどのような範囲において許容されると解されるべきか，そして，それがマネロン規制というもう一つの政策領域と，どのような関係性に立つのかを整理することにある。

この点に関しては，西住（2019）が正に税務とマネロン規制の関係性を論ずる中において，国税通則法上の守秘義務は，基本的には刑訴法上の告発義務に優先するとしつつ，「しかし，納税者等の秘密を公開しなければ，…公安の維持に重大な支障を生ずるおそれがある場合にあっては，その事項を告発して犯人処罰を求めることについての公益上の要請がきわめて強いと考えられることから，告発を行っても，法令による正当な行為として国家公務員法100条及び国税通則法127条の守秘義務に関する規定に違反するものではないと考えられる。したがって，守秘義務が告発義務に優先するか否かの判断は，個別の事案ごとに，犯罪の重大性，犯罪があると思料することの相当性，今後の行政運営に与える影響等の諸点を総合的かつ慎重に検討して判断されることになる」と述べているが，その趣旨については，若干の整理・再構成が必要であると考えられる。

（３）マネロン前提犯罪と情報提供

前提として認識すべきは，どのような犯罪類型が社会の公益を大きく損なう「重大犯罪」であるかは，マネロン罪の前提犯罪となる犯罪類型という形で，既に組織犯罪処罰法（及び麻薬特例法）によって，その外縁が画されているという事実である。前述のとおり，マネロン規制はその淵源としては，組織犯罪の防圧を企図した制度ではあるものの，現在においては，前提犯罪の「組織性」は，厳密な意味では要求されていない。他方で，マネロン規制が，刑事政策上特に公益的要請から防圧の必要性が高い犯罪類型をその前提犯罪の射程に収め，金融捜査と没収を併せて駆使することで，その取締りを強化しようという制度趣旨は以前妥当するものであり，正に前提犯罪の類型は，そのような観点から対象を選別した結果としての，「重大犯罪」のリストにほかならない。そうであれば，およそ一国内の法令体系内において「重大犯罪」という時に，これと別異に解する必然性を求めることの方が，むしろ困難とも言える。

以上を要約すると，仮に利益衡量のテストを経た一定の範囲の情報提供が，税当局から他機関に対して認められるとの前提に立てば，国税職員が調査の過程で入手した情報については，税当局内で精査し，仮に（税犯罪以外で）組織犯罪処罰法等に列挙された重大犯罪に該当し得るとの嫌疑を抱いた場合には，刑事訴訟法上の告発義務が優先した結果，守秘義務がその限度において解除され，警察への情報提供も適法なものとして認められるものと解し得る余地があるのではないだろうか。なお，このことは，犯則調査により得た情報についても，同様と考えて差し支えないであろう。また，明瞭に意識されているかは別として，警察から税当局に現に行われている情報提供についても，少なくとも観念的には，上記のような守秘義務と告発義務の利益衡量というテストを経た上で，税当局に提供されているものと考えるべきである。この点，「二重の守秘義務」は国税職員固有のものであるが，警察職員も国家公務員である以上，少なくとも一般的な守秘義務はかかっているはずであり，であればそれを他機関たる税当局に提供する場合には，何らかの形で守秘義務が（それに優越する公益的要請により）部分的に解除されている，と理解するほかないからである。前提犯罪に列挙された税犯罪は，ここにおいては税当局が情報の受け手となるものであって，送り手の警察は，そちらに行動を促すという意味で，重大犯罪の告発と評価し得る。

もっとも，以上の議論に対して直ちに予想し得る反駁としては，税当局の収集時の主観目的について，果たしてその適法性を保つことは可能なのか，すなわち，刑事捜査の目的を隠し持っていたとしても，それを認定することは現実的には難しいのではないか，というものがあろう。この点は，何も情報提供の範囲を警察等の他機関に拡大することを前提とせずとも，査察部門による，税務調査過程での収集証拠の利用という，上述のとおり既に法制上許容されていると解される場面においても，潜在的には問題となり得る論点である。これに関しては，司法手続の過程でそのような主観的な意図が仮に明らかになれば，当該提供情報については証拠能力が失われることは言うまでもなく，また，その運用・執行の面においても，様々なセーフガード措置を含む，組織的な規律が整備されるべきであろう。

なお，蛇足とはなるが，このような情報共有の困難性を解消するためとする，一つありがちな議論の展開として，新たな機関の設置や，または既存機関を前提としつつもそれらの間のハブセンターのような組織の創設を提言する向きがあろうと思われる。しかし，このような発想はやや安易である。なぜなら，ここで問題となっているのは人権保障のための適正手続と，それに立脚した国家機関の情報の取扱いにかかる制約という憲法規範に関わる問題であり，表層的に国家機関がどのような形態を取ろうが，国家機関が入手された情報がどこまで犯罪捜査に利用され得るのか，という本質的な問いを回避することはできないからである。換言すれば，その点を法制的にクリアできるのであれば，行政コストをかけて，国家機関の組織人員を変更する必要はない。

Ⅳ－２－３．その他の情報収集（BO：実質的支配者）

（１）BO 把握の問題

ここまでは，税当局が，犯罪の端緒発見に資する情報，典型的には，調査先で提出を受けた帳簿に，犯罪資金の収益と見るべき記載がある場合等について，具体的な捜査を促す趣旨で情報提供を行うことを念頭に置いて，論じてきた。しかし，これは行政機関間の情報交換の対象としては，特定の犯罪捜査に資する内容であることが具体的に想定された，かなり特殊な内容のものと言える。より恒常的な情報共有の態様として，特定の犯罪捜査を差し当たっては念頭に置かない，一般的な内容のものについても，考えてみる必要があるものと思われる（図９【III】）。

そして，そのような性質ゆえに，提供・共有先は必ずしも警察とは限らない。

これらには，理論的には種々雑多なものが含まれ得るが，国税が継続して収集を担い，関係機関に提供されることが真摯に検討されても良いと考えらえる情報の一つが，法人等に係る実質的支配者（BO：Beneficial Ownership）に関連する情報である。

BOは，法人及び信託・組合等の法的取極（legal arrangement）に関し，重層的な資本の保有や，それに限らない形での意思決定への影響力行使により，実質的に当該法人等に及ぼされていると考えられる支配構造のことである。かねてより主に税務の世界では，租税回避のための実体を伴わない会社は「ペーパー・カンパニー」と呼びならわされてきたが，それはこのBOの問題の一類型と見ることが可能である。マネロン対策の領域においても，この問題は非常に重要な位置付けを占めている。なぜなら，上記のとおり多岐にわたる対策を入念に整備したところで，そもそも法人等について，その究極の支配者が誰であるのかを特定できなければ，対策が全体として底抜けの状態になっているに等しいからである。

もっとも，法人等を租税回避やマネロンのプラットフォームにしようとする者にとって，複雑な資本関係を意図的に構築し，支配構造を見えづらくすることは，それ程難しいことではない。更に，極論すれば資本関係を一切有さずとも，背後に隠れつつ実態において当該法人等をコントロールしている場合に，当局としてそれを検知するのは非常に困難である。BOの問題は，日本のみならず国際社会全体として，本質的な意味においてはほとんど対策が進んでいない分野と言っても，過言ではない。大げさな表現とはなるが，人類が社会の在り方として法人や法的取極という経済活動主体を寛大な形で認知し，それにより市場を発展させてきた以上，その負の側面としてのBOの不透明性の問題は，宿痾のように必然的につきまとうものと言えよう。

FATF基準においても，BOは中核的な問題の一つとして位置付けられている。具体的には，勧告24において法人について，25において法的取極について，各々その透明性を向上させる

図10　犯収法における実質的支配者の判別フロー

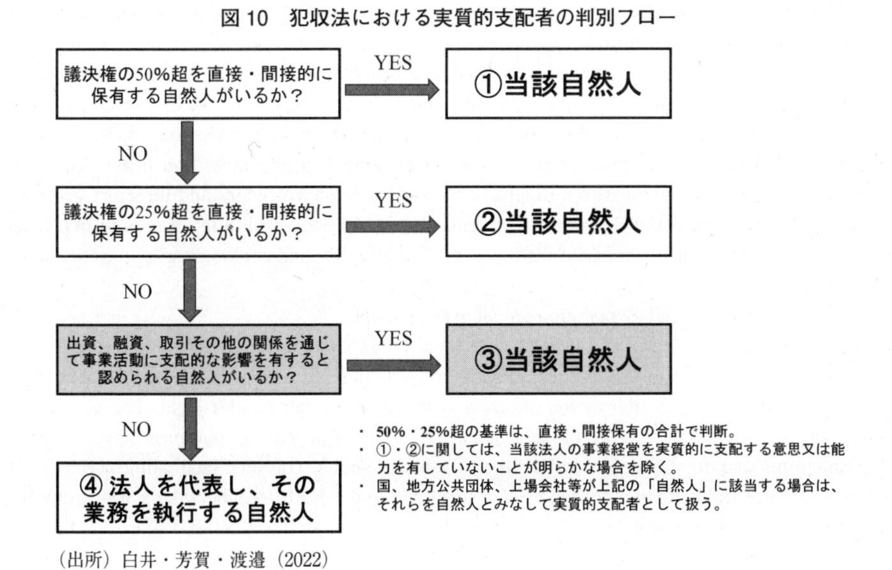

（出所）白井・芳賀・渡邉（2022）

べき旨が，掲げられている[20]。更に，計11項目の有効性指標のうち，一つがまるまるBO問題に対して割かれており[21]，マネロン対策の文脈でも，この問題への対処がいかに重要であると認識されているかが，明白となっている。

我が国においては，犯罪収益移転防止法（犯収法）において，実質的支配者の概念が規定されている（図10）。そして，事業者はこのような基準に該当する者について，自然人まで遡って把握することが求められているが，民間ベンダーの情報提供サービス等を利用しつつ，何とか把握に努めているというのが実態であり，特に資本関係に関わらない，文字通り実質的な支配関係の認定（図中，網掛け部分）は，困難を極める。

（2）日本での政策的対応とその限界

このような中，法務省において，筆者も財務省からメンバーとして名を連ねた，「商業登記所における法人の実質的支配者情報の把握促進に関する研究会」での議論を経て，令和４年１月末より，登記所における法人設立時のBO申告制度が開始した。この制度は，「株式会社（特例有限会社を含む。）からの申出により，商業登記所の登記官が，当該株式会社が作成した実質的支配者リスト（実質的支配者について，その要件である議決権の保有に関する情報を記載した書面）について，所定の添付書面により内容を確認した上でこれを保管し，登記官の認証文付きの写しの交付を行うもの」であって，「無料で利用することができ，郵送による申出も可能」とされている[22]。これは，BO把握のための対策として，大きな一歩であることは間違いない。

しかし，本制度の対象はあくまで議決権を通じた支配によるものに限定されており，上述の，真の意味での「実質的支配」，すなわち「出資，融資，取引その他の関係を通じて事業活動に支配的な影響を有する自然人」については対象とされていない。そして，これはあくまで法人の側からの自発的申請に基づくものであって，強制力を有するものでも，継続性を担保されたものでもない。つまり，現時点では資本関係を越えて法人の経営状況の実態把握する権能がどの

20）24. Transparency and beneficial ownership of legal persons
Countries should assess the risks of misuse of legal persons for money laundering or terrorist financing, and take measures to prevent their misuse. Countries should ensure that there is adequate, accurate and up-to-date information on the beneficial ownership and control of legal persons that can be obtained or accessed rapidly and efficiently by competent authorities, through either a register of beneficial ownership or an alternative mechanism. Countries should not permit legal persons to issue new bearer shares or bearer share warrants, and take measures to prevent the misuse of existing bearer shares and bearer share warrants. Countries should take effective measures to ensure that nominee shareholders and directors are not misused for money laundering or terrorist financing. Countries should consider facilitating access to beneficial ownership and control information by financial institutions and DNFBPs undertaking the requirements set out in Recommendations 10 and 22.
25. Transparency and beneficial ownership of legal arrangements
Countries should assess the risks of the misuse of legal arrangements for money laundering or terrorist financing and take measures to prevent their misuse. In particular, countries should ensure that there is adequate, accurate and up-to-date information on express trusts and other similar legal arrangements including information on the settlor (s), trustee (s) and beneficiary (ies), that can be obtained or accessed efficiently and in a timely manner by competent authorities. Countries should consider facilitating access to beneficial ownership and control information by financial institutions and DNFBPs undertaking the requirements set out in Recommendations 10 and 22.

21）Immediate Outcome 5
Legal persons and arrangements are prevented from misuse for money laundering or terrorist financing, and information on their beneficial ownership is available to competent authorities without impediments.

22）法務省ホームページ：https://www.moj.go.jp/MINJI/minji06_00116.html#anchor1

機関にもなく，また，一度申告されたBOの更新や既存の法人についてのBO把握メカニズムも存在しないのである。このような中で危惧されるのは，本制度が悪意ある法人によって，実際の実質的支配関係を糊塗する悪しき「お墨付き」として作用してしまう可能性である。BOの把握という政策課題は途方もなく困難であり，いきなり本丸に迫ることはできない。その意味では，このような外堀を少しずつ埋めていく作業は必要であるが，その一方でその限界と，それが抱え得る負の側面については十分に認識を持つ必要がある。

では，今後の政策課題として，議決権によらない支配関係も含め，かつ，自己申告に頼らない形でBO透明化を推進していくためには，どのような方法が考えられるだろうか。上記の取組みを足掛かりに，登記所にBO情報を集約していくプロセスを想定した場合に，それを登記所のみに負わせることは機構・人員を踏まえれば過大な要請であり，行政コストを考えた場合には，非現実的な選択肢と言わざるを得ないであろう。他方で，税当局が恒常的な調査プロセスの中で，税務上の要請として不断に法人等のBO情報を収集し，その結果を登記所と共有することを可能となるのであれば，上記の取組みにもより実効的な意義がもたらされる可能性はある。かかる情報は，前述の告発義務の対象となるような，犯罪に直結する情報ではない以上，当該刑訴法条項の射程からは外れるものである。したがって，このような一般的な目的での情報共有については，法律の明文を以って，守秘義務の解除がなされるべきと考えられる。

（3）「法人等のプライバシー」という未開拓の地

もっとも，法令上，形式的に守秘義務の解除規定が設けられれば，いかなる情報であってもこのような恒常的な態様での提供対象とし得るかは，別問題である。この点，法令上の守秘義務解除に加え，BO情報が基本的に公開情報と位置付けられることが，前提となるものと考えられる。つまり，これが法人の登記情報のように，そもそも何人にも公開され，またはされるべきものであるという前提をもって初めて，当局間においても情報共有の対象たり得るのであり，それらがプライバシーに関わる個人情報同様，そもそも保護の対象となる情報であるという前提に立つのであれば，そのような恒常的な情報共有を首肯することは困難である。このことはすなわち，本論点を展開するに当たっての必要条件として，BO情報に象徴される，いわば「法人等のプライバシー」（本来，それを所有・経営する個人のプライバシーという方が正確であるかも知れないが，ここでは便宜上，このように呼称する）について，それをどこまで公開の対象とし，どの程度保護の対象と考えるか，という基本的な論点について，社会的コンセンサスを形成する必要があることを意味する。しかし，これは法人等という経済社会のメインアクターに係る，ごく一般的・普遍的な問建てであるにもかかわらず，我が国のみならず世界的に見ても，あまり議論が深められていない，広大な未開拓の地とでも呼ぶべき領域との印象を受ける。

残念ながら，かかる荒野に分け入って詳細な議論を展開することも，本稿の射程を大きく凌駕するものであるが，僅少ながら存在する先行研究においては，「法人等のプライバシー」により犯罪活動の隠れ蓑とされている問題が指摘されつつも，かかるプライバシーの保護により，背後の所有者・経営者が不当な社会的圧力から守られ，経済活動が振興されるメリットも指摘されている[23]。実際，前述のとおりBOの問題はマネロン対策の観点からは根源的な問題ではありながら，当然のことながら，脱税やマネロンといった違法な目的で用いられている法人等よりも，合法的な経済活動を営むものの方が割合的には遥かに多い中にあって，その情報の扱

23）Moon（2022）

いについては，権衡の確保された議論が行われるべきであろう。これは，税務・マネロンに係る政策論であるのと同等かそれ以上に，法人等を巡るガバナンスの在り方や，経済社会の中での位置付けといった，多くの側面からの検討を要するものと言える[24)]。

なお，BO の透明性確保に関し世界で最も先進的な取組みを行っているのが，EU である。EU は，域内加盟国に国内法的な手当が義務付けられる形で，反マネロン指令（AMLD：Anti-Money Laundering Directive）を累次改訂してきているが，2018 年の第 5 次改訂において，各国が BO 情報を集め，それを一般に公開することを定めた。これに従い，実際にいくつかの域内国ではそれを実施している。その原初的な発想は，このような広範な公開により市民社会の監視機能が働き，その情報に係る適正性が担保される，という点にある。マネロン対策の枠組みそのものが，他に例をみない，官民の巨大なバーデン・シェアリングの体系であることは既に述べた。この場合，「民」という言葉に含意されるのは，通常は金融機関等のゲートキーパー機能を果たすことが期待される事業者であり，そこに包摂される業態は拡大の一途をたどっている。しかし，BO の把握という，マネロン対策の中でも更に最も困難性の高いと言える課題に対し，EU はそのシェアリングの幅を，ゲートキーパー事業者には限らず，広く市民社会一般にまで拡大しようとしているのである。

しかし，そのような取組みに待ったがかかる，大きな出来事が起こった。欧州司法裁判所（ECJ）が，このような形での公開は政策目的に照らし厳格に必要なものであるとは言えず，憲章で定められた情報保護に係る基本的権利を侵害するのであって，無効であると判示したのである[25)]。周知のとおり，欧州はマネロンに対する取組みの最先端を行くと同時に，歴史的沿革として人権の保護，特にプライバシーに関しては，非常に厳格なスタンスを取ることそのものが，統合のアイデンティティーの一つとも言える地域である。そのような EU において現在進行形で観察される，二つの政策的要請の相克は我が国としても非常に興味深く，その帰趨を注視するとともに，国内においても議論を深めていく必要があるだろう。よって，現時点でこの象限の当局間情報共有について論ずるのは，筆者の目線をもってしても，やや一足飛びの議論と思える。

Ⅳ－３．補論：税犯罪のマネロン前提犯罪化の意義

ここまでの議論で，何回か「税犯罪のマネロン前提犯罪化」について言及してきたが，そもそもその意味することについては，国際的にも国内的にも，あまり詰めた議論がなされてはこなかったものと見受けられる。FATF の当時の議論の経緯を見ても，実際にどのような議論に立脚して前提犯罪化が推進されたのか，また，国内的にも，税犯罪をマネロン罪の前提犯罪とすることで，実際のところ，法執行においていかなる変化がもたらされるかについて，明確にした先行研究は存在していない。

理論的に考えると，「脱税」という犯罪による犯罪収益は，それによって逃れた租税債務ということになる。重加算税分は，当該脱税行為に基づいて税当局により科される行政罰であり，いわば脱税の結果としてのものであって，当初より得た収益とは言い難いので，犯罪収益の対象として含めることは適切ではない。

ある所得が，合法な経済活動による収益である場合を想定する。かかる収益について脱税が行われた場合，前述のとおりマネロン罪における隠匿は，税関連法規における「偽りその他不正の行為」に該当すると解して間違いなく，これは当然に「税犯罪を前提犯罪としたマネロン罪」を構成すると解することが，少なくとも観

24）納税者情報という側面から，法人 BO 情報の公開を取り上げたものとして，増井（2018）。
25）ECJ（2022）

念的には可能である。しかし，この際には税当局が事案を処理することで問題はなく，警察が敢えてこれをマネロン罪として処理する必要性はない。むしろ，重加算税に当たる部分は犯罪収益として構成することが難しい以上，その意味でも事案処理は税当局に任せるべきであろう。そして何より，そもそも脱税犯罪の端緒を，税当局ではなく警察が先に掴むということ自体，想定しづらい。

次に，対象となる所得が違法収益の場合を想定する。税犯罪以外の犯罪，例えば麻薬犯罪の端緒については，基本的には警察が捕捉することが多いであろう。当然，当該麻薬犯罪を前提犯罪として，当該収益につきマネロン罪の捜査・立件もできるのであれば，そうすべきである。ではその場合に，かかる麻薬犯罪による収益について，租税債務を逋脱した部分についてもマネロン罪として，警察として没収の対象とすべきであろうか。ここについても，やはり重加算税部分については違法収益としての没収対象化は難しく，また，結局脱税の事実については税関連法規に照らして立証が求められる以上，その事案処理は税当局に任せるべきである。具体的には，警察から税当局への「通報」という形で，情報提供が行われることが適切である。

このように考えると，少なくとも我が国の制度的建付を前提とすれば，税犯罪の前提犯罪化には，実体法上の議論における実質的意義はほとんどないものと言って差し支えない。前提犯罪化が意味を持ち得るとすれば，それは手続法上の柔軟性の確保，すなわち，他の類型と並んで税犯罪が組織犯罪処罰法の中で「重大犯罪」と位置付けられることによって，警察から税当局への情報提供が行われ易くなった，というところにあろう。これは言い換えれば，上述した守秘義務と犯罪告発義務の相克が，観念的には警察においても日々発生している訳であるが，税犯罪が「重大犯罪」として位置付けられることによって，かかる利益衡量において税犯罪の嫌疑がある事案については，関連情報を税当局に提供し得るという議論が補強された，ということである。もっとも，これが前節の議論に照らし，警察から税当局への情報提供において必須条件と言えるのか，また，いずれにせよこのような論拠がどこまで前提犯罪化当時に意識されていたかは，疑わしい。特に前者については，利益衡量は所詮実体的な解釈の問題であり，前提犯罪化が必須であるとは到底思われない。

結局のところ，少なくとも我が国においては，税犯罪は税当局が，その他の犯罪は警察が一義的に捜査の任を負う以上，あまり相互にクロスを掛けたような，重畳的な概念構築を行うことには，実利が伴わない。強いてごく観念論として言えば，税犯罪を前提犯罪とした収益の「果実」（つまり，脱税で得たカネを再投資しそこから二次的収益を得たような場合）に至るまでを，犯罪収益として没収の対象とし得る，というのは，前提犯罪化が行われればこそその成果となり得るであろうが，そのような金銭的な紐付けは実質的には不可能であろう。以上を踏まえれば，国際的な議論の中からある種スローガン的に生まれた，「税犯罪の前提犯罪化」という要請に応えるという意味で，税犯罪がマネロン罪の射程に収まることには政治的な意味はあったものの，少なくとも我が国の法制度及び実務の下においては，ほぼ形式上の制度的対応に過ぎなかったというのが，偽らざる事実であろう。縷々見てきたとおり，税犯罪とマネロン罪の関係性において，税当局と警察及びその他の機関がどの程度権限を行使でき，また，情報交換ができるかは，究極的には，関連する組織法・作用法の解釈論から，限界を画していくよりほかはないのである。

ただ以上の議論が，国際的に見てどの程度通用性を有するかは定かではない。警察・税当局双方の権限範囲，及び各々の役割分担は，様々なバリエーションがあり，国によっては警察が税犯罪までマネロン事犯として処理することが刑事政策上の要請に適う場合もあるものと想定される。また，各国の法制によっては，税犯罪が前提犯罪として位置付けられていることによって，両当局間の情報共有がより容易になるという事情もあるのかも知れない。もっとも，それらの内実を明らかにするには，必ずしも法文化されていない，実務上の取扱いにまで立ち入った詳細な比較制度調査が必要であり，本稿のスコープを遥かに超えるものである。

V. 犯罪収益の剥奪（事後段階）

最後に，共働の最後の段階である犯罪収益の剥奪について，簡潔に触れることとしたい。この点は，議論の整理としてはさほど複雑なものではないが，ことによると社会一般においては，最大の関心の対象と言っても過言ではないかも知れない。その主題となる問題意識の所在を端的に表現すれば，犯罪収益の剥奪に関し，その機能を税当局のより積極的な課税処分によって実現すべきではないか，というものである。

現に，日本弁護士連合会は2017年2月に声明を出し[26]，暴力団の上納金に対する課税強化を求めているところ，その趣旨は，以下の冒頭部分にまとめられている。

当連合会は，課税に関する関係機関に対し，暴力団員による不当な行為の防止等に関する法律（平成3年法律第77号）2条2号に規定する暴力団の代表者（組長，総長，会長，理事長等と称する暴力団の首領）（以下「代表者（組長等）」又は単に「組長」という。）に支払われる上納金の課税のために，法律に基づき，質問検査権等を行使し，その実態を把握した上で，その結果に基づき，適正な課税措置を講じることを求める。

そして実際，2021年に福岡地裁において死刑判決が下された，特定危険指定暴力団・工藤会の五代目総裁，野村悟被告は，殺人・銃刀法違反等とともに，上納金の一部が個人所得と認定された上で，それに係る所得税法違反にも問われている。よって，実社会においては課税が一定程度，犯罪収益剥奪機能を担っていることは事実であり，この点は，前述の米国における組織犯罪との闘いの歴史とも，軌を一にするものと言える。FATF勧告の解釈ノートにも，先般の改正において，税当局が犯罪収益からの資産回復（被害者への返還を念頭に置いたもの）に際し，協調して役割を果たすべき旨が盛り込まれた[27]。

もっとも，他方でこれが犯罪収益剥奪を代替するまでの機能を持ち得るかは，別問題である。まず大前提として，再三の繰返しとはなるが，違法収益といえども課税対象所得であり，合法な収益と取扱いに差異は存在しない。したがって，違法収益に対しても適正な税務の執行を行うべきことは当然である。しかし，そもそも言うまでもなく，課税は犯罪収益の剥奪を目的としたものではないことに加え，その金額的範囲も限定される。よって，課税はそれ自体として，犯罪収益の剥奪という政策目的を果たす役割を

26) 日弁連（2017）

27) INTERPRETIVE NOTE TO RECOMMENDATION 4 (CONFISCATION AND PROVISIONAL MEASURES)

E. Asset recovery and tax authorities

13. Countries should enable their competent authorities and tax authorities to cooperate and, where appropriate, coordinate and share information domestically with a view to enhancing asset recovery efforts and supporting the identification of criminal property. This could, in appropriate cases, where there is a tax liability, support the recovery of such liabilities by the tax authorities.

果たすことは困難であり，かつ，それが期待されるべきでもない[28]。

もっとも，現状において，犯罪収益の剝奪に正面からアドレスした制度が存在しないことは，大きな問題である。この点，隣接した名称が付いた制度というだけであれば，刑事罰である付加刑としての没収が存在する。

刑法
（没収）
第十九条　次に掲げる物は，没収することができる。
一　犯罪行為を組成した物
二　犯罪行為の用に供し，又は供しようとした物
三　犯罪行為によって生じ，若しくはこれによって得た物又は犯罪行為の報酬として得た物
四　前号に掲げる物の対価として得た物
２　没収は，犯人以外の者に属しない物に限り，これをすることができる。ただし，犯人以外の者に属する物であっても，犯罪の後にその者が情を知って取得したものであるときは，これを没収することができる。

しかし，これはあくまで刑罰の一類型であり，犯罪者が有罪判決を受けることが前提となった，「ヒトに対する処分」である。逆に言えば，犯罪者が不起訴処分になったり，有責性を欠いて有罪判決を受けなければ，当然ながら没収もその基礎を欠き，「発動」することはできない。これは，起訴便宜主義の下で公判の提起に対して検察が大きな裁量を有し，実際に検察送致事案のうちかなりの割合が不起訴となる我が国においては，重大な問題である。マネロン罪の創設という，個々の行為者たるヒトからカネの流れへと取締りの着眼点を転換し，もって組織犯罪の防圧を図ろうという原初的な発想と，正に他でもないヒトに対する刑罰である没収は，根本的に親和性を欠く。よって，課税処分と比べれば相対的には犯罪収益剝奪と親和性があるかのような印象を与える没収制度についても，それが，本来的には全く趣旨・目的を異にしたツールであるという点においては，課税処分と全く変わるところはなく，これをもって根源的に組織犯罪の防圧という政策目的を充足し得るものとは言い難いのである。

以上については，日本のみならず諸外国においても程度の差こそあれ同様の問題意識を持たれており，それがゆえに，行政的な犯罪収益剝奪制度の導入・拡充が，現在国際社会全体で議論されている。前掲のFATF勧告解釈ノートに，近時の改訂において付加されたもう一つの要素が，「国内法の基本原則と整合的である限り」という留保を伴いつつではありながらも，各国がかかる剝奪制度を導入すべきとの旨の言及である[29]。これは，従来からNCBC（Non Conviction

28）他方で，違法収益の剝奪そのものではないが，平成6年から当初平成26年度末までの支出に係るものとして導入され，その後，当該期限が撤廃された，法人の使途秘匿金への支出に対し（通常の法人税額に加えて）当該支出額の40%に相当する金額の法人税額を課すこととする措置（租税特別措置法第62条）は，いわゆるゼネコン汚職等に関連して法人の使途不明金がヤミ献金や賄賂等の不正資金の温床になっているとの批判に応えたものであるところ（金子，2023），そのような支出は「違法又は不当な支出につながりやすく，それがひいては公正な取引を阻害することにもなりかねないことから，そのような支出を極力抑制するために」創設されたものと説明されており（衆議院質問主意書，2016），この点で，類似した政策目的上の要請に一歩踏み込んで応えたものと評価し得る。

29）INTERPRETIVE NOTE TO RECOMMENDATION 4 （CONFISCATION AND PROVISIONAL MEASURES）
D. Confiscation
11. Countries should have measures, including legislative measures, to enable the confiscation of criminal property without requiring a criminal conviction （non-conviction based confiscation） in relation to a case involving money laundering, predicate offences or terrorism financing, to the extent that such a requirement is consistent with fundamental principles of domestic law. Countries have flexibility in how they implement non-conviction based confiscation.

Based Confiscations）と呼びならわされてきており，日本語では「有罪判決を前提としない没収」等といった訳語が当てられる。我が国で「没収」と言うと，どうしても上記の刑罰類型と関連付けてイメージされてしまいがちであり，それが「有罪判決を前提としない」となれば，とてつもない暴論であるかのような印象を持たれてしまう。しかし，その含意するところは，縷々述べてきた，犯罪収益の剥奪という組織犯罪との闘いにおいて最も重要と言って過言でない措置について，ありあわせのツールで代用することを止め，正面からアドレスする手段を整備しようという，至極真摯な問題提起なのである。

もっとも，他方で当然のことながら，このような制度は国民の財産権の重大な制約であり，それを行政的手続の一環として設けるのであれば，適正手続や透明性の確保といった問題が，正に憲法規範における人権上の論点として立ち現われてくる。よって，拙速に陥らず，時間を掛けての制度設計と，国民的な理解の醸成が何より肝要であろう。ともあれ，税務に犯罪収益剥奪の役割を負わせるべきである，という議論の高まりは，我が国が国際社会と足並みを揃え，上記のような制度的枠組の導入を検討すべき段階に来ていることを，背面から照射しているものとも言えるのである[30]。

図 11　刑事没収を巡る論点

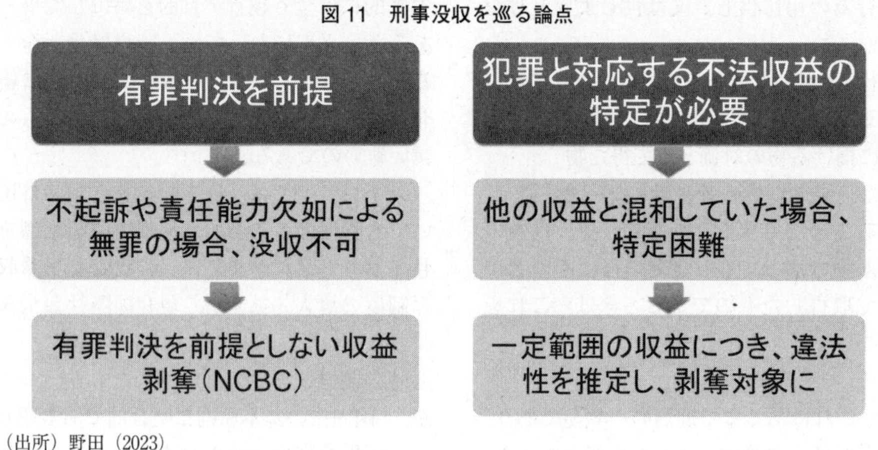

（出所）野田（2023）

Ⅵ．むすび（結語・おわりに）

以上，税務とマネロンの関係性について論じてきたが，ここで提示したのは，あくまで議論の土台となる俯瞰的視座と枠組みであって，それを越えて，何らかの確定的な結論を導出することを企図したものではない。紙幅及び時間，そして何より筆者の知見の不足により，個々の論点について納得のいく深掘りができたとは言い難く，それぞれについて，今後の議論・検討に委ねたいと考えている。いずれにせよ，本テーマに限らずではあるが，様々な政策的要請がある中で，それぞれが内包する論点をまずは整理・明確化し，十分な議論の下で，最終的には権衡が確保された制度設計が達成されることが，何より重要であることは，論をまたない。本稿が，そのような将来に向けた検討の一里塚になれば，幸いである。

30）この分野に関しては，昨今，国内法・国際比較法双方のアプローチにより非常に活発な研究がなされている。一例として，佐藤・久保・横濱・川崎・木村（2022）。また，澁谷（2023）。

参 考 文 献

大橋洋一（2019）『行政法Ⅰ現代行政過程論（第4版）』，有斐閣

尾崎寛・野田恒平・中崎隆編（2022）『逐条解説FATF勧告：国際基準からみる日本の金融犯罪対策』，中央経済社

金子宏（2021）『租税法（第24版）法律学講座双書』，弘文堂

川出敏裕（2005）「税法上の質問検査権限と犯則事件の証拠」，『ジュリスト』，第1291号，有斐閣，pp.199-201

河上和雄・中山善房・古田佑紀・原田國男・河村博・渡辺咲子編（2012）『大コンメンタール刑事訴訟法（第2版）第4巻』，青林書房

櫻井敬子・橋本博之（2019）『行政法（第6版）』，弘文堂

笹倉宏紀（2007）「行政調査と刑事手続－行政情報の刑事手続における利用可能性に関する一考察」，日本刑法学会編『刑法雑誌』，第46巻，2号，有斐閣，pp.204-221

笹倉宏紀（2017）「手続間情報交換」，金子宏監修・中里実・米田隆・岡村忠生編『現代租税法講座（第4巻）国際課税』，日本評論社，pp.325-362

佐藤琢磨・久保英二郎・横濱和弥・川崎友巳・木村圭二郎（2022）「特集 没収・追徴制度の現状と課題」『刑事法ジャーナル』第74号，成文堂

佐藤英明（2022）『スタンダード所得税法（第3版）』，弘文堂

志場喜徳郎・荒井勇・山下元利・茂串俊編（2019）『国税通則法精解（第16版）』，大蔵財務協会

澁谷洋平（2023）「イギリスにおける犯罪収益の刑事没収について」『熊本法学』第157・158号，熊本大学法学会

白井真人・芳賀恒人・渡邉雅之（2022）『マネー・ローンダリング 反社会的勢力対策ガイドブック（改訂版）―2021年金融庁ガイドライン等への実務対応』，第一法規

曽和俊文（2002）「行政手続と刑事手続－企業の反社会的行為の規制における両者の交錯：特集 規制緩和社会における制裁の役割 Ⅳ手続上の諸問題」，『ジュリスト』，第1228号，有斐閣，pp.116-124

曽和俊文（2011）『行政法執行システムの法理論：関西学院大学研究叢書』，第144編，有斐閣

西住憲裕（2019）「税務当局によるマネー・ロンダリング対策」，『税務大学校論叢』，第95号，税務大学校，pp.105-227

野田恒平（2023）『還流する地下資金：犯罪・テロ資金・核開発マネーとの闘い』，中央経済社

増井良啓（2018）「納税者情報の公開」，金子宏・中里実編『租税法と民法』，有斐閣，pp.581-599

増井良啓（2017）「税務調査と国税犯則調査」，『行政判例百選（第7版）』，有斐閣，pp.206-207

増井良啓（2017）「「グローバルな税の透明性」と信託」，能見善久・樋口範雄・神田秀樹編『信託法制の新時代－信託の現代的展開と将来展望』，弘文堂，pp.363-378

松本時夫・土本武司・池田修・河村博・酒巻匡（2022）『条解 刑事訴訟法（第5版）』，弘文堂

森園幸男・吉田耕三・尾西雅博編（2015）『逐条国家公務員法（全訂版）』，学陽書房

山田耕司（2006）「税務調査により取得収集された証拠資料を後の犯則調査で利用することが許されるか―税務調査と犯則調査との関係：刑事実務研究（名古屋刑事実務研究会）」，『判例タイムズ』，第1221号，判例タイムズ社，pp.15-27

吉村政穂（2010）「租税法における情報の意義―質問検査権行使により取得した情報の流用を素材に」，金子宏編『租税法の発展』，有斐閣，pp.161-173

第190回国会181使途秘匿金に関する質問主意書（衆議院・井坂信彦君）（2016），<https://www.shugiin.go.jp/internet/itdb_shitsumon.

nsf/html/shitsumon/190181.htm>
日本弁護士連合会（2017）「暴力団の上納金に対する課税の適正な実施を求める意見書」，<https://www.nichibenren.or.jp/document/opinion/year/2017/170216_3.html>
Asia Pacific Group on Money Laundering（2023），"Money Laundering Associated with Tax Crimes in the Asia Pacific."
Egmont Group & Information Exchange Working Group（2020），"Money Laundering of Serious Tax Crimes – Enhancing Financial Intelligence Units' Detection Capacities and Fostering Information Exchange（Public Bulletin）."
Eurasian Group on Combatting Money Laundering and Financing of Terrorism（2022），"Laundering of the Proceeds from Tax and Economic Crimes – EAG Typologies Project."
Financial Action Task Force & Asia Pacific Group（2021），"Anti-Money Laundering and Counter-Terrorist Financing Measures, Japan, Fourth Round Mutual Evaluation Report," Paris.
Kemsley, D., Kemsley, Sean A. & Morgan, Frank T.（2020），"Tax Evasion and Money Laundering: A Complete Framework," *Forthcoming: Journal of Financial Crime*
Mathias, Emmanuel & Wardzynski, Adrian（2023），"Leveraging Anti-Money Laundering Measures to Improve Tax Compliance and Help Mobilize Domestic Revenues," *Working Paper*, International Monetary Fund.
Moon, Willian J.（2022），"Anonymous Companies," *Duke Law Journal*, Vol.71, pp.1425-1489.
Organisation for Economic Co-operation and Development（2017），"Effective Inter-Agency Co-Operation in Fighting Tax Crimes and Other Financial Crimes（3rd Edition）."
European Court of Justice（2022），"Judgment of the Court（Grand Chamber），" <https://curia.europa.eu/juris/document/document.jsf;jsessionid=4340C540399C5692912C7DA2925F80FD?text=&docid=268059&pageIndex=0&doclang=en&mode=req&dir=&occ=first&part=1&cid=686740>

〈財務省財務総合政策研究所「フィナンシャル・レビュー」令和6年第2号（通巻第156号）2024年6月〉

納税協力と納税非協力
—税務長官会議の報告書を中心として

増井　良啓[*1]

要　約

本稿は，税務長官会議（Forum on Tax Administration，以下「FTA」という。）の一連の報告書が，納税協力と納税非協力に関してどのようなアプローチをとってきたかを通覧する。FTAの報告書は，2004年から公表が開始され，すでに100本以上の蓄積がある。その全体像を整理して一覧化することで，日本の読者が気軽に報告書を参照できるようにしたい。

FTAの報告書について，その時々の主要テーマの変遷をたどると，納税協力リスク管理（Compliance Risk Management），納税者サービスの電子化，税務仲介者（Tax Intermediaries）の役割，業務効率化（Working Smarter），オフショア納税非協力（Offshore Non-compliance），協力的コンプライアンス（Cooperative Compliance），デザインによる納税協力（Tax Compliance by Design），成熟度モデル（Maturity Model），行動洞察（Behavioural Insights）といった具合に，多くのアイディアが展開してきた。近年では，新型コロナウイルスまん延への対応を経て，「税務行政3.0（Tax Administration 3.0）」の標語の下に税務執行のあり方について新しい展望が示されている。

納税協力という角度からみると，初期の「租税申告書に対応する」というアプローチから，2010年ごろから「納税者の環境に働きかける」というアプローチへと，重点が変化した。この変化が，デジタル・トランスフォーメーションが進む中で，2020年の「税務行政3.0」の構想につながった。「税務行政3.0」の構想は，突然に生まれたのではなく，従来からの継続的な取組みの中に萌芽的な内容が内包されていたのである。

キーワード：税務長官会議（Forum on Tax Administration），納税協力（tax compliance），リスク管理，協力的コンプライアンス（cooperative compliance），デジタル・トランスフォーメーション，税務行政3.0

JEL Classification：H26，H83，K34

Ⅰ．はじめに

Ⅰ－1．多様な学問分野にまたがる文献群

納税協力（tax compliance）と納税非協力（tax non-compliance）はコインの両面である。言い換えれば，「人はなぜ納税するか」という問いは，

＊1　東京大学大学院法学政治学研究科教授

「人はなぜ納税しないか」という問いと表裏一体である。

この問いについては多様な系統の文献群が存在する。増井(2002)[1]では，税務執行に焦点を絞って，法律家のアプローチ，エコノミストのアプローチ，ポリシーメイカーのアプローチを区別した。実際にはこれら3つのアプローチ以上に多様な系統がある。納税者の同意や租税抵抗は財政社会学の主要な研究テーマであるし[2]，経済思想史の観点からのアプローチ[3]も興味深い。古今東西の歴史的素材を扱う書物は英語圏でも多く（図表1），社会実験やラボ実験による実証研究が盛んに報告されている[4]。

図表1　古今東西の歴史的素材を扱う書物の例

- Margaret Levi, Of Rule and Revenue（University of California Press 1988）―政治学，合理的選択論。準自発的コンプライアンス（quasi-voluntary compliance）という概念を提示。事例研究として，古代ローマ，中世とルネッサンス期の英仏，18世紀末の英国，第二次大戦期と戦後のオーストラリア，の4つを検討。
- Martin Daunton, Trusting Leviathan: The Politics of Taxation in Britain 1799-1914（Cambridge University Press 2001）―歴史学。19世紀英国税制の展開を「信頼の形成」という観点から描く。その第7章が，19世紀後半の税務執行を，納税者との摩擦の最小化という視点から考察。
- Benno Torgler, Tax Compliance and Tax Morale: A Theoretical and Empirical Analysis（Edward Elgar Publishing 2007）―経済学。各国の実証研究，ラテンアメリカ。
- Deborah Brautigam, Odd-Helge Fjeldstad, and Mick Moore ed., Taxation and State-Building in Developing Countries: Capacity and Consent（Cambridge University Press 2008）―開発学。国家形成における税制の役割を検討。東アフリカ，中国，東欧，チリ。
- Valerie Braithwaite, Defiance in Taxation and Governance: Resisting and Dismissing Authority in a Democracy（Edward Elgar Publishing 2009）―心理学。租税抵抗の研究。
- Michael G. Findley, Daniel L. Nielson, and J. C. Sharman, Global Shell Games: Experiments in Transnational Relations, Crime, and Terrorism（Cambridge University Press 2014）―政治学，国際関係論。貝殻会社（shell company）を利用した国際的脱税その他の違法行為に関する定量的・定性的研究。
- Marc P. Berenson, Taxes and Trust: From Coercion to Compliance in Poland, Russia and Ukraine（Cambridge University Press 2017）―政治学。ポーランド，ロシア，ウクライナの納税協力を扱う。
- Michael Keen and Joel Slemrod, Rebellion, Rascals, and Revenue: Tax Follies and Wisdom through the Ages（Princeton Univ Press 2021）―経済学，最適課税論。多数の興味深いアネクドートを配列。
- Wei Cui, The Administrative Foundations of the Chinese Fiscal State（Cambridge University Press 2022）―法学。現代中国の税務執行が原始的強制（atomistic coercion）による「法なき社会秩序」であると主張。
- Korinna Schönhärl, Gisela Hürlimann, and Dorothea Rohde ed., Histories of Tax Evasion, Avoidance and Resistance（Routledge 2023）―歴史学。古典期アテネ，ローマ期エジプト，中世イングランド，20世紀スイスなど14本の論文集。
- Sébastien Guex and Hadrien Buclin ed., Tax Evasion and Tax Havens since the Nineteenth Century（Palgrave Macmillan 2023）―歴史学。スイスやその隣接国を中心とする欧州タックス・ヘイブンの展開に関する17本の論文集。

1）増井（2002）169頁，171頁。
2）井出ほか（2022），佐藤・古市（2014）。
3）諸富（2013）。
4）Slemrod（2019），p.904，Guerra and Harrington（2021），p.355などを参照。

これらの文献は，法学・経済学・政治学・歴史学・社会学・心理学など，多様な学問分野にまたがる。扱う論題にも広がりがあり，納税非協力の側面だけからみても，脱税や租税回避といった（それ自身として議論の蓄積のある[5]）大きな論題に関係する。とりわけ筆者のような法律家にとっては，法遵守のメカニズムや民事刑事を含む制裁の実効性など，法学の基本課題とのかかわりを意識せざるを得ない。

このように，きわめて魅力的な文献群がかなりの厚みをもって存在している。

Ⅰ－2．税務長官会議の報告書への着目

本稿はこの中で，税務長官会議（Forum on Tax Administration，以下「FTA」という）の一連の報告書に着目する。

FTAは各国税務当局の長官級の国際的なフォーラムである。税務行政の課題について各国の知見・経験の共有や意見交換を行うことを目的として，OECD租税委員会の下に2002年に設置された。当初は約1年半ごとに，2019年以降は毎年，全体会合が開催されている。

過去20年余りの間に，FTAは100本をゆうに超える報告書を公表してきた。これらは，税務執行に関するさまざまなトピックについて論じており，重要な知見が含まれることから，日本でも折に触れて言及される[6]。しかし，FTAの一連の報告書を初期から現在まで全体的に通覧する作業は，これまで必ずしも十分にはなされてこなかったように思われる。

FTAの報告書で提示されたアイディアの中には，日本でよく知られたものもある。たとえば，「協力的コンプライアンス（Cooperative Compliance）」などはよく知られており，国税庁による「税務に関するコーポレートガバナンス」[7]の取組みと密接に関係する。しかしこれはむしろ例外であって，他にどのようなアイディアが提示されてきたかについては，それほど知られていないのではないだろうか。また，せっかくFTAの報告書の存在に気がついたとしても，報告書が大量に存在するという事実に圧倒されてしまい，どの報告書を見れば何が書かれていそうかについてすら，見当がつきにくくなってしまっているのではないだろうか。

そこで本稿では，FTAの一連の報告書につき読みやすい手軽な一覧を日本語で作成し，いかなる論点につきどのような検討が試みられてきたかを簡単に整理することとした。いわば「索引をつける（indexing）」ことによって，蓄積された知的資源をより活用しやすくすることをねらっている。公表された報告書は広い読者に届いてはじめて意味があるからである。

このようなことから，本稿は，一連の報告書の全体的な流れを整理することを目標とする。初期から現在までの報告書を通覧することによって，時間の経過の中で忘却されがちな文書の中に現在のトレンドになっているアイディアの萌芽があったことを示す。全体像を整理するためのサーベイであり，個別の報告書の内容に関する突っ込んだ評価や，学説上の位置付け，日本の納税環境整備への提言などは，本稿の目標としない。それらは，別の論文によって取り組むべき課題である[8]。とりわけ，FTAの報告書に記載されている各国のベスト・プラクティスは貴重な情報源であるところ，それぞれの背景や効果に関する批判的検証のためには突っ込んだ個別の議論が必要である。FTAの報告書に施策の失敗例が記載される例はほぼ皆無であ

5）佐藤（2021），岡村（2015），森信（2016），長戸（2021）105頁。
6）石井（2010）48-58頁，宮崎（2015）919頁，920頁，神山（2017）148頁，151-152頁。
7）中田（2023）59頁。
8）たとえば協力的コンプライアンスひとつだけをとってみても，応答的規制（responsive regulation）の位置づけをはじめとして，論ずべき点が多い。日本の租税法研究において比較的早い時期に応答的規制に注目していたのは，高野（2014）157頁，180頁である。さらに参照，Owens and Pemberton（2021），Majdańska（2021），Hein and Russo（2020），Bronżewska（2016）．また，Journal of Tax Administration, Vol.9, No.1（2019）でも，cooperative complianceに関する特集が組まれている。

るため，失敗から学ぶためには別のアプローチが必要であることに注意を要する。

I－3．独立の研究者による通覧

FTA の報告書は各国税務当局の協働作業によって作成される。そのため当然のことながら，政府の立場から報告書の作成に関与した人々が多数存在する。また，FTA の全体会合やワークショップに日本政府を代表して出席した方がその折々に報告を公表しており（図表2），貴重な記録となっている。

図表2　FTA 全体会合等に関する日本の文献

- 池田賢志「企業のコーポレートガバナンスと税務コンプライアンスの向上：第4回 OECD 税務長官会議（FTA）ケープタウン会合について」ファイナンス 509 号 9 頁（2008）
- 池田賢志「企業のコーポレートガバナンスと税務コンプライアンスの向上：第4回 OECD 税務長官会議（FTA）・ケープタウン会合について」国際税務 324 号 31 頁（2008）
- 松本千城「第5回 OECD 税務長官会議・パリ会合について」国際税務 340 号 72 頁（2009）
- 木村藍子「第6回 OECD 税務長官会議（トルコ共和国・イスタンブール会合）—税務当局間における一層の協力関係の構築による税務コンプライアンスの向上について」ファイナンス 540 号 41 頁（2010）
- 荒井夏來「第7回 OECD 税務長官会議（アルゼンチン共和国・ブエノスアイレス会合）」ファイナンス 557 号 67 頁（2012）
- 恵﨑恵「OECD 税務長官会議オフショア・コンプライアンス・ネットワークワークショップ（於：東京）」ファイナンス 567 号 35 頁（2013）
- 上野絢子「第8回 OECD 税務長官会議（於：ロシア連邦・モスクワ）」ファイナンス 572 号 41 頁（2013）
- 原田佳典「第9回 OECD 税務長官会議（於：アイルランド共和国・ダブリン）」ファイナンス 590 号 10 頁（2015）
- 早川美希「第15回 OECD 税務長官会議（於：オーストラリア・シドニー）」ファイナンス 686 号 21 頁（2023）
- 深澤舞「第16回 OECD 税務長官会議（於：シンガポール）」ファイナンス 700 号 28 頁（2024）

これに対し，筆者は独立の研究者であり，FTA の作業に参加していない。そのような第三者的立場にある者がいわば「外側から」報告書を読むことには，理解の深度において一定の限界がある。しかし，税務執行が市民と国家をつなぐ重要な営みである以上，筆者のような立場の者が市民の側からの通覧を試みることにも，一定の意義を認めて差支えないであろう。

I－4．本稿の対象

本稿が対象とするのは，FTA のウェブサイトで公表されている税務執行関係の報告書である。末尾に参考文献としてリストアップしておく。リスト作成の基準時は 2024 年 2 月 19 日である[9]。4 点を付言する。第1に，報告書の入手可能性について。リストに載せた報告書のほとんどは公開サイトからダウンロード可能である。ただし，古い時期の報告書には若干の欠落がある。

第2に，報告書の公表年月について。公表年月の特定は原則として OECD 租税委員会における承認日付によった。実際には承認日付よりもあとに公開サイトにアップロードされたものもあるが，公表を予定して承認された日付を公表時と同視した。これに対し，古い時期の報告書には承認日付の記載がなく，表紙記載の年月によっている。

第3に，関連文書について。FTA の報告書は関連文書を引用することが多い。末尾のリストはそれらの多くを含んでいるが，必ずしも網羅

9）以下で参照するインターネット上のリンク先は，2024 年 2 月 19 日に最終確認済である。最終確認日の注記は省略する。

的ではない[10)]。また，報告書の作成過程では多くの資料が用いられていることが想定できるところ，本稿は，外部から容易に入手できる公表された報告書のみを対象とし，内部資料は利用しない。

第4に，FTA以外の機関の文書について。OECDが公表している税務執行関係の報告書として，本稿でとりあげる他にも，次のものがそれぞれ多数公表されている。

- 「租税と犯罪（tax and crime）」に関する報告書[11)]
- 「納税道義（tax morale）」に関する報告書（これは「グローバル関係と開発（Global Relations and Development）[12)]」と呼ばれるアウトリーチ活動の一環）
- 「税の透明性と情報交換に関するグローバル・フォーラム（Global Forum on Transparency and Exchange of Information for Tax Purposes）」の報告書[13)]
- 「BEPS行動14（相互協議手続の効果的実施）」に関する報告書[14)]

また，途上国の能力構築において税務執行が枢要な位置を占めることから，IMFやWBG，UN，ADBなどによるまとまった文書が公表されている[15)]。さらに，EUの取組みを示す文書[16)]は，時期や内容においてFTAの報告書と相互に連動することが多い。これらの文書は本稿の検討対象とせず，必要に応じて言及するにとどめる。

Ⅰ－5．本稿の構成と用語法

以下では，まず，FTAの報告書を3つの角度から通覧する（Ⅱ）。すなわち，主要テーマの変遷をたどり（Ⅱ－1からⅡ－5），現在のFTAの活動に即して整理し（Ⅱ－6），「Tax Administration 2023」の章立てと対応させる（Ⅱ－7）。次に，納税協力と納税非協力に関するFTAのアプローチの変化を，若干の報告書を重点的に取り上げて分析する（Ⅲ）。

順序が前後するが，本稿では，タックス・コンプライアンス（tax compliance）を「納税協力」と訳す。これは「税務コンプライアンス」という訳語と同義である。FTAの報告書では単にcomplianceということも多く，文脈から判断できる場合にはこれにも納税協力という訳語をあてる。コンプライアンスの原義がルールの遵守である点をおさえておけば，大きく意味を取り違えることはないだろう。訳語の選択は重要であるものの，それに過度にこだわることは生産的でない。

10）たとえば，2010年4月の報告書「企業と会計のソフトウェアの納税協力のためのガイダンスと仕様」（OECD, 2010d）4頁は，納税者の使用する会計ソフトウェアに関連する文書を複数引用しているが，その中で「BtoC電子商取引の消費税徴収」などはFTAの報告書としてはリストアップされていない。

11）https://www.oecd.org/tax/crime/ にリンクがある。

12）https://www.oecd.org/tax/tax-global/ にリンクがある。

13）https://www.oecd.org/tax/transparency/ にリンクがある。

14）https://www.oecd.org/tax/beps/beps-actions/action14/ にリンクがある。

15）それぞれの機関のウェブサイトの他，複数の国際機関による共同作業としてPlatform for Collaboration on Tax（PCT）がある。PCTの報告書は，https://www.tax-platform.org/ で読むことができる。

16）EUのDACについては，大野（2024）を参照。

Ⅱ.　報告書の通覧

Ⅱ－1．初期（2004-2006）

（1）納税協力のリスク管理

FTAの設置は2002年であるが，その報告書が公表されたのは2004年からである。初期の報告書のほとんどは，納税協力サブグループによるものと，納税者サービス・サブグループによるものである。

納税協力サブグループが初期に取り組んだのが，納税協力リスク管理（Compliance Risk Management）である。FTAの設立に先立って，1997年7月にOECD租税委員会が「リスク管理」と題するpractice noteを承認した。これを受け，2002年5月のロンドンでの会合でFTAが納税協力サブグループを設け，中小企業を念頭においてリスク管理のためのガイダンスを策定することとした。

その成果として，2004年9月，「納税協力リスク管理－ランダム調査の利用」[17]が，すべての申告書を等しい確率で税務調査の対象とするランダム調査（random audit）の現況を整理しその得失を示した。

2004年10月，「納税協力リスク管理－納税協力を管理し改善する」[18]が，納税者の4つの義務（納税システムへの登録，納税情報の適時の申告，完全かつ正確な情報の申告，適時の納税）について，税務当局がリスク管理アプローチを用いることが有益であるとした。この報告書は，納税者の納税協力に関するValerie Braithwaiteの研究を踏まえ，企業の納税協力に影響を与える要素につきいわゆるBISEP[19]モデルを提示し，税務当局の執行戦略を示した。FTAの一連の報告書の出発点として重要である。

なお，2004年10月，「OECD加盟国の税務行政」のシリーズの初回が公表された[20]。当初は納税協力サブグループが作成主体であった。2007年2月に公表されたシリーズの第二回ではFTAが作成主体となり，OECD非加盟国にも対象を拡大した[21]。このシリーズはその後定期的に更新されることになり，現時点の最新版である「税務行政2023」[22]に至っている。

2005年5月，納税協力サブグループは「企業の納税協力と会計ソフトウェアに関するガイダンス」[23]を公表した。これは，税務会計ソフトウェアの開発に適用すべき基準を一般的に記述するもので，標準税務調査ファイル租税（Standard Audit File – Tax, SAF-T）による税務職員のアクセスを推奨した。1998年オタワ枠組みを実務的行政指針に落とし込む作業の一環である。1990年代末の電子商取引に関するOECDの取組みがこのような形で展開していたことがうかがえる。

（2）納税者サービス

納税者サービス・サブグループは，納税者サービスの提供に関して税務当局間で経験とアプローチを共有するためのフォーラムである。とくに現代的技術の利用に力点を置いていた。

2006年3月，納税者サービス・サブグループ

17）OECD (2004a).
18）OECD (2004b).
19）Business, Industry, Sociological, Economic, Psychologicalの頭文字。これについては，Ⅲ－2を参照。
20）OECD (2004c).
21）OECD (2007).
22）OECD (2023c).
23）OECD (2005).

は3本の報告書を公表した。いずれもInformation noteとされており，各国への質問表によるサーベイに基づいて情報を共有するものである。

- 「電子メールの管理」[24]は，豪加新蘭英米の6か国のサーベイに基づき，税務当局と市民の間の電子メールでのやりとりの現況を示した。
- 「電子サービスの利用率改善のための戦略」[25]は，8か国のサーベイに基づき，電子申告や電子納付の利用を増やすための取組例を収集し，周知，誘因，義務化，直接支援，その他の戦略がとられていることを示した。
- 「納税者の申告義務履行を支援するために第三者情報を利用する－記入済個人申告書に関する各国の経験」[26]は，北欧6か国およびチリとスペインが記入済申告書を実施していることから，これらの国々の経験を調査した。個人所得税の記入済申告書が成功するための条件として，正確な源泉徴収，個人納税者の正確な同定（納税者番号），第三者情報の包括的な税務当局への提供（主要な各種所得や控除項目をカバーすること），法制上の枠組み，情報提供者間の高度の自動化，税務当局における情報プロセスの整備，自動化による税務当局と納税者間の最小限の接触，を挙げている。

なお，納税者サービスに関するこれらの報告書だけでなく，（1）の納税協力に関する報告書にも共通することとして，この時期の報告書の冒頭には定型的な但し書きが付されている。いわく，各国の政策上・法制上の環境が異なる以上，税務行政に対する標準的なアプローチを特定の場合にあてはめるのは実際的でもなく望ましくもない。この点に留意して報告書を解釈すべきである，というのである。つまり，報告書の役割は，各国の経験を情報共有して一般的なガイダンスを示すところまでである。報告書の内容をどのように活かすかは，各国税務当局の判断に委ねられていた。その後，より新しい報告書には定型的な但し書きは付されなくなるが，ベスト・プラクティスを情報共有したり，成熟度モデルによる自己点検を促したりするなどの工夫を行うという基本的なスタンスは変わっていない。

Ⅱ－2．ソウル宣言・ケープタウン声明・パリ会合（2006-2009）

（1）国際的な納税非協力

2006年9月のFTA第3回全体会合で，ソウル宣言（Seoul Declaration）が出された[27]。ソウル宣言は，国際的な納税非協力（international non-compliance）が重要な問題であり国内的対応と国際的行動を必要としている，と指摘した。その上で，次の取組みを宣言した。

- アグレッシブ・タックス・プランニング（aggressive tax planning, ATP）のスキームの一覧を作ること。
- 税務仲介者（tax intermediaries）の役割を検討すること。
- 2004年コーポレート・ガバナンス・ガイドラインを拡充すること。
- 国際課税の問題点につき税務職員の訓練を改善すること。

これを受けて，FTAの納税協力サブグループは，税務調査能力（tax audit capabilities）の強化に関する次の3本の報告書を公表した。

- 2006年9月の「税務調査能力の強化－調査職員の人員管理」[28]

24）OECD（2006a）.
25）OECD（2006b）.
26）OECD（2006c）.
27）OECD, Third meeting of the OECD Forum on Tax Administration, 14-15 September 2006, Final Seoul Declaration（2006）, available at https://web-archive.oecd.org/2012-06-15/142380-37463807.pdf.
28）OECD（2006d）.

- 2006年10月の「税務調査能力の強化－一般原則とアプローチ」[29]
- 2006年10月の「税務調査能力の強化－間接的所得測定法」[30]

このうち「一般原則とアプローチ」は税務調査に関する体系的叙述であり，税務調査の役割，法的枠組み，税務調査機能の組織と管理，税務調査の技法，人員管理上の論点について論じていた。

（2）相互信頼関係の向上

2008年1月の第4回FTA全体会合で，ケープタウン声明が公表された[31]。声明は，税務当局・納税者・税務仲介者の間の協力関係という観点を導入した。声明は次の5点を確認しており，そのうち第2点と第3点がこの協力関係という観点に密接に関係する。

- 税務当局による納税協力のリスク管理がより一層重要である。
- 大規模企業納税者との間で相互信頼関係（Enhanced Relationship）の向上による利益がある。
- 個人富裕層（High Net Worth Individuals, HNWIs）および金融機関（Banks）についてさらに検討する。
- FTAにおけるビジネスとの対話を継続する。
- ソウル宣言におけるその他の提言について引き続き検討を継続する。

2008年8月，「税務仲介者の役割に関する研究（Study into the Role of Tax Intermediaries）」[32]が公表された。この報告書はBig Sixその他の会計事務所や法律事務所，BIACを含む民間部門との広範な協議を経ていた。同報告書によると，税務仲介者はアグレッシブ・タックス・プランニング（ATP）の「供給側」である。税務仲介者の顧客である大企業は，タックス・リスク・マネジメントの戦略を自ら決定し，特定のプランニングの機会を利用するかどうかを決定する。その意味で納税者こそがATPの「需要側」である。同報告書の結論は，特に大企業についてはこの「需要側」に働きかける大きな余地があるというものである。そのためのツールがリスク管理であり，リスク管理のためには納税者からの情報開示を促進することが重要である。そして，税務当局が商業的意識・不偏性・比例性・透明性・応答性を備え，効果的なリスク管理を行うことにより，双方が法律上の義務を超えた相互信頼関係に入ることができる，というのが報告書の述べるところである。ここに相互信頼関係とは，英語を直訳するとより高められた関係（Enhanced Relationship）と表現されていた。この段階で，ATPの担い手として重要な金融機関と個人富裕層について，フォローアップ研究を行うことが予告された。

これを受けて，2009年7月，「金融機関による透明な納税協力を構築する」[33]が公表された。この報告書は，金融機関が組成する複雑な金融仕組取引（complex structured finance transactions, CSFTs）に税務リスクがあるかどうかを税務当局が判断できるようにするために，金融機関には法定要件以上の一定の透明性を提供することを促すべきである，とした。世界金融危機の影響が深刻化していた時期である。のちに，この結論を反映しつつ，債務担保証券（CDO）を発行していた金融機関の破綻が相次ぐ中，2010年9月に「金融機関の欠損金に関する租税リスクに対処する」[34]が公表された。

また，2009年9月，「納税協力について個人

29）OECD (2006e).
30）OECD (2006f).
31）OECD, Fourth meeting of the OECD Forum on Tax Administration, 10-11 January 2008, Cape Town Commniqué (2008), available at https://web-archive.oecd.org/2012-06-15/130826-39886621.pdf.
32）OECD (2008c).
33）OECD (2009c).
34）OECD (2010h).

富裕層に関与する」[35] が，市販スキームが中低位富裕層で用いられ，受注スキームが超富裕層で用いられるなどの傾向を明らかにし，それぞれに対する対策を論じた。フォーカス・グループ14か国の経験から，個人富裕層に的を絞って資源を集中することにより納税協力が大きく向上するという知見を示した。また，銀行秘密の廃止などの環境変化に伴い，個人富裕層がオフショアに隠していた所得や資産を自発的に開示する場合の対応に触れた。

金融機関と個人富裕層に関するこれらの報告書は，2009年５月のFTA第５回パリ全体会合で報告された。このように，この時期の主要な関心事は，大企業や税務仲介者の納税協力について，一方でリスク管理を徹底しつつ，他方で相互協力関係による法遵守を促すことにあった。

以上と並行して，この時期には，各国税務当局間の情報交換体制が整備された[36]。2009年４月のG20首脳会議は「銀行秘密の時代は終わった」と宣言した。税の透明性と情報交換のグローバル・フォーラムも2009年９月に拡充された。

Ⅱ－３．継続的な検討作業（2008-2012）

（１）中小企業の納税協力

同じ時期には，中小企業の納税協力を検討する報告書も，従来の活動を継続する形で公表された。いずれも納税協力サブグループによるものである。なお，2008年の「納税者の納税協力を監視する－歳入部門の経験に基づく実践的ガイド」[37] は，FTAの報告書リストには掲げられているが，ダウンロード不可である。OECD iLibraryでも入手できず，内容を確認できない。

2009年３月の「納税協力を管理し改善する－納税協力リスク対処における最近の展開」[38] は，2004年10月のガイダンス・ノートの続編であって，次の点を述べた。

- 各国税務当局のリスク対処の実例が増加した。
- 税務当局の対応は洗練されてきており，将来の誤りや脱税を防止抑制するための能動的教育と対話を含む。
- 第三者との協力関係により広範な人々の行動変容をもたらし，外部情報とその突き合わせによりリスクのある人々を個別に絞り込んできている。

2009年８月の「中小企業と個人事業者のための源泉徴収および情報申告制度」[39] は，中小企業と個人事業者の特定カテゴリーの所得に関して源泉徴収と情報申告を実施している国々の経験を検討した。その調査結果は，源泉徴収なしの情報申告が好まれる傾向にあること，不適切な情報申告に対する制裁として源泉徴収を行う例があること，給与所得に対してはほとんどの国が源泉徴収制度を普遍的に適用していること，を示した。報告書はまた，源泉徴収および情報申告の設計上の要点を示した。

2009年８月の「特定国における付加価値税の納税協力管理」[40] は，付加価値税の納税協力管理に関する５か国の経験をまとめた。背景にはEUにおける付加価値税逋脱の広がりがあったが，EU域内取引の問題は欧州委員会が重点的に取り組んでいたため対象外としている。同報告書の知見として，納税協力のリスク管理に対する戦略的アプローチが成熟していること，英加で改善がみられること，リスク管理にあたり税目別から顧客別のアプローチに移行していること，事業者の付加価値税登録の検証につきより体系的な仕組みを設けていること，不正還付をめぐる情報が不足していること，などが示された。

2010年11月には，２本の報告書が公表された。

35）OECD (2009g).
36）増井 (2011) 253頁。
37）OECD (2008d).
38）OECD (2009b).
39）OECD (2009f).
40）OECD (2009e).

まず,「納税協力リスクの取扱戦略の効果を評価する」[41]は,アウトプットとアウトカムの区別などの評価指標について述べたのち,次の4段階を示した。

- リスクの理解と特定
- 税務当局が望むアウトカムの明確な表明
- 納税協力戦略の効果を測定するための指標の特定
- 税務当局が納税協力行動を変えることに成功したか否かの評価とその報告

また,「納税者の納税協力行動を理解し動かす」[42]は,①抑止,②規範,③機会,④公正さ,⑤経済要因,⑥以上の相互作用の6つの観点から,いかにして納税者の行動に働きかけるかを論ずる。この報告書は,2004年10月の報告書「納税協力リスク管理」を展開したものであり,納税協力の確保について多面的な観点を採用した点で重要である。節を改めて,Ⅲで再び触れることにする。

(2) 納税者サービス

2008年から2010年にかけて,納税者サービス・サブグループは,納税者サービスに関する報告書を継続的に公表した。

2008年1月,次の2本の報告書を公表した。

- 「特定国の税務事務負担軽減プログラム」[43]は,事業者の事務負担軽減(reducing red tape)に関するOECDの取組みの一環として,各国の事務負担軽減戦略をまとめた。
- 「第三者申告アレンジメントと記入済申告書－デンマークとスウェーデンのアプローチ」[44]は,2006年3月の記入済申告書に関する報告書の続編であり,記入済申告書が機能する重要な条件である第三者からの情報申告の実務的側面について,北欧2国の経験に照らして叙述した。

2009年7月,「一元的な事業申告」[45]は,企業の財務情報を税務・統計・金融規制・取引所などにばらばらに提供する現状を改め,ひとつの政府ゲートウェイまたはコア・サービス・ハブを通じて一元的に提供するやり方を示した。これによる事業者の納税協力コストの節減額の試算も示している。

2010年3月,次の3本の報告書を公表した。

- 「税務規制の事務負担軽減のためのプログラム」[46]は,20か国の調査に基づき,規制改革,組織改革,情報通信技術の利用,広報,情報提供の一元化の動きを示した。
- 「納税者サービスの提供のための電子サービスの利用」[47]は,インターネット上のサービス,電話,政府一体的な取組み,安全性について検討した。2004年から進歩があるものの,ほとんどの税務当局が成熟度フレームワークにいう高度の転換レベルには達していないとしている。
- 「特定国の歳入税務当局支援のためのアプリケーション・ソフトウェア・ソリューション」[48]は,20か国の税務当局が,特注のソフトウェアと市販のソフトウェアをどのように利用しているかを示した。

(3) 会計ソフトウェア

先にⅡ－1でみたように,会計ソフトウェアのあり方へのFTAの関心は初期から存在していた。2010年4月には,納税者の用いる会計ソフトウェアについて,さらに3本の報告書が出された。

41) OECD (2010k).
42) OECD (2010l).
43) OECD (2008a).
44) OECD (2008b).
45) OECD (2009d).原語はStandard Business Reportingである。ここにいうStandardとは政府の各機関に対して統一的な様式で申告することを意味しているため,やや意訳になるが「一元的」と訳した。
46) OECD (2010b).
47) OECD (2010a).
48) OECD (2010c).

- 「企業と会計のソフトウェアの納税協力のためのガイダンスと仕様」[49]は，税務当局とソフトウェア開発者に対する勧告を示した。
- 「標準税務調査ファイル－税務第２版」[50]および「標準税務調査ファイル－給与第１版」[51]は，SAF-TやSAF-Pと呼ばれるファイルの設計を記述した。XMLスキーマ形式による統一仕様を用いることにより，内部監査や税務調査をより効率的かつ効果的にするためであった。

（４）国際取引－合同税務調査と移転価格調査

2010年９月のFTA第６回イスタンブール全体会合の主要議題は，オフショア納税協力の向上であった。これと同時に，「合同調査報告書」[52]が13か国から成るグループにより作成された。この報告書は，納税者の国際取引に係る争点や取引につき複数国の税務当局が単一の税務調査チームを結成して合同調査（joint audit）を行う場合の法的枠組み，各国の経験，調査の組み立てを示した。

2012年１月，「移転価格の挑戦に効果的に対処する」[53]が，税務当局の移転価格調査に関する実践的なステップを示した。この報告書は，効果的なリスク評価にはじまり，調査開始にあたっての調査範囲の確定，明示的なガバナンス過程，遅延防止のための代替的紛争解決技法の活用などのステップについて論じた。

（５）租税の還付

租税の還付は，納税協力リスク管理と納税者サービスの双方にまたがる。2011年５月，「租税の還付－還付サービスの提供・納税協力・完全性の間のバランスを維持する」[54]は，還付事務のあり方について税目横断的に検討し，納税協力リスクと対策を論じた。

Ⅱ－４．展開期（2012-2019）

（１）第７回ブエノスアイレス会合－業務効率化

2012年２月，OECD租税政策行政局長がGeffrey Owens氏からPascal Saint-Amans氏に交替した。その後，新しい陣容の下でBEPSプロジェクトが徐々に形をとりはじめた。以下にみるのは，この時期の報告書である。

2012年１月，FTA第７回ブエノスアイレス全体会合が開催された。主要議題は，オフショア納税協力，業務効率化（Working smarter），大企業の協力的コンプライアンスであった。オフショア納税協力については，2012年11月，東京でオフショア納税協力ネットワークのワークショップが開かれた。

緊縮予算環境において業務を効率化するためのプロジェクトが，「より賢く働く（Working smarter）」という標語の下で，2011年から始まっていた。2012年１月にはその成果として，次の３つの報告書が公表された。

- 業務効率化プロジェクトの全体的概要を示す報告書が「概要－業務効率化」[55]であり，①税務行政の構成，②納税協力，③立法，④納税者サービスの提供，の柱をたてた。
- このうち①②③を論ずる報告書が「業務効率化－税務行政の構成，納税協力，立法に係る業務効率化」[56]であり，各国の取組みを調査して提言をまとめた。②納税協力については，現代的なリスク管戦略をより厳格に適用すべきことや，納税協力リスクの早期発見と対処，電子サービスの改善が必要であるとした。

49）OECD (2010d).
50）OECD (2010f).
51）OECD (2010g).
52）OECD (2010i).
53）OECD (2012a).
54）OECD (2011b).
55）OECD (2012e).
56）OECD (2012f).

- ④を論ずる報告書が「業務効率化－需要管理戦略を用いてサービス提供目標を達成する」[57]である。この報告書は，各国の現況調査に基づき，納税者サービスへの需要を管理するための内部ガバナンス過程が未成熟であるとして，その改善のための方策を提示した。

2012年1月にはさらに，中小企業納税協力サブグループと納税者サービス・サブグループが，それぞれ報告書を公表した。

中小企業納税協力サブグループの報告書は次の2本である。

- 「地下経済における納税非協力の機会を減らす」[58]は，eBayやPayPalなどのインターネットを用いた電子決済の普及により地下経済活動からの所得を国内外に隠匿する機会が増えたという問題意識に基づく。これに対する包括的な戦略を有する国が存在すると同時に，多くの税務当局はそのような戦略を欠いていると注意喚起した。国際協力の余地のある領域として，給与をめぐる納税協力（不法就労，現金払い，偽装請負）とインターネット事業が指摘された。
- 「最初から正しく－中小企業の納税環境に影響を与える」[59]は，「最初から正しく（Right from the Start）」という考え方を導入した。伝統的なアプローチは，納税申告を事後的に検証して介入の要否を判断してきた。これと併用するものとして，申告前の段階から納税者の環境に働きかけるアプローチを併用することを提案した。報告書は，このアプローチには4つの側面があるとした。すなわち，①リアルタイムで申告前（up-front）に介入する。②取引から申告納付までを端から端まで（end-to-end）つなげる。③納税協力を容易にする（納税非協力を困難にする）。④納税者と利害関係者を関与させる。報告書は，このようなアプローチの採用を呼びかけ，そのアウトカムの評価の設計と実施が残る課題であるとした。

納税者サービス・サブグループの報告書は，次のものである。

- 「納税者への電子サービスの提供における安全性と認証の問題」[60]は，電子チャンネルに対する攻撃によるなりすまし・経済的損失・評判毀損の危険，に対処するためのものである。25か国の調査に基づき，本人認証やアクセス方法，データの機密性・完全性・改竄不可能性の確保，法制度の枠組みの現況を示した。

（2）第8回モスクワ会合－協力的コンプライアンス

2013年5月，FTA第8回モスクワ全体会合が開かれた。主要議題は，オフショア納税非協力，BEPSプロジェクトを受けた多国籍企業の納税協力，税務行政の効率化であった。

この時期の大きな動きは，2013年8月の「協力的コンプライアンス－枠組み－相互協力関係から協力的コンプライアンスへ」[61]の公表である。この報告書は，先にⅡ－2⑵でみたイスタンブール会合の問題意識を展開した。2008年の「税務仲介者の役割に関する研究」[62]が用いていた相互協力関係（enhanced relationship）という用語に代えて，協力的コンプライアンス（co-operative compliance）という用語を用いることとした。主に多国籍大企業を念頭において，企業が内部統制の仕組みとして租税統制枠組み（Tax Control Framework, TCF）を整備し，税務当局との間で透明な協力的関係を保つ

57）OECD (2012g).
58）OECD (2012b).
59）OECD (2012c).
60）OECD (2012d).
61）OECD (2013c).
62）OECD (2008c).

という方向を打ち出した。

2013年にはこの他にもいくつもの報告書が公表された。これらは，2012年の報告書の延長線上のものが多い。

- 2013年7月，業務効率化（Working Smarter）の一領域である④納税者サービスの提供について，「サービス需要を管理する」[63]が，実践的ガイダンスを示した。この報告書は，豪の経験などを参考として，政府一体で取り組む（whole-of-revenue body approach）ためのやり方を論じた。事例研究で日本の東日本大震災への対応に言及している。
- 2013年8月，中小企業納税協力サブグループが，「最初から正しく」の考え方を展開し，「共により良いアウトカムを－中小企業納税者と利害関係者を関与させる」[64]を公表した。この報告書は，参加と関与（engagement & involvement, E&I）の考え方に基づき，中小企業の納税過程への参加を促すために税務当局が積極的に関与することが有益であるとした。各国の取組みとその傾向を示し，関与政策の効果的な実施のための実践的ガイダンスを提供している。
- 2013年9月に次の3つのプロジェクトを始動するScoping Documentが公表された。すなわち，「納税協力アウトカムの測定」[65]，「納税者による自助回路利用を増やす」[66]，「租税債務管理における業務効率化」[67]である。これらは，1年後のダブリン会合で報告書として結実する。

（3）第9回ダブリン会合

2014年10月，FTA第9回ダブリン全体会合が開かれた。主要議題は，BEPSプロジェクトの実施と，自動的情報交換であった。

2014年10月，前年から続いていた3つのプロジェクトにつき，それぞれ次の報告書が公表された。

- 「納税協力アウトカムの測定－実践的ガイド」[68]は，伝統的に用いられてきたアウトプット指標（税務調査による増差額など）よりも広い成果（outcome）を測定するための実践的ガイドを提供した。
- 「納税者による自助回路利用を増やす」[69]は，納税者サービス・サブグループによるもので，納税者がデジタル回路によりみずからサービスを得られるようにするための条件を指摘した。この段階で，納税者の自然なシステムの中にサービスを埋め込む（embedding services in the natural systems of taxpayers）という考え方が示されており，これがのちに「税務行政3.0」[70]において前面に出てくることになる。
- 「租税債務管理における業務効率化」[71]は，業務効率化（Working Smarter）プロジェクトの一環である。この報告書は，高度な統計的分析（Advanced Analytics）により租税債務者の属性に応じた対応を行うこと，介入手法の工夫，コールセンターの利用，徴収部門の組織構成，出国した租税債務者に対する徴収共助について論じた。

2014年10月，「デザインによる納税協力－システムの観点を採用することで中小企業の納税

63）OECD (2013b).
64）OECD (2013d).
65）OECD (2013e).
66）OECD (2013f).
67）OECD (2013g).
68）OECD (2014b).
69）OECD (2014c).
70）OECD (2020k).
71）OECD (2014a).

協力を達成する」[72]が公表された。この報告書は，2004年の「納税協力リスク管理」[73]に始まる納税協力に対するFTAのアプローチの流れを整理したうえで，納税環境を設計する（by design）ことにより納税協力を容易にするアプローチを提示した。納税協力に関するアプローチの変化をよく示す報告書であり，Ⅲで重点的にとりあげる。

（4）第10回北京会合

2016年5月，FTA第10回北京全体会合が開かれた。主要議題は，G20/OECDの国際課税のアジェンダの実施（CRSやCbCR），現代的税務行政の構築，能力開発であった。

2016年5月に公表された報告書は次の5つである。

- 「より良い税務行政のための技術」[74]は，ビッグデータやスマートポータルの活用を検討した。「より良い税務行政のための高度な分析」[75]は，統計的手法を用いた予測・推論（Advanced Analytics）について論じた。
- 「納税者サービスを再考する－中小企業の納税協力における税務サービス提供者の変わりつつある役割」[76]は，技術革新に伴い税務助言者の役割が変化しつつあることを指摘し，その変化への対応策の方向を示した。
- 「協力的コンプライアンス－より良いTCFの構築」[77]は，2013年の「協力的コンプライアンス－枠組み」[78]を発展させるもので，大企業の内部統制システムの一部として租税統制枠組み（TCF）を構築するためのガイダンスを提示した。
- 「税務行政と能力開発」[79]は，2016年2月にG20財務大臣・中央銀行相殺会議がIMF・OECD・国連・世界銀行グループの合同プラットフォームの設立提案を歓迎したことを受けて，各国の税務当局の能力開発のための施策を報告した。

（5）第11回オスロ会合

2017年9月，FTA第11回オスロ全体会合が開かれた。主要議題は，国際課税のアジェンダの支援（CRS情報の自動的情報交換，MAPピアレビューの報告，CbCRの実施ガイダンス，租税の確実性），納税協力の改善（JITSIC，地下経済），税務行政の将来であった。

- このうち地下経済に関する報告書が，「地下経済に光をあてる－機会と脅威」[80]である。この報告書は，地下経済の性質を論じたのち，地下経済の近年の展開を示し，税務行政のとるべき戦略として，納税者教育と納税協力の容易化，機会の減少と発見の増加，社会規範の醸成を挙げた。
- 税務行政の将来に関する報告書が，「変化する納税協力環境と税務調査の役割」[81]である。この報告書は，「税務行政の将来」シリーズの一環であり，2016年の「より良い税務行政のための技術」[82]，「より良い税務行政のための高度な分析」[83]，「納税者サービスを再

---

72) OECD (2014d).
73) OECD (2004b).
74) OECD (2016b).
75) OECD (2016d).
76) OECD (2016c).
77) OECD (2016e).
78) OECD (2013c).
79) OECD (2016f).
80) OECD (2017b).
81) OECD (2017a).
82) OECD (2016b).
83) OECD (2016d).

考する－中小企業の納税協力における税務サービス提供者の変わりつつある役割」[84]の続編である。今後の作業提案として，より容易な税額計算の支援と検証，税務調査のシステム評価に関する各国の経験共有，協力的コンプライアンスが中小企業にとっていかに機能するかに関するガイダンス，データのソースと安全性の確保，合同調査の促進，を挙げている。

（6）第12回サンチャゴ会合－DX

2019年3月，FTA第12回サンチャゴ全体会合が開かれた。主要議題は，BEPSおよび「租税の確実性」の実施（ICAP，合同調査，相互協議），税務当局間協力の改善（CRSデータの活用，シェアリング・ギグ・エコノミー，JITSIC），デジタル・トランスフォーメーション（DX）の支援，能力開発（能力開発ネットワーク，ジェンダー・バランス・ネットワーク）など，多岐にわたった。このうち「租税の確実性」については，IMFとOECDの合同報告書が2019年6月に出されることになる[85]。また，この全体会合ではEUで議論されていた行動洞察（Behavioural Insights）も論題とされた。

2019年3月に公表された報告書は，次の6本である。この時期から税務行政のデジタル化関連の内容が増えており，翌年の2020年の「税務行政3.0」に至る準備作業が進んでいたことがわかる。

- 「合同調査2019－租税の協力を向上させ租税の確実性を改善する」[86]は，2010年の報告書「合同調査」からの10年間に多くの成果があったことを示し，合同調査が適正課税と二重課税排除のために効果的な手法であるとしたうえで，ベスト・プラクティスと勧告を提示した。
- 「シェアリング・ギグ・エコノミー－プラットフォーム売主の効果的課税」[87]は，2017年FTA全体会合でシェアリング・エコノミーにおける財やサービスの売買から所得を得ている者の効果的課税の取組みに合意したことを受けている。税務当局の採用しうる選択肢として，プラットフォーム事業者の教育や，情報申告要件の標準化，より高度な国際協力，国際的情報交換について検討した。
- 「オンライン金銭登録機－利点・考慮・ガイダンス」[88]は，インターネットによって税務当局と接続する金銭登録機を実施した国の経験を示し，オンライン金銭登録機の導入を検討する場合の助言を記した。導入国の事例研究として，ハンガリー，韓国，ロシアをとりあげている。
- 「デジタル経済を解き放つ－政府のAPI実施ガイド」[89]はAPIについて論じた。API（application programming interface）は，各アプリケーションがOSの公開機能を使うためのインターフェースであり，納税者の自然システムと政府のシステムを接続する。この報告書は，APIを通じたデジタル・エコシステムの利点を挙げ，良いAPI管理の要素を挙げた。
- 「商業的市販ソフトウェアを導入する－フィンランド税務当局の経験」[90]は，フィンランドの経験を論じた。フィンランド税務当局は，ソフトウェアを商業的市販版のものに取り換えていた（a comprehensive commercial off-the-shelf solution, COTS）。この経験に照らし，入札の方法，移行の準備，

84）OECD（2016c）.
85）IMF/OECD（2019），2019 Progress Report on Tax Certainty, Paris.
86）OECD（2019h）.
87）OECD（2019c）.
88）OECD（2019e）.
89）OECD（2019f）.
90）OECD（2019g）.

互換性確保などの実施面の考慮，維持管理の支援につき助言を記している。

- 「成功した租税債務管理－成熟度を測定し変化を支援する」[91]は，2014年の報告書「租税債務管理における業務効率化」[92]を受けて，その後の各国の成功例を収集し，成功要素を提示した。いわゆる成熟度モデル（Maturity model）の草案を示し，税務当局が自己点検できるようにしている。ここで示された草案は，2019年12月の「租税債務管理の成熟度モデル」[93]において確定版になった。

なお，2019年12月には，「納税協力負担の成熟度モデル」[94]が公表された。この報告書は，納税協力上の負担の測定と最小化について，各国税務当局がみずからの到達度を自己点検するための成熟度モデルを示した。

Ⅱ－5．コロナとDX（2020年以降）

（1）COVID-19対応

2020年春から，新型コロナウイルス感染症が世界的に拡大した。FTAは，COVID-19対応の報告書として，次の5本の報告書を公表した。

- 2020年4月の「COVID-19への税務行政の対応－業務継続上の考慮」[95]が，税務当局が業務を継続するための留意点をまとめた。
- 同月の「COVID-19への税務行政の対応－納税者の支援策」[96]が，申請期限の延長や早期還付，税務調査方針，納税者サービスの強化などの例を挙げた。
- 2020年5月の「税務行政－COVID-19に関連した開示と詐偽のリスク」[97]が，リモートワークの増加や環境の変化に伴うリスクを示し，対策を示唆した。
- 同月の「COVID-19への税務行政の対応－回復期の計画」[98]が，感染症からの回復期をみすえていかに税務行政を正常化するかを検討した。
- さらに，2020年7月の「COVID-19への税務行政の対応－広範な政府を支援する」[99]が，コロナ危機において各国の税務当局が担うこととされた新たな役割を，金融面の支援（給付金の交付事務など），サービス提供（スタッフやサービスの利用），情報面の支援（情報共有や情報分析）に分けて論じた。

コロナ環境下において，従来から継続するプロジェクトの成果が報告書として公表された。

- 2020年7月，「評判リスク管理の向上」[100]が，税務当局の評判を毀損するリスクをいかに管理するかを論じた。この報告書は冒頭で，「評判を築くには20年かかるがそれを台無しにするには5分で済む」というWarren Buffetの言葉を引用している。
- 2020年11月の「従業員のジェンダー・バランスを促進する－集合的な責務」[101]が，2019年3月のGender Balance Networkの設立を受けて，ジェンダー・バランスの促進のために各国が採用している取組例を示した。

なお，公表月が明記されていないが，2020年の「行動指針－税務行政とシェアリング・ギグ・プラットフォームの間の協力」[102]が，プラット

91）OECD（2019d）.
92）OECD（2014a）.
93）OECD（2019k）.
94）OECD（2019j）.
95）OECD（2020a）.
96）OECD（2020b）.
97）OECD（2020d）.
98）OECD（2020c）.
99）OECD（2020e）.
100）OECD（2020f）.
101）OECD（2020g）.
102）OECD（2020l）.

フォームに関するOECDモデル報告ルール[103]を補完するものとして行動指針を示した。

（2）第13回アムステルダム会合－税務行政3.0

2020年12月，FTA第13回アムステルダム全体会合が開かれた。新型コロナウイルス感染症の蔓延のため，会合はオンラインで開催された。主要議題は，COVID-19への対応，生じつつあるリスクの特定と緩和，税務行政のDX（「税務行政3.0」），租税の確実性（ICAP, MAPs, 安全な通信回路），であった。

2020年12月の全体会合で公表された報告書の中でも特に重要なのが，「税務行政3.0」[104]である。この報告書は，経済社会のデジタル化が進む中で税務執行のDXを構想した。「税務行政3.0」という表現は，紙ベースの「税務行政1.0」やデジタル化が一定程度進行した「税務行政2.0」から一歩進んで，納税者の用いる自然システムの中に課税プロセスを組み込む段階を意味する。報告書は，「税務行政3.0」の6つの構成要素を提示した。すなわち，デジタル本人確認，納税者タッチポイント，データ管理と基準，課税ルール管理と適用，新しいスキルセット，ガバナンス枠組み，である。

2020年12月，次の3本の報告書が公表された。

- 「中小企業の正しい納税を支援する－戦略的計画」[105]が，中小企業の納税協力を支援して事務負担の軽減を図るための戦略的計画を論じた。中小企業支援に関するNoteの第一弾である。
- 「租税債務管理ネットワーク－国際的租税債務管理の強化」[106]が，2014年の報告書「租税債務管理における業務効率化」[107]の延長として，国際的な徴収に関する課題を検討した。
- 「自動的情報交換－金融機関の遵守を促進し評価する」[108]が，CRSとFATCAがすでに実施段階を過ぎて金融機関の情報申告を税務当局が評価する段階に入っている中で，金融口座情報の自動的交換のためのガイダンスを示した。

（3）第14回パリ会合

2021年12月，FTA第14回パリ全体会合がオンラインで開かれた。主要議題は，経済のデジタル化から生ずる税の挑戦に対処するための2つの柱の実施，より途切れのない課税モデルを支援するための税務行政のDX，途上国税務当局を支援するための能力開発であった。

この全体会合に先立って，2021年中に次の報告書が公表された。

- 2021年2月の「ICAP－税務当局と多国籍企業のためのハンドブック」[109]は，2018年1月に試験的に始まった国際納税協力保証プログラム（International Compliance Assurance Program, ICAP）の経験を踏まえ，ICAPの進め方を体系的に叙述した。
- 2021年2月の「業務リスク管理の成熟度モデル」[110]は，成熟度モデル・シリーズの一環で，税務行政組織の業務リスク管理の実現度合いを自己点検するためのものである。
- 2021年4月の「税務行政－コロナ環境での

103）OECD (2020), Model Rules for Reporting by Platform Operators with respect to Sellers in the Sharing and Gig Economy, OECD, Paris. なお，モデルルールに関連する文書へのリンクとして，https://www.oecd.org/tax/exchange-of-tax-information/model-rules-for-reporting-by-platform-operators-with-respect-to-sellers-in-the-sharing-and-gig-economy.htm 参照。

104）OECD (2020k).

105）OECD (2020i).

106）OECD (2020j).

107）OECD (2014a).

108）OECD (2020h).

109）OECD (2021a).

110）OECD (2021b).

デジタル復元力」[111] は，新型コロナ危機に対処する上で税務行政のデジタル化が発揮した効果の現況点検を行った。税務行政のデジタル化がコロナ危機対応に役立ったこと，IT システムの機能停止が生ずるなどのリスクも生じたこと，各国税務当局が短期間でこれらの挑戦に対処したこと，コロナ対応の経験が税務当局の将来戦略や納税者対応に影響を与えたこと，を指摘している。

- 2021 年 7 月の「税務行政－ポスト・コロナ環境における維持可能なリモートワークに向けて」[112] は，コロナ後の税務職員の働き方として，長期的に維持可能な形でリモートワークの機会を活用するための論点を示した。
- 2021 年 8 月の「より良い税務行政のための行動洞察－短いガイド」[113] は，ナッジをはじめとする行動洞察（Behavioural Insights）を税務行政に活かすためのガイドである。その体裁は報告書というよりも絵入りのパンフレットというべきもので，各国における採用例も含んでいてわかりやすい。
- 2021 年 9 月の「COVID-19 への税務行政の対応－源泉税の還付請求を容易にするための行政上の措置」[114] は，コロナ禍の中で紙ベースの手続が難しくなる中で，源泉地国と居住地国がクロスボーダーの源泉税の還付請求に協調して対応するやり方を論じた。
- 2021 年 11 月の「納税文化の構築，納税協力，市民権」[115] は，2015 年に OECD が開始した納税者教育の取組みに基づくもので，59 か国の経験をもとに，主に途上国の税務当局支援を念頭において納税者教育のあり方を論じた。

2021 年 12 月の FTA 第 14 回パリ全体会合では，次の報告書が公表された。

- 「DX 管理の成熟度モデル」（2022 年 9 月に改訂）[116] は，税務行政の DX のための成熟度モデルを提示した。具体的には，デジタル本人確認，納税者タッチポイント，データ管理と基準，課税ルールの管理と適用，新しいスキルセット，ガバナンス枠組み，の諸点に照らして成熟度を自己点検できるようにした。これらの自己点検指標は，2020 年の「税務行政 3.0」が示した構成要素に即している。
- 「途上国税務行政のデジタル化を支援する」[117] は，税務行政のデジタル化の動機，デジタル化の成功路程の共通段階，事例研究に基づくデジタル化の頻出領域を示した。

（4）第 15 回シドニー会合

2022 年にも引き続き，税務行政の DX に関する報告書が続々と公表された。

- 2022 年 1 月，「税務行政 3.0 － 行動計画の更新」[118] が，7 つの行動（action）の進行状況と次のステップを示した。すなわち，①DX 成熟度モデル，②税の技術に関する取組みの一覧（The Inventory of Tax Technology Initiatives, ITTI），③デジタル本人確認（Digital Identification），④グローバル電子インボイス，⑤シェアリング・ギグ・エコノミーのアプリケーションに課税プロセスを組み込む，⑥途上国税務行政のデジタル化支援，⑦知識共有グループ，である。このうち①②は，デジタル化の段階が各国で異なり，各国それぞれに異なる優先課題がある点をふまえ，成熟度評価により現況

111）OECD (2021c).
112）OECD (2021d).
113）OECD (2021e).
114）OECD (2021f).
115）OECD (2021h).
116）OECD (2022g).
117）OECD (2021j).
118）OECD (2022a).

を把握する行動である。③④⑤は国際的解決に向けた行動であり，2022年の全体会合への報告書の提出を意図していた。⑥⑦は能力開発のための行動である。

- 2022年5月，「途切れのない課税に向けて－中小企業の正しい納税を支援する」[119]が，テクノロジーの新展開により中小企業の納税協力を容易にする取組みを紹介した。オランダの一元的申告とチリの記入済申告の事例研究が付されている。
- 2022年6月，「統計分析－成熟度モデル」[120]が，税務行政の用いる統計分析につき成熟度モデルを示した。同月には「税務行政2022」[121]も公表された。
- 2022年8月，「税の能力構築－税の能力構築プログラムを開発し前進させるための実践ガイド」[122]が，税の能力構築支援のために，戦略設定・現地状況理解・行動準備・監視評価のガイドを示した。この報告書は，2016年の「税務行政と能力開発－集合的課題」[123]を受け，FTA Capacity Building Networkによって作成された。

2022年10月，FTA第15回シドニー全体会合が開かれた。主要議題は，経済のデジタル化から生ずる税の挑戦に対処するための2つの柱の行政的実施および租税の確実性の適切な過程を準備すること，より途切れのない課税モデルを支持する継続中の税務行政のDX，途上国税務行政を支援するためのより一層の税の能力開発であった。このうち税務行政のDXについては，「税務行政3.0」の国際協力の第二段階に入ることを合意した。

この全体会合に先立ち，2022年9月に次の5つの報告書が公表された。

- 「デジタルサービス－中小企業の正しい納税を支援する」[124]は，Community of Interest on SMEsによるもので，中小企業部門を支援するデジタルサービスの展開を示した。
- 「税務行政3.0と納税者の自然システム接続－初期知見」[125]は，主に直接税の観点から，連結したデータシステムへの移行に関連する論点と課題を提示した。特にシェアリング・ギグ・エコノミーにおけるプラットフォームに着目して，技術面，デジタル本人確認，教育，データ，信頼と透明性について検討している。
- 「税務行政3.0と電子インボイス－初期知見」[126]は，付加価値税における電子インボイスの利用を論ずるもので，FTAの助言起草グループ（Advisory and Drafting Group）によるものである。グローバルな標準化と相互互換は短期的には現実的でないという認識に基づき，知識共有のために各国のアプローチを事例研究と質問調査により示した。
- 「税務行政3.0と納税者のデジタル本人確認－初期知見」[127]は，DX成熟度モデルとITTI[128]による応答に基づき，デジタル本人確認について，国内的側面と国際的側面に分けて，その現状と今後の検討課題を示した。
- 「二国間事前確認マニュアル」[129]は，租税の

119) OECD (2022b).
120) OECD (2022c).
121) OECD (2022d).
122) OECD (2022e).
123) OECD (2016f).
124) OECD (2022f).
125) OECD (2022h).
126) OECD (2022i).
127) OECD (2022j).
128) ITTIについては，Ⅱ－6（4）を参照。
129) OECD (2022k).

確実性を確保するために，移転価格ガイドラインの事前確認に関する付録を補完するものとして，二国間事前確認に関する一般的な指針を示した。

（5）第16回シンガポール会合

2023年1月，「多国間相互協議手続と事前確認の処理に関するマニュアル」[130]が，租税の確実性を確保するために，多国間で相互協議と事前確認を行う場合のガイダンスを示した。

2023年3月，「中小企業との対話と関与－中小企業の正しい納税を支援する」[131]が，中小企業との間で税務当局が対話と関与の戦略を練るための選択肢を提供した。

2023年9月，「税務行政2023」[132]が公表された。2006年の初版から数えて第11版である。現時点での最新版であるので，項を改めてⅡ－7でみることにする。

2023年10月にFTA第16回シンガポール全体会合が開かれた。成果声明では，次の3点について合意したことが明記された[133]。

- 税務行政3.0のビジョンの実現を支援する野心的な一連のプロジェクトで協力し，新しいテクノロジー・ツールを活用してコンプライアンスを強化し，タックス・ギャップを縮小し，納税協力負担を大幅に軽減すること
- 世界的な最低課税ルールの運用における遵守・協力・確実性を支援するために税務当局間の協力をどのように深めることができるかを検討することを含め，一貫した方法で柱2（Pillar Two）の効果的な実施を確保するために協力すること
- 他の国際機関や地域機関との緊密な連携を通じて，世界的な能力構築の取組みの有効性と範囲を強化すること

Ⅱ－6．現在の活動に即した整理

（1）3つの活動

FTAの現在の活動は，期間限定プロジェクト，ネットワーク，支援措置の3つに分かれる[134]。報告書の作成主体がFTAの中でさまざまに分かれているのは，このような多様な活動の成果が報告書として取りまとめられるからである。過去20年の間でFTAの活動が拡大してくる中で作成主体も変化してきた。ここでは，現在の3つの活動に即して，どの活動にどの報告書が対応するかを整理しておこう。

（2）期間限定プロジェクト

期間限定プロジェクトは，その時々の優先的な課題に取り組むもので，その成果が報告書や新しいツールキットになる。

現在の重点的な取組みが「税務行政3.0」であり，2020年の報告書[135]が鍵となる考え方を示している。それによると，「税務行政3.0」関連の活動は，7つの行動から成る。

まず，評価ツールとして次の2つがある。

Action 1: Development of a digital transformation maturity model

Action 2: Global map of leading practices

次に，主要プロジェクトとして次の3つがある。

Action 3: Digital identity – compatibility across countries

Action 4: E-invoicing – towards seamless global solutions

Action 5: Real-time exchange of information with sharing and gig economy platforms

---

130） OECD (2023a).

131） OECD (2023b).

132） OECD (2023c).

133） OECD Forum on Tax Administration, FTA Plenary 2023 Statement of Outcomes (2023).

134） この節の情報は，FTAのサイト https://www.oecd.org/tax/forum-on-tax-administration/about/ の The FTA's working arrangements による。

135） OECD (2020k).

最後に，能力開発として次の2つがある。

Action 6: Supporting capacity building for digitalisation in developing countries

Action 7: Knowledge sharing and development of new collaborative projects

2020年以降の報告書の多くは，これらの行動のいずれかの成果である。たとえば行動1については，2021年12月に成熟度モデルが公表され，2022年9月に更新された[136]。また，行動3から行動5のそれぞれについて，2022年10月に「初期知見（initial findings）」と副題のつく報告書が公表され[137]，今後の活動に向けて取り組むべき課題が指摘された。さらに，行動6について，2022年6月，「税務能力開発－税務能力開発プログラムの展開と改善のための実践ガイド」[138]が公表された。2023年9月の「税務行政2023」[139]は，その第10章で，「税務行政3.0」の6つの構成要素の各国における現況を示している。

（3）ネットワーク（Networks）および有志コミュニティー（Communities of Interest, COIs）

ネットワークおよびCOIsは，特定の主題に関する専門家の集まりである。以下のものがある。

- Large Business & International Programme
- Joint International Taskforce on Shared Intelligence and Collaboration（JITSIC）[140]
- Mutual Agreement Procedure（MAP）Forum[141]
- Tax Debt Management Network
- Capacity Building Network
- Gender Balance Network
- Digital Transformation Knowledge Sharing Group
- Shadow Economy COI
- Analytics COI
- Behavioural Insights COI
- Enterprise Risk Management COI
- Human Resources COI
- Innovative Use of Information COI
- Small and Medium-Sized Enterprises COI
- Tax Gap COI

これらのネットワークおよびCOIsには，古くから存在するものもあれば，比較的新しいものもある。たとえば，中小企業COIの原型は古く，初期の2004年「納税協力リスク管理」[142]からはじまって，報告書を継続的に産み出してきた。Gender Balance Networkの設置は比較的新しく，2019年のサンチャゴ会合のときであり，報告書も2020年のもの[143]がはじめである。

（4）支援措置

支援措置は，FTA事務局が取りまとめる。以下のものがある。

- Tax Administration Series（TAS）。税務行政の各国比較を行い，新しい取組みや成功例を提示する。これが「Tax Administration 2023」のような形で定期的に刊行される。初期から継続的に，題名を小幅に変化させながら，2004年，2007年，2009年，2011年，2013年，2015年，2017年，2019年，2021年，2022年に報告書を公表している。「税務行政○○年」というタイトル

136）OECD（2022g）.
137）OECD（2022h），OECD（2022i），OECD（2022j）.
138）OECD（2022e）.
139）OECD（2023c）.
140）https://www.oecd.org/tax/forum-on-tax-administration/jitsic/ を参照。
141）https://www.oecd.org/tax/dispute/country-map-profiles.htm に，BEPS行動14に基づく各国のプロファイルが掲載されている。
142）OECD（2004b）.
143）OECD（2020g）.

が定着するのは2013年からである。なお，それぞれの章立ては初期には版ごとにかなりの入れ替えがあったが，最近の章立ては比較的にみて安定している。

- The Inventory of Tax Technology Initiatives (ITTI)。オンラインデータベースである[144]。
- Maturity Model Series。DXや企業リスク管理，滞納管理など各種領域について「成熟度モデル (Maturity Model)」を提示して，各国税務当局が自己点検できるようにする。各種の成熟度モデルが公表されている。たとえば，納税協力負担 (OECD, 2019j)，租税債務管理 (OECD, 2019k)，業務リスク管理 (OECD, 2021b)，統計分析 (OECD, 2022c)，DX (OECD, 2022g) などである。
- 税務職員養成の支援。電子学習の開発，オンラインや対面での訓練，個別支援。国境なき税務調査員 (Tax Inspectors Without Borders, TIWB[145]) の活動を含む。

Ⅱ－7．Tax Administration 2023の各章との対応

現時点で最新版の「税務行政2023」[146]の各章は，過去数年のFTAの報告書や，他のプロジェクトの報告書を参照しながら，新しい情報を体系的に盛り込もうとしている。その様子は，各章でどの報告書を参照しているかをみることで，可視化できる。

そこで，「税務行政2023」の各章で参照された報告書を，末尾の文献リストと対応させておこう。

- 権限と徴収　OECD (2019i), OECD (2021g)
- 登録と本人確認「プラットフォーム企業による申告モデルルール」[147], OECD (2020k), OECD (2020e), OECD (2019i), OECD (2019c), OECD (2017c)
- 申告納付　OECD (2020b), OECD (2022a), OECD (2019i), OECD (2017c)
- 納税者サービス　OECD (2021e), OECD (2019f), ITTI[148]
- 検証と納税協力管理　OECD (2022c),「暗号資産の共通報告基準」[149],「租税犯罪と闘うための10のグローバル原則」[150], OECD (2022h), OECD (2021c), OECD (2020l),「プラットフォーム企業による申告モデルルール」[151],「租税犯罪捜査の成熟度モデル」[152], OECD (2019c), OECD (2017a), OECD (2016d)
- 徴収 OECD (2020b), OECD (2019d), OECD (2019i), OECD (2016d), OECD (2014a)
- 紛争 OECD (2021a), OECD (2019h), OECD (2019i), OECD (2016e)
- 予算と人員 OECD (2021g), OECD (2021d), OECD (2017c)
- DX　OECD (2022g), OECD (2021g), OECD (2020k), ITTI[153]

---

144) https://www.oecd.org/tax/forum-on-tax-administration/tax-technology-tools-and-digital-solutions/.
145) http://www.tiwb.org/.
146) OECD (2023c).
147) OECD (2020), Model Rules for Reporting by Platform Operators with respect to Sellers in the Sharing and Gig Economy.
148) 前掲注144。
149) OECD (2022), Crypto-Asset Reporting Framework and Amendments to the Common Reporting Standard.
150) OECD (2022), Recommendation of the Council on the Ten Global Principles for Fighting Tax Crime.
151) 前掲注147。
152) OECD (2020), Tax Crime Investigation Maturity Model.
153) 前掲注144。

Ⅲ．納税協力を確保するための戦略

Ⅲ－１．FTA報告書にみる納税協力戦略の進化

各国の納税協力戦略が近年とみに進化していることは，従来から指摘されてきた。たとえば，事前アプローチの強化がすすみ，個々の納税者の納税非協力リスクをリスク管理手法によってプロファイルし適切な対応を講ずるようになっていること，その理論的背景として，制裁を背景とした命令・支配モデルを納税者の自発的納税を促進する協力モデルに変えていく考え方が有力になっていること，といった指摘である[154]。

この点，FTAの報告書を通覧すると，2010年ごろを境目として重点の変化があったことが，くっきりとわかる。これは，各国税務当局の取組みの進化を示す記録として重要である。特に，各国の先進的な取組みのサーベイによって具体例が記載されていることが貴重な手がかりである。具体的に何をベスト・プラクティスとして記載しているかをみると，その時々の税務当局の自己認識がうかがえるからである。

納税協力戦略の進化の内容はかなり複雑であり，次の要素を含んでいる。

- 税務調査と事前的な働きかけは併存する
- 大企業の協力的コンプライアンスを中小企業にも拡大する
- 納税者行動の洞察に基づき「納税者の環境に働きかける」方向へと
- 納税協力と納税者サービスを融合する
- デジタル・トランスフォーメーション

これらの要素につき，2014年10月の報告書「デザインによる納税協力」は，次のように述べている。いわく，

「歳入機関が採用する納税協力戦略は，この10年間で目覚ましい発展を遂げてきた。新しい知識を適用し，環境の変化に適応することで，歳入機関はその有効性を向上させ，より少ない資源でより良い結果を出すことができるようになった。その戦略は，強制執行一辺倒のものから，納税者の行動をよく理解し，テクノロジーを活用した多面的なアプローチへと発展してきた。現在のアプローチでは，単に事後的な措置を適用するのではなく，部分的には，納税者や参加者を巻き込み関与させる（involving and engaging）ことで，最初から正しく対処する（getting it right from the start）ことに重点が置かれており，納税協力を支援し，納税非協力を防止するためにより前もって対策を講じること（up-front measures）が必要とされている。」[155]

同報告書が，中小企業の納税協力に関する報告書の展開に即してアプローチの進化を図示しているので，それを図１として引用しておこう。

この指摘は2014年の段階でなされたものであり，それからすでに10年近くが経過している。しかし，FTAの過去20年の活動の折り返し地点における中間総括であるので，現時点で改めて確認しておくことに意味がある。

以下では，この指摘を追跡する形で，いくつかの報告書の内容を示し，どのような変化があったかをもうすこし詳しくみておこう。Ⅲ－２で初期の傾向を示す報告書をとりあげ，Ⅲ－３で2010年代初頭の報告書におけるアプローチの変化をみる。そこからわかるように，すでに2010年代初頭の報告書には，のちに2020年ごろから主流になる「税務行政3.0」の内容が部分的に顔を出していた。その意味で，「税務行政3.0」はある日突然に提案されたものでなく，10年以上にわたる継続的な議論を経ているのである。

154）吉村（2011）29頁。さらに参照，増井（2012）98頁。

155）OECD（2014d）at page 20.

図1　納税協力戦略の進化

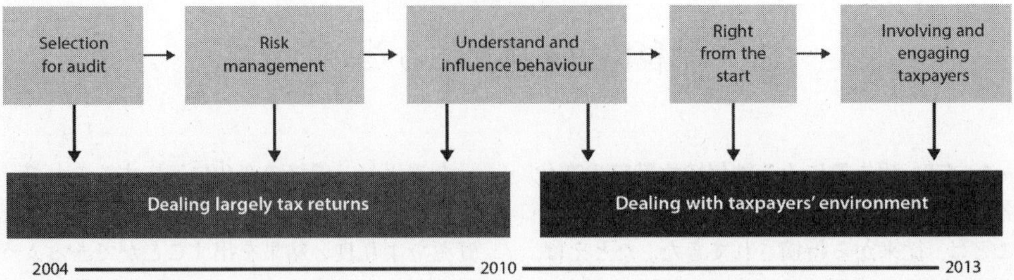

Selection for audit → Risk management → Understand and influence behaviour → Right from the start → Involving and engaging taxpayers

Dealing largely tax returns

Dealing with taxpayers' environment

2004 ─ 2010 ─ 2013

（出所）OECD（2014d）p. 20.

Ⅲ－2．初期の取組み

初期の取組みの傾向を示すのが，OECD（2004b）である。

この報告書は，税務当局向けの納税協力リスク管理に関するはじめての手引書であった。同報告書は，望ましいアウトカムは納税協力の改善であるとした。納税協力の改善というアウトカムは，税務調査による増差益のようなアウトプットよりも重要な目標である，とはっきり認識された。リスクへの対処が単に調査対象の選定と税務調査だけに限られるものではなく，それ以上の広いものであることが明らかにされたのである。リスク管理のためのこのような全体的な視点を採用するとなると，税務当局には，納税非協力リスクの根本的な原因を理解することが必要となる。このようにして，納税者行動の要因への関心が高まった。

同報告書は，納税協力行動に影響する要因に関するいわゆるBISEPモデルに言及した。それは，Business profile, Industry, Sociological, Economic, Psychologicalの頭文字をとったモデルである。同報告書はまた，納税協力に対する納税者の態度に関するValerie Braithwaiteの考え方に言及した。それは，The disengaged, Resisters, Triers, Supportersの別に応じて，異なる執行戦略を採用するという考え方であり，応答的規制（responsive regulation）の一種である。ただし，以下のⅢ－3でみるように，その後のFTAのアプローチは，納税者の態度のような内的要因よりも，外的要因に働きかけることに注力していくことになる。

2004年のこの報告書ののち，「納税申告を扱う」ことに着目した報告書がいくつか出された。2006年には，税務調査能力の向上に関する報告書が3本公表された。また，税務調査対象の選定に関する2006年の報告書や，リスク管理に関する2009年の報告書（Managing and Improving Compliance）も，この系列に属する。

このような傾向に変化が生ずるのが，2010年あたりからである。

Ⅲ－3．2010年ごろからの変化

（1）行動を理解し行動に影響を与える

2010年ごろから，「納税者の環境に対処する」ことへと重点がシフトしていく。

その変化を示すのが，OECD（2010l）である。この報告書は，納税者行動を理解することにより税務当局が資源を効果的に活用でき，納税協力に持続的な影響を与えるための戦略を策定できるとした。注目されるのは，抑止力のみに基づく戦略には大きな欠点があり，必ずしも納税者の納税協力向上につながらないとしていることである。報告書は，納税者が納税協力と納税非協力のいずれかを選択する際の原動力および動機として，①抑止，②規範，③機会，④公正さ，⑤経済要因，⑥以上の相互作用の6つを挙げた。

このうち②規範は，人々の価値観や信条によるものであり，政府が介入して変化を促すことには限度がある。こうして，税務当局の重点は，「納税者を変える」ことから「外的要因を変える」ことへと移り始めた。

（2）最初から正しく

取引当初からの環境整備に着目するのが，OECD（2012c）である。この報告書の「最初から正しく」という表題は，文字通り，取引当初からの環境整備が重要であるというメッセージである。

この報告書は，環境の小さな変化（nudge）が納税者の行動に大きな影響を与えること，税務職員を含む人間は他人の行動を評価する際その人の性格を過大評価し外的要因を過小評価しがちであること，を指摘する。同じ人物が給与所得者であるときには高い納税協力を示し，起業して個人事業主になると低い納税協力を示すというとき，自営業への移行の結果として納税者の個人的性格が変化したとは考えにくいというのである。

こうして，「最初から正しく」のアプローチにより，納税協力を容易にし，納税非協力を困難にする環境づくりが目指されることになった。考え方としては，①過去への関心から現在への関心へ（提出された税務申告書から，企業の継続的な税務関連プロセスへと関心を移す），②歳入機関の内部プロセスに重点を置くことから，納税者の外部プロセスも考慮する，③納税者に焦点を当てたものから，納税協力行動に影響を与える環境要因にも焦点を当てる，といった視野の拡大が求められた。

この報告書によると，「最初から正しく」のアプローチは次の4つの異なる次元を包む。すなわち，リアルタイムの行動，取引から申告納付まで（end-to-end）の過程の重視，容易な納税協力（困難な納税非協力），納税者や利害関係者の関与，である。

（3）納税者の関与

OECD（2013d）は，中小企業を念頭に，納税者や利害関係者の関与について論ずる。

この報告書は，納税者の関与を重視する。すなわち，税務当局と，納税協力環境下で活動する人々とが，納税環境を共に設計することで，納税協力をより良い状態にもっていける。納税者や利害関係者の関与と参加は，正統性の強化や信頼の構築にもつながる，という考え方である。

この報告書は，納税協力の確保と納税者サービスの提供を峻別することについても，再考を迫った。納税協力の過程は，申告書を処理するような物理的処理の過程ではなく，主にサービス過程として捉え直された。大事なことは，適切な申告書により達成される望ましい価値が何かだ，というのである。

（4）デザインによる納税協力

OECD（2014d）は，先に述べたように，2004年以降の取組みにおける重点の変化を総括した。その自己認識を前提として，この報告書は，中小企業を念頭において，納税者の外的環境に働きかけるやり方として，「デザインによる（by design）」納税協力という考え方を打ち出す。つまり，アーキテクチャをうまくデザインすることで，人々が納税しやすくし，逆に人々の納税非協力が困難になるようにする，というアプローチである。道路にスピードバンプを設けることで自動車運転手の行動に働きかけるほうが，警察官による検問を張りめぐらして速度規制を実施するよりも安価かつ効果的である。同様のことを，納税協力について検討しようというのである。

この報告書によると，「デザインによる納税協力」は，ほとんどの中小企業が納税協力したいと考えていることを認識するものである。歴史的には，貧弱なシステムと税制に対する無理解が納税非協力の主原因であった。しかし，ソフトウェアのコストが下がり，クラウドが出現するとともに，中小企業は事業管理のための新しく洗練されたシステムを利用できるようになった。情報や決済のデジタル化も進み，安価で使いやすいオンライン会計システムが多数登場した。

「デザインによる納税協力」は，中小企業の事業運営方法におけるこのような根本的な変化を認識し，納税協力が，企業が使用するシステムの不可欠な一部となり得ることを示す。納税協力は，企業が自動的に行う取引ステップの単なる副産物であれば，簡単かつ正確になる，というのである。

こうして，この報告書は，2012年の「最初から正しく」のアプローチを一歩進めた。また，2013年の「納税者の関与」という視点をデザインの観点に取り込んだ。税務当局の役割は，もはや納税申告書の受動的な受領者ではなく，納税協力の積極的な促進者へと移行するのである。そのために，税務当局と中小企業だけでなく，税務仲介業者，会計士，銀行，業界団体，ソフトウェア開発者など，プロセス全体における他の重要な参加者との協力が不可欠である，というのが報告書の立場である。

この報告書は，①安全鎖アプローチ（secured chain approach）と②集中データアプローチ（centralised data approach）について論じた。①は，商取引の把握から最終的な納税額の決定まで，安全な情報の流れを作り出すアプローチである。この場合，税務当局は，納税者からの情報の流れが十分に安全であることを確認するための環境づくりの役割を担う。②は，税務当局自身が，納税者からの最小限の情報で適切な納税額を決定するために，源泉からできるだけ多くの商取引を把握するアプローチである。この場合，税務当局が全プロセスを管理してすべての情報を自ら変換する役割を担い，納税者が自らの取引に関する情報を提供する必要性は大幅に減少する。

報告書は，①と②のアプローチを組み合わせることにより，より良い納税協力環境を作り出すことができるとする。①と②は異なるものであるが，重要な共通点がある。それは，必要なデータの流れが，事業目的を果たすプロセスに組み込まれていることである。これによって，税務コンプライアンスがより自動化され，企業にとっても税務当局にとっても費用が節減される。同時に，中小企業は，税務当局が信頼できる税務データを報告することになるから，税務当局に対して透明性を提供する。こうして，1対1の緊密な関係を必要とせずに，中小企業と税務当局の間の信頼を高めることができる，とした。

（5）納税環境の変化と税務調査の役割

このように納税環境に働きかけるアプローチに重点が置かれる中で，税務調査にはどのような役割が与えられるべきか。この点を検討するのが，OECD（2017a）である。

この報告書は，まず，新たなデータソースや高度な統計分析を含む新技術を踏まえて，納税協力戦略がどう進化しているか，今後どのような進化が期待できるかを明らかにする。その上で，ほとんどの税務当局にとってなお労働力の主要な割合を占める税務調査と税務調査担当職員の役割にいかなる影響が及ぶかを検討する。

報告書によると，税務調査は，納税者が納税義務を正しく評価・申告しているかどうかを調査するだけのために行うのではない。税務調査は，納税協力を支援し，納税非協力を抑止し，税制の公正さと有効性に対する納税者の信頼を高めるというより広範な役割を果たしている。これは，社会規範を強化し，税制の機能にとって潜在的に懸念される一般的な問題を特定するのに役立つ，という。

このような視点から，報告書は，今後，次の領域で税務調査の役割が展開しうるとする。

- 納税者への積極的な関与（proactive engagement）。具体的には，協力的コンプライアンス，透明性，データの一元化（SAF-T），中小企業の納税申告の簡易化，早期介入である。
- 納税者の自然システム（natural systems）の利用。
- 調査対象の選定。多様なデータ源を利用して，調査対象の選定をより効果的に実施する。データ源として，デバイス，金融機関，VATの供給者，顧客，納税者に関する未整理データ（電子メールやSNS上のポスト），他の政府部門，CRSやCbCRなどがある。また，実施例として，シンガポールのSocial Network分析，米国のAuditor's

Workbench プログラムなどがある。

Ⅲ－3．税務行政3.0

2020年12月の「税務行政3.0」は，このような流れの現時点での一里塚とみることができる。

この報告書は，現在到達しつつある2.0から一歩進んで，3.0にバージョンアップすることを将来像として描く。報告書は次の3段階を区別する（7頁）。

- 税務行政1.0→紙ベース・手作業・タコツボのプロセス
- 税務行政2.0→デジタルデータ，デジタル分析ツール，政府の他部局・民間部門・外国との協働
- 税務行政3.0→納税者の用いる自然システムの中に課税プロセスを組み込む

この報告書は，第3段階の「税務行政3.0」の段階に至ると，次のような状態になるとする（12頁）。

- 納税が人々の生活や事業活動に統合された途切れのない（seamless）経験となる
- デジタル・プラットフォームが租税行政のエージェントとなる
- 税務執行がリアルタイム化する
- 透明なプロセスの下で納税者が賦課徴収をチェックする
- 政府一体のアプローチをとる
- ハイテクに適応する人材・組織にする

この報告書の章立ては次のとおりである。第1章「租税行政3.0への旅」は，租税行政の現況を把握してその構造的限界を指摘し，DXにより何が可能になるかを示す（9頁以下）。第2章「燃えるプラットフォーム」は，いまなぜDXを検討すべきかを述べる（17頁以下）。理由として指摘するのは，仕事の変化，新しいビジネスモデル，グローバル化，技術変化，社会の期待である。第3章「租税行政3.0の実際」は，租税行政の未来像を物語タッチで描く（25頁以下）。

以上を受けて，第4章「租税行政3.0の構成要素」は，6つの構成要素を提示する（34頁以下）。それらは，①デジタル本人確認（Digital identity），②納税者タッチポイント（Taxpayer touchpoints），③データ管理と基準，④課税ルール管理と適用，⑤新しいスキルセット，⑥ガバナンス枠組み，である。

Ⅲ－4．まとめ

以上みてきたように，税務行政3.0の構想は，2020年に突然出てきた話ではなく，それ以前から継続的に取り組まれてきた検討内容をまとめたという性格が強い。たとえば，納税者行動の要因を考えて，環境を整備することで外的要因に働きかけるという「デザインによる納税協力」などは，すでに2014年の報告書で提唱されていた。納税者が日常業務で用いる自然システムに納税協力を途切れなく埋め込むことも，2012年の報告書には顔を出していた。これらを統合し，わかりやすい形で将来像を示したのが税務行政3.0であるといえよう。

さらにいえば，2000年代初頭の議論が価値を失うことなく，むしろ形を変えて展開しているように見える点も重要である。初期の報告書は，納税リスク管理の名の下に，新しい技術の利用を促し，税務調査による増差額といったアウトプットよりも納税協力の改善というアウトカムを目標とすべきであるとしていた。これなどは，税務当局と納税者とのコミュニケーションを重視するアプローチを準備するものであった。また，2000年代初頭には企業統治の仕組みが整備された大企業を念頭に協力的コンプライアンスのプログラムが提唱されたが，いまや中小企業に対しても拡大可能性が議論されるようになっている。

このように，過去の議論の積み重ねの上に現在の議論がなされている。本稿は，FTAの報告書を通覧することにより，議論の連続性とその進化の方向を示した。今後，納税協力戦略を検討する際には，このような議論の流れを十分におさえたうえで立論することが望ましい。

参 考 文 献

【日本語文献】

荒井夏來(2012)「第7回OECD税務長官会議(アルゼンチン共和国･ブエノスアイレス会合)」，ファイナンス，557号，67-73頁

池田賢志（2008a）「企業のコーポレートガバナンスと税務コンプライアンスの向上：第4回OECD税務長官会議（FTA）ケープタウン会合について」，ファイナンス，509号，9-18頁

池田賢志（2008b）「企業のコーポレートガバナンスと税務コンプライアンスの向上：第4回OECD税務長官会議（FTA）・ケープタウン会合について」，国際税務，324号，31-40頁

石井道遠（2010）「タックス・コンプライアンスを巡る国際的連携の動きと我が国の政策対応の在り方（試論）」，RIETI Discussion Paper Series，10-J-033

井出英策・倉地真太郎・佐藤滋・古市将人・村松怜・茂住政一郎（2022）『財政社会学とは何か』，有斐閣

上野絢子（2013）「第8回OECD税務長官会議(於：ロシア連邦･モスクワ)」，ファイナンス，572号，41-47頁

恵﨑恵（2013）「OECD税務長官会議オフショア・コンプライアンス・ネットワークワークショップ（於：東京)」，ファイナンス，567号，35-40頁

大野雅人（2024）「EUのDAC8―暗号資産取引を対象とする税務当局間の自動的情報交換―」，フィナンシャル・レビュー，156号，48-70頁

岡村忠生（編著）（2015）『租税回避研究の展開と課題―清永敬次先生謝恩論文集論文集』，ミネルヴァ書房

木村藍子(2010)「第6回OECD税務長官会議(トルコ共和国・イスタンブール会合)―税務当局間における一層の協力関係の構築による税務コンプライアンスの向上について」，ファイナンス，540号，41-46頁

神山弘行（2017）「税務執行の不確実性と納税者行動―租税法律主義の機能―」，フィナンシャル・レビュー，129号，148-168頁

佐藤滋・古市将人（2014）『租税抵抗の財政学―信頼と合意に基づく社会へ―』，岩波書店

佐藤英明（2021）『脱税と制裁[増強版]』，弘文堂

高野幸大(2014)「イギリスにおけるネゴシエーション」，日税研論集，65号，157-199頁

中田悟（2023）「国税庁の『税務に関するコーポレートガバナンスの充実に向けた取組』に関する考察」，税大ジャーナル，35号，59-77頁

長戸貴之（2021）「『分野を限定しない一般的否認規定（GAAR)』と租税法律主義」，中里実・藤谷武史(編著)『租税法律主義の総合的検討』105-143頁，有斐閣

早川美希（2023）「第15回OECD税務長官会議（於：オーストラリア・シドニー)」，ファイナンス，686号，21-28頁

原田佳典（2015）「第9回OECD税務長官会議(於：アイルランド共和国・ダブリン)」，ファイナンス，590号，10-16頁

深澤舞（2024）「第16回OECD税務長官会議(於：シンガポール)」，ファイナンス，700号，28-35頁

増井良啓（2002）「税務執行の理論」，フィナンシャル・レビュー，65号，169-183頁

増井良啓（2011）「租税条約に基づく情報交換―オフショア銀行口座の課税情報を中心として―」，金融研究，30巻，4号，253-312頁

増井良啓（2012）「租税手続法の新たな潮流」，日本租税研究協会（編）『税制抜本改革と国際課税等の潮流』，日本租税研究協会，98-112頁

松本千城（2009）「第5回OECD税務長官会議・パリ会合について」，国際税務，340号，

72-79頁
宮崎綾望（2015）「現代税務行政の課題と理論—オーストラリアにおける応答的規制理論を中心に—」，同志社法学，67巻，2号，141-158頁
森信茂樹（編）（2016）『税制特集Ⅳ—BEPSと租税回避への対応』，フィナンシャル・レビュー，126号，財務総合政策研究所
諸富徹（2013）『私たちはなぜ税金を納めるのか—租税の経済思想史』，新潮社
吉村政穂（2011）「コンプライアンス確保に向けた租税行政手法の共通化」，ソフトロー研究，18号，29-47頁

【英語文献（除く税務長官会議の報告書）】

Berenson, Marc P. (2017), "*Taxes and Trust: From Coercion to Compliance in Poland, Russia and Ukraine,*" Cambridge University Press.
Braithwaite, Valerie (2009), "*Defiance in Taxation and Governance: Resisting and Dismissing Authority in a Democracy,*" Edward Elgar Publishing.
Brautigam, Deborah, Odd-Helge Fjeldstad, & Mick Moore (eds.) (2008), "*Taxation and State-Building in Developing Countries: Capacity and Consent,*" Cambridge University Press.
Bronżewska, Katarzyna (2016), "*Cooperative Compliance: A New Approach to Managing Taxpayer Relations,*" Doctoral series, Vol. 38, IBFD.
Cui, Wei (2022), "*The Administrative Foundations of the Chinese Fiscal State,*" Cambridge University Press.
Daunton, Martin (2001), "*Trusting Leviathan: The Politics of Taxation in Britain 1799-1914,*" Cambridge University Press.
Findley, Michael G., Daniel L. Nielson, & J. C. Sharman (2014), "*Global Shell Games: Experiments in Transnational Relations, Crime, and Terrorism,*" Cambridge University Press.
Guerra, Alice, & Brooke Harrington (2021), "Why do People Pay Taxes? Explaining Tax Compliance by Individuals," in Lukas Hakelberg, & Laura Seelkopf (eds.), *Handbook on The Politics of Taxation*, pp.353-373, Edward Elgar Publishing.
Guex, Sébastien, & Hadrien Buclin (eds.) (2023), "*Tax Evasion and Tax Havens since the Nineteenth Century,*" Palgrave Macmillan.
Hein, Ronald, & Ronald Russo (eds.) (2020), "*Co-operative Compliance and the OECD's International Compliance Assurance Programme,*" Eucotax series on European taxation, Vol. 68, Wolters Kluwer.
Keen, Michael, & Joel Slemrod (2021), "*Rebellion, Rascals, and Revenue: Tax Follies and Wisdom through the Ages,*" Princeton University Press.
Levi, Margaret (1988), "*Of Rule and Revenue,*" University of California Press.
Majdańska, Alicja (2021), "*An Analysis of Cooperative Compliance Programmes: Legal and Institutional Aspects with a Focus on Application in Less Developed Countries,*" Doctoral series, Vol. 58, IBFD.
Owens, Jeffrey, & Jonathan Leigh Pemberton (2021), "*Cooperative Compliance: A Multi-Stakeholder and Sustainable Approach to Taxation,*" Eurotax series on European taxation, Vol. 69, Wolters Kluwer.
Schönhärl, Korinna, Gisela Hürlimann, & Dorothea Rohde (eds.) (2023), "*Histories of Tax Evasion, Avoidance and Resistance,*" Routledge.
Slemrod, Joel (2019), "Tax Compliance and Enforcement," *Journal of Economic Literature*, 57 (4), pp.904-954.
Torgler, Benno (2007), "*Tax Compliance and*

Tax Morale: A Theoretical and Empirical Analysis," Edward Elgar Publishing.

【税務長官会議の報告書】

以下は，FTAのウェブサイト
https://www.oecd.org/tax/forum-on-tax-administration/publications-and-products/
に掲載されている報告書を公表順にリストアップしたものである（2024年2月19日最終アクセス）。正式の引用方法としては，末尾に「」とdoi（デジタルオブジェクト識別子）を付すことが必要であるが，長くなるので省いた。また，報告書の様式が統一され，引用方法が明記されるのは，2013年公刊分以降である。そのため，2012年以前のものと2013年以降のものとでは，引用方法が異なる。2012年以前の報告書については，どのFTAのSub-groupが担当したものであるかがわかるように記載した。なお，2010年から2012年の間は移行期であり，報告書によって新旧の様式が混在している。

OECD（2004a），"Compliance Risk Management: Use of Random Audit Programs," Forum on Tax Administration Compliance Sub-group, Information Note.

OECD（2004b），"Compliance Risk Management: Managing and Improving Tax Compliance," Forum on Tax Administration Compliance Sub-group, Information Note.

OECD（2004c），"Tax Administration in OECD Countries: Comparative Information Series (2004)," Forum on Tax Administration Compliance Sub-group.

OECD（2005），"Guidance Note: Guidance for Developers of Business and Accounting Software Concerning Tax Audit Requirements," Forum on Tax Administration Compliance Sub-group.

OECD（2006a），"Management of Email," Forum on Tax Administration Taxpayer Services Sub-group, Information Note.

OECD（2006b），"Strategies for Improving the Take-up Rates of Electronic Services," Forum on Tax Administration Taxpayer Services Sub-group, Information Note.

OECD（2006c），"Using Third Party Information Reports to Assist Taxpayers Meet their Return Filing Obligations – Country Experiences with the Use of Pre-populated Personal Tax Returns," Forum on Tax Administration Taxpayer Services Sub-group, Information Note.

OECD（2006d），"Strengthening Tax Audit Capabilities: Auditor Workforce Management – Survey Findings and Observations," Forum on Tax Administration's Compliance Sub-group, Information Note.

OECD（2006e），"Strengthening Tax Audit Capabilities: General Principles and Approaches," Forum on Tax Administration's Compliance Sub-group, Information Note.

OECD（2006f），"Strengthening Tax Audit Capabilities: Innovative Approaches to Improve the Efficiency and Effectiveness of Indirect Income Measurement Methods," Forum on Tax Administration's Compliance Sub-group, Information Note.

OECD（2007），"Tax Administration in OECD and Selected Non-OECD Countries: Comparative Information Series (2006)," Forum on Tax Administration.

OECD（2008a），"Programs to Reduce the Administrative Burden of Tax Regulations in Selected Countries," Forum on Tax Administration: Taxpayer Services Sub-group, Information Note.

OECD（2008b），"Third Party Reporting Arrangements and Pre-filled Tax Returns: The Danish and Swedish Approaches," Forum on Tax Administration: Taxpayer Services Sub-group, Information Note.

OECD（2008c），"Study into the Role of Tax

Intermediaries."
OECD (2008d), "Monitoring Taxpayers' Compliance: A Practical Guide Based on Revenue Body Experience," Forum on Tax Administration: Compliance Sub-group, Final report.
OECD (2009a), "Tax Administration in OECD and Selected Non-OECD Countries: Comparative Information Series (2008)," Forum on Tax Administrarion.
OECD (2009b), "Managing and Improving Compliance: Recent Developments in Compliance Risk Treatments," Forum on Tax Administration: Compliance Sub-group, Information Note.
OECD (2009c), "Building Transparent Tax Compliance by Banks."
OECD (2009d), "Standard Business Reporting," Forum on Tax Administration: Taxpayer Services Sub-group, Guidance note.
OECD (2009e), "Developments in VAT Compliance Management in Selected Countries," Forum on Tax Administration: Compliance Sub-group, Information Note.
OECD (2009f), "Withholding & Information Reporting Regimes for Small/Medium-sized Businesses & Self-employed Taxpayers," Forum on Tax Administration: Compliance Sub-group, Information Note.
OECD (2009g), "Engaging with High Net Worth Individuals on Tax Compliance."
OECD (2010a), "Survey of Trends and Developments in the Use of Electronic Services for Taxpayer Service Delivery," Forum on Tax Administration: Taxpayer Services Sub-group, Survey report.
OECD (2010b), "Programs to Reduce the Administrative Burden of Tax Regulations (follow-up report)," Forum on Tax Administration: Taxpayer Services Sub-group, Information Note.
OECD (2010c), "Tax Reference Model – Application Software Solutions to Support Revenue Administration in Selected Countries," Forum on Tax Administration: Taxpayer Services Sub-group, Information note.
OECD (2010d), "Guidance and Specifications for Tax Compliance of Business and Accounting Software," Forum on Tax Administration, Guidance Note.
OECD (2010e), "Tax Compliance and Tax Accounting Systems," Forum on Tax Administration, Information Note.
OECD (2010f), "Guidance for the Standard Audit File – Tax Version 2.0," Forum on Tax Administration, Guidance Note.
OECD (2010g), "Guidance for the Standard Audit File – Payroll Version 1.0," Forum on Tax Administration, Guidance Note.
OECD (2010h), "Addressing Tax Risks Involving Bank Losses."
OECD (2010i), "Joint Audit Report – Sixth meeting of the OECD Forum on Tax Administration."
OECD (2010j), "SMEs, including self-employed." [リンクなし]
OECD (2010k), "Evaluating the Effectiveness of Compliance Risk Treatment Strategies," Forum on Tax Administration: Small/Medium Enterprise (SME) Compliance Subgroup, Overview Note.
OECD (2010l), "Understanding and Influencing Taxpayers' Compliance Behaviour," Forum on Tax Administration: Small/Medium Enterprise (SME) Compliance Subgroup, Information Note.
OECD (2011a), "Tax Administration in OECD and Selected Non-OECD Countries: Comparative Information Series (2010)," Forum on Tax Administration.
OECD (2011b), "Tax Repayments: Maintaining the Balance Between Refund Service

Delivery, Compliance and Integrity," Forum on Tax Administration.

OECD (2012a), "Dealing Effectively with the Challenges of Transfer Pricing."

OECD (2012b), "Reducing Opportunities for Tax Non-compliance in the Underground Economy," Forum on Tax Administration: SME Compliance Subgroup, Information note.

OECD (2012c), "Right from the Start: Influencing the Compliance Environment for Small and Medium Enterprises," Forum on Tax Administration: SME Compliance Subgroup, Information note.

OECD (2012d), "Security and Authentication Issues in the Delivery of Electronic Services to Taxpayers," Forum on Tax Administration: Taxpayer Services Sub-group.

OECD (2012e), "Working Smarter in Structuring the Administration, in Compliance, and Through Legislation and Working Smarter in Revenue Administration – Using Demand Management Strategies to Meet Service Delivery Goals," Forum on Tax Administration, Executive Overview: Working Smarter.

OECD (2012f), "Working Smarter in Structuring the Administration, in Compliance, and Through Legislation," Forum on Tax Administration, Information note.

OECD (2012g), "Working Smarter in Revenue Administration – Using Demand Management Strategies to Meet Service Delivery Goals," Forum on Tax Administration, Information note.

OECD (2013a), "Tax Administration 2013 – Comparative Information on OECD and Other Advanced and Emerging Economies."

OECD (2013b), "Managing Service Demand."

OECD (2013c), "Co-operative Compliance: A Framework."

OECD (2013d), "Together for Better Outcomes: Engaging and Involving SME Taxpayers and Stakeholders."

OECD (2013e), "Measures of Tax Compliance Outcomes – A Practical Guide."

OECD (2013f), "Increasing the Use of Self-service Channels by Taxpayers."

OECD (2013g), "Working Smarter in Tax Debt Management."

OECD (2013h), "Improving Tax Compliance by Adopting an "End to End" Perspective." [リンク先が異なる文書になっておりダウンロード不可]

OECD (2014a), "Working Smarter in Tax Debt Management."

OECD (2014b), "Measures of Tax Compliance Outcomes."

OECD (2014c), "Increasing Taxpayers' Use of Self-service Channels."

OECD (2014d), "Tax Compliance by Design: Achieving SME Tax Compliance by Adopting a System Perspective."

OECD (2015), "Tax Administration 2015: Comparative Information on OECD and Other Advanced and Emerging Economies."

OECD (2016a), "FTA Annual Report 2015-2016."

OECD (2016b), "Technologies for Better Tax Administration."

OECD (2016c), "Rethinking Tax Services – The Changing Role of Tax Service Providers in SME Tax Compliance."

OECD (2016d), "Advanced Analytics for Better Tax Administration."

OECD (2016e), "Co-operative Tax Compliance: Building Better Tax Control Frameworks."

OECD (2016f), "Tax Administrations and Capacity Building."

OECD (2017a), "The Changing Tax Compliance Environment and the Role of Audit."

OECD（2017b），“Shining Light on the Shadow Economy: Opportunities and threats.”
OECD（2017c），“Tax Administration 2017: Comparative Information on OECD and Other Advanced and Emerging Economies.”
OECD（2019a），“FTA 12th Plenary Meeting – Summary Report.”
OECD（2019b），“FTA Annual Report 2018-2019.”
OECD（2019c），“The Sharing and Gig Economy: Effective Taxation of Platform Sellers.”
OECD（2019d），“Successful Tax Debt Management: Measuring Maturity and Supporting Change.”
OECD（2019e），“Implementing Online Cash Registers: Benefits, Considerations and Guidance.”
OECD（2019f），“Unlocking the Digital Economy – A Guide to Implementing Application Programming Interfaces in Government.”
OECD（2019g），“Introducing a Commercial Off-The-Shelf Software Solution.”
OECD（2019h），“Joint Audit 2019 – Enhancing Tax Co-operation and Improving Tax Certainty.”
OECD（2019i），“Tax Administration 2019: Comparative Information on OECD and Other Advanced and Emerging Economies.”
OECD（2019j），“Tax Compliance Burden Maturity Model.”
OECD（2019k），“Tax Debt Management Maturity Model.”
OECD（2020a），“Tax Administration Responses to COVID-19: Business Continuity Considerations.”
OECD（2020b），“Tax Administration Responses to COVID-19: Measures Taken to Support Taxpayers.”
OECD（2020c），“Tax Administration Responses to COVID-19: Recovery Period Planning.”
OECD（2020d），“Tax Administration: Privacy, Disclosure and Fraud Risks Related to COVID-19.”
OECD（2020e），“Tax Administration Responses to COVID-19: Assisting Wider Government.”
OECD（2020f），“Community of Interest Series: Enhancing Reputational Risk Management.”
OECD（2020g），“Advancing Gender Balance in the Workforce: A Collective Responsibility.”
OECD（2020h），“Automatic Exchange of Information: Guide on Promoting and Assessing Compliance by Financial Institutions.”
OECD（2020i），“Strategic Planning: Supporting SMEs to Get Tax Right.”
OECD（2020j），“Tax Debt Management Network: Enhancing International Tax Debt Management.”
OECD（2020k），“Tax Administration 3.0: The Digital Transformation of Tax Administration.”
OECD（2020l），“Code of Conduct: Co-operation Between Tax Administrations and Sharing and Gig Economy Platforms.”
OECD（2021a），“International Compliance Assurance Programme: Handbook for Tax Administrations and MNE Groups.”
OECD（2021b），“Enterprise Risk Management Maturity Model.”
OECD（2021c），“Tax Administration: Digital Resilience in the COVID-19 Environment.”
OECD（2021d），“Tax Administration: Towards Sustainable Remote Working in a Post-COVID-19 Environment.”
OECD（2021e），“Behavioural Insights for Better Tax Administration: A Brief Guide.”
OECD（2021f），“Tax Administration Responses to COVID-19: Administrative measures to facilitate withholding tax relief claims.”

OECD (2021g), "Tax Administration 2021: Comparative Information on OECD and Other Advanced and Emerging Economies."

OECD (2021h), "Building Tax Culture, Compliance and Citizenship."

OECD (2021i), "Enterprise Risk Management Maturity Model."

OECD (2021j), "Supporting the Digitalisation of Developing Country Tax Administrations."

OECD (2022a), "Tax Administration 3.0 – Action Plan Update."

OECD (2022b), "Towards Seamless Taxation: Supporting SMEs to Get Tax Right."

OECD (2022c), "Analytics Maturity Model."

OECD (2022d), "Tax Administration 2022: Comparative Information on OECD and Other Advanced and Emerging Economies."

OECD (2022e), "Tax Capacity Building: A Practical Guide to Developing and Advancing Tax Capacity Building Programmes."

OECD (2022f), "Digital Services: Supporting SMEs to Get Tax Right."

OECD (2022g), "Digital Transformation Maturity Model."

OECD (2022h), "Tax Administration 3.0 and Connecting with Natural Systems: Initial Findings."

OECD (2022i), "Tax Administration 3.0 and Electronic Invoicing: Initial Findings."

OECD (2022j), "Tax Administration 3.0 and the Digital Identification of Taxpayers: Initial Findings."

OECD (2022k), "Bilateral Advance Pricing Arrangement Manual."

OECD (2023a), "Manual on the Handling of Multilateral Mutual Agreement Procedures and Advance Pricing Arrangements."

OECD (2023b), "Communication and Engagement with SMEs: Supporting SMEs to Get Tax Right."

OECD (2023c), "Tax Administration 2023: Comparative Information on OECD and Other Advanced and Emerging Economies."

フィナンシャル・レビュー
令和6年（2024年）第2号（通巻第156号）
特集「21世紀における課税と納税―税務執行を巡る国際的議論を踏まえて―」
増井良啓　東京大学大学院法学政治学研究科教授　責任編集

令和6年6月発行

編集・発行　財務省財務総合政策研究所
担当：伴　真由美　主任研究官
佐川　明那　研究員
升井　翼　研究企画係長
中山　紘輝　研究企画係員

〒 100-8940
東京都千代田区霞が関3-1-1
電話（03）3581-4111
内線（5489）

発　売　株式会社サンワ
〒 102-0072
東京都千代田区飯田橋2-11-8
電話（03）3265-1816
https://www.sanwa-s.com/
担当：野村　勇

定価は表紙に表示してあります。乱丁・落丁本はおとりかえします。

ISBN978-4-9913198-2-2

政府刊行物販売所一覧

政府刊行物のお求めは、下記の政府刊行物サービス・ステーション（官報販売所）
または、政府刊行物センターをご利用ください。

◎政府刊行物サービス・ステーション（官報販売所）

	〈名　称〉	〈電話番号〉	〈FAX番号〉
札　幌	北海道官報販売所 （北海道官書普及）	011-231-0975	271-0904
青　森	青森県官報販売所 （成田本店）	017-723-2431	723-2438
盛　岡	岩手県官報販売所	019-622-2984	622-2990
仙　台	宮城県官報販売所 （仙台政府刊行物センター内）	022-261-8320	261-8321
秋　田	秋田県官報販売所 （石川書店）	018-862-2129	862-2178
山　形	山形県官報販売所 （八文字屋）	023-642-8887	624-2719
福　島	福島県官報販売所 （西沢書店）	024-522-0161	522-4139
水　戸	茨城県官報販売所	029-291-5676	302-3885
宇都宮	栃木県官報販売所 （亀田書店）	028-651-0050	651-0051
前　橋	群馬県官報販売所 （煥乎堂）	027-235-8111	235-9119
さいたま	埼玉県官報販売所 （須原屋）	048-822-5321	822-5328
千　葉	千葉県官報販売所	043-222-7635	222-6045
横　浜	神奈川県官報販売所 （横浜日経社）	045-681-2661	664-6736
東　京	東京都官報販売所 （東京官書普及）	03-3292-3701	3292-1604
新　潟	新潟県官報販売所 （北越書館）	025-271-2188	271-1990
富　山	富山県官報販売所 （Booksなかだ本店）	076-492-1192	492-1195
金　沢	石川県官報販売所 （うつのみや）	076-234-8111	234-8131
福　井	福井県官報販売所 （勝木書店）	0776-27-4678	27-3133
甲　府	山梨県官報販売所 （柳正堂書店）	055-268-2213	268-2214
長　野	長野県官報販売所 （長野西沢書店）	026-233-3187	233-3186
岐　阜	岐阜県官報販売所 （郁文堂書店）	058-262-9897	262-9895
静　岡	静岡県官報販売所	054-253-2661	255-6311
名古屋	愛知県第一官報販売所	052-961-9011	961-9022
豊　橋	・豊川堂内	0532-54-6688	54-6691
名古屋駅前	愛知県第二官報販売所 （共同新聞販売）	052-561-3578	571-7450
津	三重県官報販売所 （別所書店）	059-226-0200	253-4478
大　津	滋賀県官報販売所 （澤五車堂）	077-524-2683	525-3789
京　都	京都府官報販売所 （大垣書店）	075-746-2211	746-2288
大　阪	大阪府官報販売所 （かんぽう）	06-6443-2171	6443-2175
神　戸	兵庫県官報販売所	078-341-0637	382-1275
奈　良	奈良県官報販売所 （啓林堂書店）	0742-20-8001	20-8002
和歌山	和歌山県官報販売所 （宮井新聞舗）	073-431-1331	431-7938
鳥　取	鳥取県官報販売所 （鳥取今井書店）	0857-23-1213	53-4395
松　江	島根県官報販売所 （今井書店）	0852-24-2230	27-8191
岡　山	岡山県官報販売所 （有文堂）	086-222-2646	225-7704
広　島	広島県官報販売所	082-962-3590	511-1590
山　口	山口県官報販売所 （文栄堂）	083-922-5611	922-5658
徳　島	徳島県官報販売所 （小山助学館）	088-654-2135	623-3744
高　松	香川県官報販売所	087-851-6055	851-6059
松　山	愛媛県官報販売所	089-941-7879	941-3969
高　知	高知県官報販売所	088-872-5866	872-6813
福　岡	福岡県官報販売所	092-721-4846	751-0385
	・福岡県庁内	092-641-7838	641-7838
	・福岡市役所内	092-722-4861	722-4861
佐　賀	佐賀県官報販売所	0952-23-3722	23-3733
長　崎	長崎県官報販売所	095-822-1413	822-1749
熊　本	熊本県官報販売所 （金龍堂内）	096-354-5963	352-5665
大　分	大分県官報販売所	097-532-4308	536-3416
宮　崎	宮崎県官報販売所 （田中書店）	0985-24-0386	22-9056
鹿児島	鹿児島県官報販売所	099-285-0015	285-0017
那　覇	沖縄県官報販売所 （リウボウ）	098-867-1726	869-4831

◎政府刊行物センター（全国官報販売協同組合）

	〈電話番号〉	〈FAX番号〉
霞が関	03-3504-3885	3504-3889
仙　台	022-261-8320	261-8321

各販売所の所在地は、コチラから→ https://www.gov-book.or.jp/portal/shop/